庐陵西昌陈氏
源流及文化研究
LULING XICHANG CHENSHI YUANLIU JI WENHUA YANJIU

主编 陈祁章

副主编 陈金汉

江西人民出版社
Jiangxi People's Publishing House
全国百佳出版社

图书在版编目（CIP）数据

庐陵西昌陈氏源流及文化研究 / 陈祁章主编；陈金汉副主编 .-- 南昌：江西人民出版社,2024.3
　　ISBN 978-7-210-15083-1

Ⅰ.①庐… Ⅱ.①陈… ②陈… Ⅲ.①氏族谱系—研究—西昌 Ⅳ.① K820.9

中国国家版本馆 CIP 数据核字（2024）第 014894 号

庐陵西昌陈氏源流及文化研究
LULING XICHANG CHENSHI YUANLIU JI WENHUA YANJIU

主　　编　　陈祁章
副 主 编　　陈金汉

责 任 编 辑：饶　芬
封 面 设 计：同异文化传媒

江西人民出版社　出版发行

| 地　　　　址：江西省南昌市三经路 47 号附 1 号（330006） |
| 网　　　　址：www.jxpph.com |
| 电 子 信 箱：jxpph@tom.com |
| 编辑部电话：0791-86898683 |
| 发行部电话：0791-86898815 |
| 承　印　厂：南昌市红星印刷有限公司 |
| 经　　　销：各地新华书店 |

开　　本：787 毫米 ×1092 毫米　1/16
印　　张：18.25
字　　数：240 千字
版　　次：2024 年 3 月第 1 版
印　　次：2024 年 3 月第 1 次印刷
书　　号：ISBN 978-7-210-15083-1
定　　价：98.00 元

赣版权登字 -01-2024-103

版权所有　侵权必究

赣人版图书凡属印刷、装订错误，请随时与江西人民出版社联系调换。
服务电话：0791-86898820

序

  陈姓是中华民族第五大姓氏。溯源寻祖，尊上古时期的虞舜为始祖。陈氏出自妫姓，是虞舜后裔，得姓先祖为陈胡满公。据国家统计局2023年1月17日发布的统计数据显示，2020年全国陈姓人口有6500万人，占全国总人口的4.60%，全国姓氏排名第5名。陈氏族群庞杂繁多，发展源远流长，历史悠久。研究各族群源流及文化发展脉络，对于推动社会进步及经济发展有着十分重要的现实意义。

  江西有两大陈氏族群，在中国历史进程中占有重要地位，即江州义门陈氏和庐陵西昌陈氏。两个陈氏宗族同宗同源，均为颍川陈氏之流，同尊陈朝皇室宜都王陈叔明（陈霸先侄孙）为基祖。千百年来，处于九江德安的江州义门陈氏家族遵循社会发展规律，制定家训家规家范，依法治家，规范族人言行，发挥忠孝文化的凝聚作用，力求家族内部团结，为稳定当时社会起到示范作用。唐时首旌其门，又诏立义门；宋时御赐匾书，赞其忠义。族内人无贵贱，有衣同穿，有饭同吃，同甘共苦，合族义聚330年。"二百人面家法行，三百口面义而立""八百头牛耕日月，三千灯火读文章"，初显乌托邦式的社会形态，为封建社会个体农民树立了一种集体生活方式的榜样，创下世上独一无二的人文奇迹；同时深受各朝各代国家政权赞赏推崇，对当时及后世产生了深远影响。

宜都王叔明公十二世孙陈旺在江州（九江）德安创立义门陈氏之时，其堂兄弟陈晖由南京隐居庐陵（吉安）泰和，开创西昌陈氏。其子承进、承逸两兄弟分处清溪、柳溪两地，形成清溪柳溪陈氏两派。其后裔坚持耕读为本、孝悌传承治家理念，顺应时代潮流，适应社会环境，努力拼搏，艰苦奋斗，族群迅速发展壮大。千百年来，他们一代接一代，不辞辛苦，不断迁徙，下南粤进闽台、港澳，迁湘入川居云贵，繁衍生存能力极强。目前族群遍布中国南部、东南亚乃至全世界，有血缘关系的族人已达200多万，成为当今陈姓较大宗族而闻名于世。

庐陵西昌陈氏源远流长，历来为陈姓重要流派之一，称为颖水名门、江右望族。溯源而上，早在东汉时，其先祖陈实尊为颖川陈氏始祖，因有高德，称之"太邱公"，又称"文范先生"。大汉初平元年，著名历史人物左中郎将蔡邕为陈实撰《太邱公碑文》，流芳千古。颖川陈氏后裔陈霸先为平侯景之乱，曾在庐陵西昌驻扎过。据说在此显灵，率部平侯景之乱有功，由此发家并当上陈朝皇帝。其侄孙陈叔明被尊为江州义门陈氏和庐陵西昌陈氏之先祖。唐时，叔明公五世孙陈京，进士出身，累官至太子正字、咸阳尉、集贤院学士。帝器之，谓有宰相才，将用之，因病迁司封郎中给事中，秘书少监。唐永贞元年八月，礼部员外郎柳宗元为陈京作《秘书公行状》文，在历代陈氏宗谱中广泛流传。宋咸淳癸酉正月望日，宰相文天祥作《泰和柳溪陈氏宗谱序》。明建文三年春，外孙宰相杨士奇作《柳溪陈氏三修庆源图后序》，后又作《西昌陈氏谱序》。这些历史名人留下的文献，为庐陵西昌陈氏源流考证提供了重要依据。

  西昌陈氏经过1100多年的繁荣发展，人才辈出，宗族文化可圈可点。各派家族十分重视教育，历史上举办过众多书院，比如宋明时期泰和的柳溪书院、清溪静斋书院，清代广州的凤翔书院等，培养了大量的优秀族人。据柳溪陈氏三修谱序记"自宋绍兴丁卯（1147）至明建文三年（1401），凡二百五十余年，通十九世，上下合五百年登进士者六十余人"；明宰相杨士奇序曰"卒已而下，业诗书，登科第，又三十七人；快第奏名者又十九人，合之一百一十多人"；洪武帝朱元璋赞柳溪陈氏人文之盛，御赐《百人科第》匾。经查，西昌陈氏后裔历史名人有明初状元、华盖殿大学士、内阁首辅陈循，清溪大儒陈善方，庐陵理学之宗陈嘉谟，宋建炎进士、宁乡令陈千龄，京西提点刑狱、兵部侍郎陈彬，明永乐两地太守陈礼，广西佥事陈赏，工部尚书陈宜，都御史陈凤梧，五经博士陈昌积，清光绪探花、广州凤翔族人陈伯陶，中华人民共和国成立之初的首任江西省委书记陈正人等，颇受当时民众尊重。庐陵西昌陈氏历史文化是中华文化的一个重要组成部分，值得人们认真研究。探索其源流，凝聚其精华，弘扬其精神，采撷其亮光，可照耀赣鄱和南粤大地。

目 录

第一章 陈氏发展简史及西昌陈氏族群 001
1.1 陈姓由来 002
1.2 陈姓族群发展简述 004
1.3 陈姓人群的迁徙繁衍 008
1.4 颍川陈氏的变迁与发展 012
1.5 庐陵西昌陈氏先祖迁徙线路 019
1.6 话说庐陵西昌陈氏 021
1.7 江州义门陈与庐陵西昌陈溯源 024
1.8 西昌陈氏柳溪后裔南迁广东史迹 028
1.9 西昌陈氏柳溪派与南豀派共谱 032
1.10 陈霸先龙兴西昌成霸业 035

第二章 西昌陈氏源流及世系 038
2.1 上古陈氏世系 039
2.2 陈国世系（宛丘世系） 044
2.3 颍川陈氏世系 049
2.4 南朝陈世系（长城世系） 052
2.5 西昌陈氏上源世系 056
2.6 简析西昌陈氏两派前期世系 059
2.7 西昌陈氏始祖陈晖开清溪柳溪两门派 063
2.8 关于西昌陈氏先祖的两篇重要谱序欣赏 066

2.8.1　太邱公碑文　（汉·蔡邕）……………………………066
 2.8.2　秘书公行状　（唐·柳宗元）…………………………067

第三章　西昌陈氏各派溯源及修谱简述……………………070
 3.1　清溪陈氏五房溯源……………………………………071
 3.2　西昌陈氏清溪派前期世系繁衍图……………………074
 3.3　柳溪陈氏十三派源流考………………………………078
 3.4　西昌陈氏柳溪派前期世系繁衍图……………………082
 3.5　广东凤翔陈氏七房溯源………………………………085
 3.6　广东凤翔陈氏前期世系繁衍图………………………087
 3.7　柳溪广东兴宁贽公陈氏上源考………………………093
 3.8　广东兴宁贽公陈氏后裔繁衍简介……………………098
 3.9　清溪陈氏宗谱修编简述………………………………101
 3.10　柳溪陈氏宗谱修编简述………………………………103

第四章　西昌陈氏各派谱序欣赏……………………………106
 4.1　清溪陈氏谱序欣赏……………………………………107
　4.1.1　清溪陈氏族谱源流略　（宋·陈明淑）………………107
　4.1.2　清溪陈氏重修族谱序　（明·陈幼）…………………108
　4.1.3　清溪陈氏重修族谱跋　（明·陈嘉谟）………………109
　4.1.4　续修清溪陈氏重修宗谱序　（明·陈世用）…………110
　4.1.5　西昌清溪陈氏宗谱序　（清·罗暹春）………………111
　4.1.6　清溪陈氏重修族谱序　（清·孙振濂）………………113
　4.1.7　清溪陈氏宗谱序　（民国·陈魁宇）…………………114
 4.2　柳溪陈氏谱序欣赏……………………………………116

4.2.1　初修柳溪陈氏庆源图序　（宋·陈千龄）………… 116
　　4.2.2　柳溪陈氏二修谱图序　（宋·陈百龄）………… 117
　　4.2.3　泰和柳溪陈氏宗谱序　（宋·文天祥）………… 118
　　4.2.4　柳溪陈氏三修庆源图后序　（明·杨士奇）………… 119
　　4.2.5　陈氏庆源图序　（明·陈仲述）………… 120
　　4.2.6　柳溪陈氏图谱考异引　（明·陈正言）………… 120
　　4.2.7　柳溪陈氏四修族谱序　（明·王直）………… 121
　　4.2.8　柳溪陈氏四修族谱后序　（明·陈宜）………… 122
　　4.2.9　五修陈氏家谱序　（明·陈廷魁）………… 123
　　4.2.10　柳溪陈氏七修家谱序　（清·陈邦祥）………… 124
　　4.2.11　西昌陈氏八修宗谱序　（清·陈天植）………… 125
　4.3　广东凤翔陈氏谱序欣赏 ………… 126
　　4.3.1　广州凤翔陈氏谱源族系序 ………… 126
　　4.3.2　广州凤翔陈氏谱世系志 ………… 127
　　4.3.3　广州凤翔陈氏黄田重修族谱序　（清·陈伯陶）… 128
　4.4　其他各地同宗谱序欣赏 ………… 129
　　4.4.1　柳溪陈氏广东轼公族谱序 ………… 129
　　4.4.2　柳溪陈氏广东南雄祠分谱序 ………… 130

第五章　西昌陈氏后裔徙居各地概况……………………… 132
　5.1　凤翔派入粤始祖彦约公后裔繁衍村居 ………… 133
　5.2　东莞朗贝陈氏源流及建村历史 ………… 137
　5.3　凤翔陈氏广州良田村礼斋房发展概述 ………… 140
　5.4　兴宁陈氏贽公后裔发展分布简述 ………… 144
　5.5　西昌陈氏柳溪族人徙居川、黔、滇史迹 ………… 152

5.6 陈毅先祖泰和陈氏和公考 …………………………… 154
5.7 由泰和徙居湖南的西昌陈氏族群 …………………… 157
5.8 由泰和奉旨赴湘平蛮的新化鹅塘陈氏伯万世家 …… 162
5.9 南朝皇室后裔——西昌阆苑陈氏 …………………… 166

第六章 西昌陈氏文化特色和亮点 …………………………… 170

6.1 陈姓徽记及远古文化 ………………………………… 171
6.2 舜的高尚品德与修养 ………………………………… 173
6.3 陈霸先与西昌白口城 ………………………………… 175
6.4 柳溪陈氏排行诗《昭穆》注释 （陈文昌）………… 178
6.5 柳溪陈氏祠堂——和会堂记 ………………………… 186
6.6 柳溪陈氏和会堂主簿序 ……………………………… 188
6.7 柳溪书院记 …………………………………………… 189
6.8 清溪静斋书院记 （明·罗钦顺）…………………… 190
6.9 广州凤翔书院落成序 ………………………………… 191
6.10 续修清溪陈氏绍休堂记 （明·陈循）……………… 192
6.11 清溪高城永思堂记 （明·陈循）…………………… 194
6.12 义士元用公天爵堂记 （明·尹直）………………… 195
6.13 江西会祭鹤顶红山 （軧公祝文）…………………… 196
6.14 凤翔始祖彦约公红鹤顶墓 …………………………… 197
6.15 广州陈家祠 …………………………………………… 199
6.16 岭南文化古村——番禺大岭村 ……………………… 201
6.17 广府人文发祥地——南雄珠玑巷 …………………… 203
6.18 漫话广府宗祠风俗 …………………………………… 205

6.19 庐陵文化精品——庐陵老街 ……………………………… 207
6.20 积善人家　五子四知县 …………………………………… 209
6.21 颍川陈氏始祖陈实及德星聚会 …………………………… 211
6.22 陈氏祖训家训家规家范 …………………………………… 213

第七章　西昌陈氏历代名人绅士 …………………………… 218
7.1 西昌陈氏杰出历史人物 …………………………………… 219
 7.1.1 状元首辅陈循 ………………………………………… 219
 7.1.2 外甥宰相杨士奇 ……………………………………… 223
 7.1.3 清溪大儒陈善方 ……………………………………… 226
 7.1.4 庐陵理学之宗陈嘉谟 ………………………………… 228
 7.1.5 宋建炎进士陈千龄 …………………………………… 230
 7.1.6 四代官宦陈先得 ……………………………………… 231
 7.1.7 两地知府太守陈礼 …………………………………… 232
 7.1.8 工部尚书陈宜 ………………………………………… 233
 7.1.9 都御史陈凤梧 ………………………………………… 233
 7.1.10 五经博士陈昌积 ……………………………………… 233
7.2 西昌陈氏历朝中榜进士、举人及百人官宦 ……………… 234
7.3 广州凤翔陈氏历代乡绅名人 ……………………………… 240
7.4 西昌陈氏后裔近现代名人优选 …………………………… 244
 7.4.1 清末探花陈伯陶 ……………………………………… 244
 7.4.2 井冈之子陈正人 ……………………………………… 246
 7.4.3 老红军陈复生 ………………………………………… 249
 7.4.4 庐陵儒商陈万洵 ……………………………………… 251

第八章　西昌陈氏名望宗祠简述 ………………………… 254

8.1　缅怀先祖的打卡地——祠堂 ………………………… 255

8.2　泰和塘洲镇洲头陈氏宗祠（经纶堂）………………… 256

8.3　井冈山市霞溪陈氏宗祠（德星堂）…………………… 257

8.4　泰和县沿溪镇高坪陈氏宗祠（彝伦堂）……………… 258

8.5　泰和塘洲镇江口村珠林陈氏宗祠（崇德堂）………… 259

8.6　泰和塘洲镇龙口村天恩世承宗祠（树德堂）………… 260

8.7　泰和塘洲镇新龙尾村两省文宗祠（承德堂）………… 261

8.8　泰和县塘洲镇龙尾村陈氏宗祠（养志堂）…………… 262

8.9　广东东莞漳澎村彦约陈公祠 ………………………… 263

8.10　广州萝岗区黄田村世盛陈公祠 ……………………… 265

8.11　广州江北中约陈氏大宗祠 …………………………… 266

8.12　广州番禺区珠坑陈氏宗祠 …………………………… 267

8.13　广州萝岗区九佛山龙村少七陈公祠 ………………… 268

8.14　广东增城仙村镇上境村文德陈氏大宗祠 …………… 269

8.15　广州黄埔区九佛莲塘村时四陈公祠 ………………… 270

8.16　广州黄埔区九佛街燕塘村添义陈公祠 ……………… 271

8.17　广州黄埔区九佛街燕塘村天从陈公祠 ……………… 272

8.18　广州黄埔区重岗村季四陈公祠 ……………………… 273

8.19　广东五华县转水镇陈玑公祠 ………………………… 274

8.20　广东茂名市电白区高州山陈氏祖祠 ………………… 275

8.21　江西万安县长田村陈氏宗祠（敦本堂）……………… 276

附　录 ……………………………………………………… 277

后　记 ……………………………………………………… 279

第一章 陈氏发展简史及西昌陈氏族群

1.1 陈姓由来

中国是一个伟大的国家,中华民族是一个具有几千年文明史的伟大民族。中华文明中的姓氏文化,从古至今一直都是构成中国传统宗法社会的重要元素。姓氏,是一个人与共有血缘关系的人员组成的群体(家族)的标志,也是各种族群之间相互区别的图腾符号,代表着以血缘传承为载体的特殊方式构成的群体。一个姓氏的形成,就是一个家族的形成。一个个姓氏的形成,构成了一个民族和国家。

当我们远离故土,在他乡生存、奋斗的时候,心中念念不忘的总是那个生我养我的故乡,即使那是一个贫穷落后的地方,但她仍然是我们内心深处永远也无法忘怀的一片乡土。每逢佳节倍思亲,我们总会在年节的时候想念家的味道,总会毅然决然地加入节假日返乡探亲的大军。回家的情结,是人类世界中最丰富和珍贵的情感,在不经意间,我们已经在心田种下了落叶归根的种子。我们怀念乡土的情结,归根结底也就是寻根情结。

水有源才能不分昼夜地流淌,树有根才能长成参天大树。人们只有知道自己的根源,才能知道自己从哪里来、姓什么。寻根就是人们对以血缘纽带所凝聚形成的家族群体,进行图腾符号(姓氏)文化的寻源。我们的家族起源于何时、何地?我们的姓氏如何形成?我们的祖先又是谁?我们的祖辈经历了怎样的发展历程?有着多少光辉灿烂的文化和多少值得传承和发扬的家风美德?我们过去的精神世界,还有我们对未来的向往……

我们的根,就是一个家族凝聚力的血脉之源,也是我们最至诚的精神归宿。追古溯今,陈氏源远流长,陈氏始祖妫满,谥号胡公,受周武王封为陈侯,成为陈氏族人的开元始祖。陈姓出自舜帝后裔陈胡公,《通志·氏族略》:"舜有二姓,曰姚曰妫。因姚墟之生而姓姚,因妫水之居而姓妫。""妫汭",

古水名，又作"沩汭"。史称"姚、虞、陈、胡、田"为妫汭五姓。周武王灭商朝纣王以后，建立周朝，找到舜的三十三世后人妫满，封妫满为诸侯，还把大女儿大姬嫁给他，封国于陈（今河南省淮阳县境内），谥号为胡公，又称胡满公。妫满建立陈国之后，励精图治，在他的治理下，陈国雄踞十二大诸侯国之列。妫满死后，谥号胡公，后人尊称他为陈胡公。因此，陈胡公就成了陈姓的得姓始祖。由妫满创建的陈国经过25世，延续了将近570年，直到楚惠王杀陈湣公，陈国灭亡。陈国公族遂以国为姓，这就是陈姓的由来。

在数千年来的发展历程中，陈氏族人以独有的顽强和果敢，在中华大地上生息繁衍，开枝散叶，成为一个光芒闪耀的名门望族。陈氏，自立姓开族以来，一直都是中华大姓，在百家姓中处于显著地位。自明朝以来，许多华人奔赴海外谋生，尤其是以闽、粤、浙等沿海省份的陈姓人为多，陈姓人群遍布世界各地。

陈姓来源主要有五个方面：

①舜帝后裔，以国为姓。据《通志·氏族略》所载，周武王灭商以后，追封虞舜后人妫满于陈，封为陈侯，称胡满公，其后裔子孙以国为姓。

②出于陈国公族后裔。陈国在妫满死后，其子孙以国为氏，就是陈氏。除陈完一支主系外，在陈国内乱至亡国期间，还有三支陈国公族后裔避居他乡，亦以国为氏姓陈。据史料载，其一居陈留者，出自陈哀公之子陈留。其二居阳武或颍川者，出自陈潜公之长子陈衍。其三居固始（今河南固始县）者，出自陈愍公次子陈全温之后的陈引奇。后因无子，便以颍川陈实为嗣子，遂融入颍川陈氏。

③少数民族陈姓。如北魏鲜卑族陈氏，乃三字复姓侯莫陈氏随孝文帝迁都洛阳时所改。女真族陈氏系女真族皇族完颜氏所改。蒙古族陈氏是明太祖朱元璋赐给降明的蒙古贵族的姓。满族陈氏有两种情况：一是后金努尔哈赤统治时居住在东北的汉族陈氏被强迫改为满族陈氏；二是本系满族

姓氏改为陈氏，仍属满族。此外，哈尼、侗、土家、布依、瑶、京、羌、回、苗、壮、黎、彝、朝鲜、白、高山、畲等民族也有陈姓。

④他姓、改姓、冒姓。如浙江海宁陈氏，原系曹姓，因娶陈氏之女为妻，有子便随母姓，后成为海宁望族。南北朝时北齐清河王高岳之后，几经陵谷变迁，成了普通百姓。传到第十四代元朝高谅时，因穷困潦倒，入赘于陈氏之家，改为陈姓。西晋末年陈元达，原姓高，占卜者说他生辰八字忌父亲，便改高姓为陈姓。隋朝时杨坚有一心腹干事陈茂，本是河东猗姓人，冒姓陈氏。隋将领陈永贵，原是陇右地区胡人，姓白，甚得杨坚宠信，封北郡陈公，便以封号中的陈字为姓氏。明初，太祖赐西域胡人某为陈姓，其孙陈友，官至右都督，爵封武平伯。对降明蒙古贵族往往赐给汉姓汉名，如恰恰赐名陈守忠，哈哈赐名陈元等。明成祖灭安南国黎朝，国王黎季厘移居中国，其子改名陈澄。刘矫后裔有改陈姓的，史称广陵陈氏。

⑤陈姓疍民与堕民。疍民或说疍户，指在广东、福建、广西沿海港湾和内河从事渔业或水上运输的居民，多以船为家。其中有陈友谅败兵后为明所驱迫者，便以陈为姓。关于堕民，一说明初俘陈友谅之部，编之为丐户。一说明太祖灭陈友谅，俘其子孙九族贬入堕民，贱乐户，不与齐民齿，但保留家族系统称号，仍然姓陈。

1.2　陈姓族群发展简述

陈姓在当今中国大陆姓氏排行榜上名列第五位，是一个多民族、多源流的古老姓氏。在广东、福建、浙江、海南四省和香港、澳门、台湾地区，以及新加坡、马来西亚等国均是大姓。在中国南方地区陈姓位居第一大姓，在北方地区位居第七大姓。

（一）陈姓人群在各个历史时期的发展状况

1. 先秦时期，陈姓主要分布在河南、安徽、湖北地区。秦汉时期，陈姓的足迹已踏上了湖南、江苏、山西、山东。

2. 西晋末年，中原动荡，居民纷纷南迁，安徽、江苏、浙江、江西已经是陈姓主要迁徙地区。"永嘉之乱"，中原士族"衣冠南渡"。时有颍川陈实公六世孙、季方之曾孙、和之孙、台之子陈润，字文茜，仕晋散骑常侍，南海太守，于晋永嘉二年（308）由光州固始县南渡入闽，初居福州乌石山。陈润后迁长乐岱边，再迁闽侯居住。陈润衍派，影响深远，如其后陈迈，于唐武德二年（619）建置莆田县，成为开莆陈氏始祖。其后支系繁多，如莆田浮山陈氏、侯峰陈氏、留坡陈氏、柘山陈氏、五象陈氏，特别是"一门两丞相，九代八太师"的玉湖陈氏，均是陈迈的后裔。

3. 南北朝时期最后一个朝代陈国，是陈姓发展的一个关键时期。陈实的后嗣季方这一支脉的裔孙陈世达，在晋朝为官。晋元帝建武元年（317）随元帝司马睿南下，自江北颍川许昌迁家于吴兴郡长城县（今浙江省长兴县）下若里。陈世达历官丞相掾、太子洗马，出为长城令。他迁家太湖边下若里时曾说："此地山川秀丽，当有王者，二百年后子孙必钟斯运。"经过240年的繁衍生息，出了个陈霸先（503—559），陈霸先在梁敬帝太平二年（557）受梁禅位建立陈朝，史称陈武帝，定都建康，传五帝，共历32年。陈武帝封了许多陈姓王，子孙遍布长江与珠江之间，为陈姓在东南地区的发展起了极其重要的作用。

4. 宋朝时期，陈姓大约有300万人，约占全国人口的3.9%，为宋朝第六大姓。陈姓第一大省是福建，约占全国陈姓总人口的20.8%。在全国的分布主要集中于福建、江西、浙江、四川四省，约占陈姓总人口的57%。其次分布于河南、广东、江苏、湖南四省，约占陈姓总人口的26%。全国形成了以闽粤赣湘、苏浙、川、豫为中心的四大陈姓聚集地。

5. 明朝时期，陈姓大约有 420 万人，约占全国人口的 4.5%，为明朝第四大姓。宋、元、明 600 年间，全国人口纯增长率是 20%，陈姓人口增长比全国人口的增长要快得多，纯增长率高达 40%。在全国的分布主要集中于浙江、江苏、江西、福建四省，约占陈姓总人口的 55.4%。其次分布于广东、安徽、山东、湖南四省，约占陈姓总人口的 24.6%。明朝时浙江为陈姓第一大省，约占陈姓总人口的 20%。全国重新形成了浙苏皖鲁、赣闽粤湘两大陈姓人口聚集地区，陈姓聚集中心开始裂解，向东、向南分布。

（二）陈氏人口在全国各地的分布状况

1. 当代陈姓人口约为 6500 万人，为全国第五大姓。从明朝至今 600 年间，陈姓人口由 420 万激增到 6000 多万，增长了近 14 倍，增长速度略超全国人口的增长速度。宋朝至今的千年中，陈姓人口增长率呈上升的态势。在全国的分布情况，目前主要集中于广东、福建、江苏、浙江、四川五省，大约占陈姓总人口的 40%；其次分布于河南、湖南、安徽、湖北、台湾、山东、广西、贵州、江西九省，约占陈姓总人口的 38%。全国形成了以长江为分水岭，北少南多的陈姓分布局面。广东为当代陈姓第一大省，形成了粤闽浙陈姓高聚集中心，然后向西北方向呈梯度减少。

2. 陈姓人口的分布很广，但不均衡。在闽粤台琼、浙、苏皖南部、江西大部、湖南南部、广西大部、川渝贵交界地区，居住了大约 54.7% 的陈姓人口。苏皖赣湘北部、川渝贵大部、云南、湖北、鲁豫大部、陕甘宁南部、青海东部、内蒙古东部、黑吉西部、辽宁北部、新疆西北部，居住了大约 34% 的陈姓人口。

3. 陈氏入粤，始于南宋。北宋末年，金兵南侵，中原士族大批南迁。颍川陈氏后裔陈魁率族人 93 口移居福建宁化、上杭，至其曾孙二郎、三郎再迁至广东梅州，后散居大埔、兴宁、长乐、蕉岭、龙川等县，迄今仅蕉岭一处后裔就达 2.5 万人之多。

4. 陈氏入台，始于明末。福建同安人陈永华，于明末随郑成功入台湾，官至东宁总制使。在台湾建立屯田制度，设立学校，被尊为陈氏入台始祖。自清初至新中国成立的300多年间，陈氏迁台人数不断增多，其中仅武荣诗山霞宅陈氏一支就2000余口，成为台湾人口最多的首姓大族，与林姓有"陈林半天下"之美誉。

5. 湖广填四川。元末明初，明末清初，四川历经战乱。特别是"张献忠屠川"之后，有"天府之国"之称的四川，荒凉残破、千疮百孔，人口急剧减少。据康熙二十四年（1685）的人口统计，四川省仅9万余人。康熙施行了一系列"填四川"政策，鼓励外省移民入川垦荒。于是湖南、湖北、江西、福建、广东等省有大量陈氏人口随移民大军迁居四川。

6. 移居海外。广东、福建是著名的侨乡，明清以后，两省沿海人口暴涨，很多族人远渡重洋，到海外谋生。在东南亚各国的华人中，陈姓是第一大姓。近现代，粤、闽、浙沿海陈氏族人远渡美国、日本，在当地汇聚了诸如长乐帮、福清帮、潮州帮、汕头帮等，开发形成了许多唐人街。在异国他邦，陈氏族人的身影无处不在。

翻开历史的长卷，我们可以看到，陈氏一族历经数千年的沧桑，依然熠熠生辉。陈氏族人以至孝、至德、至善、至仁、至义、至忠名冠天下。陈氏人才济济，名人辈出，有千古圣君虞舜大帝，陈氏得姓始祖陈胡公，农民起义第一人陈胜，六出奇计的汉丞相陈平，东汉名士文范先生陈实，位登九五的陈霸先，战神陈庆之，大书法家陈遵，大唐文宗陈子昂，民族英雄陈文龙、陈瓒、陈化成，中国共产党的创建者陈独秀，开国元勋陈云，开国元帅陈毅，井冈之子陈正人，等等。他们或为帝王将相，或为民族脊骨，或为国之栋梁，或为一方父母官，或为文学巨匠……在每个不同的历史时期、在不同的领域、在各行各业都有陈氏佼佼者的身影。坚强、勇敢、勤劳、智慧、善良、富有开拓进取精神的陈氏先人创造了极其灿烂的家族文化，丰富了中华文明的内涵，为华夏文明增光添彩。到了近代，陈氏族人更是人才济济，无论在抗日战争、解放战争时期，还是在新中国建设时期、改革开放时期以及全面建设社会主义现代化国家的当下，都不乏时代的先锋、国家的栋梁。天下陈氏，同根同源，血脉相连，传承祖训家风美德，弘扬家族优秀文化。陈氏族人与各姓氏人民一起，为社会的安定、国家的团结和时代的发展与进步做出了巨大的贡献。

1.3 陈姓人群的迁徙繁衍

虞舜，中华人文始祖，陈姓血缘先祖，三皇五帝之一，名重华，字都君；于姚地（今河南濮阳），故姚姓。今山东诸城市万家庄乡诸冯村人，为四部落联盟首领，因受尧的"禅让"而称帝于天下，其国号为"有虞"，故号为"有虞氏帝舜"。帝舜、大舜、虞帝舜、舜帝皆虞舜之帝王号，后世以舜简称之。

陈姓开宗之祖——陈胡满公，满公原姓妫，叫妫满。因助周武王灭纣，为建立周朝立了大功，周武王封妫满于陈国（即宛丘，现河南省淮阳县）。按照古代胙土命氏的制度，以国为姓，由此诞生陈姓，陈胡满公即成了陈姓的得姓始祖。

陈，最初是一个地方，本来是太昊之墟（画八卦之所）。周武王的时候，将这个地方封给了舜的后裔妫满，还把女儿太姬嫁给他，称为胡公。后来，他的十世孙妫完，因故奔齐，才开始以国为氏，创造了"陈"这个姓氏。当时，胡满公所拥有的陈地，大致是现在河南开封以东，至安徽亳县以北，都城宛丘，即现在的河南淮阳县。这块地方应该是陈姓汉族的最早发源地。

头一个以陈为姓，后来又改姓为田的陈完，也是头一个在历史上大出风头的陈氏。太史公在《史记》中对他有详尽的叙述。据说，他在齐国改姓为田之后，子孙世代都是齐国的大官。传到田和的时候，进一步列为诸侯，他的儿子田平乾干脆并掉齐国，这就是历史上所谓的"田齐"。奔齐之后，首先以陈为氏的陈完，字敬仲，后来在齐国逐渐发达起来，食邑于田。这时，他又改姓为田。《史记》中有一篇"田敬仲完世家"，记载的就是他的故事。因此，田姓应该是自陈姓分出去的，两姓在三千多年以前本来是一家。

胡满公本支所繁衍的陈国，传了二十五世，到妫健的时候，被秦始皇所灭。妫健生了厶、桓、轸三个儿子，在亡国之后，桓改姓王，轸则跑到楚国，后来还做了楚国的丞相，封为颍川侯，并且搬到河南的颍川，改姓为陈——这一支，被普遍认为是陈姓的共同祖先。

陈姓的组成，也跟其他的大姓一样，并不仅仅为胡满公所传下来的这一支。《通志·氏族略》中有一段记载，把陈姓的各种形成因素，说得十分清楚。"公元二十四年，楚惠王使子西之子公孙朝伐陈而灭之，子孙以国为氏。又广陵之陈（在今江苏镇江东北），实刘氏，鲁相无子，以外孙刘矫嗣。《河南官氏志》云：'侯莫陈之后，亦改为陈氏。'又曰：'白永贵隋初改为陈氏，是为万年之陈。'"陈姓，至少有来源不同的四支——舜帝的后裔，白永贵的后裔，刘矫的后裔，以及突厥族的侯莫陈氏的后裔。这四支陈姓"人马"，经过数千年的繁衍，已经遍布世界的每一个角落。不过，其中要以颍川、汝南（今河南省）、下邳、广陵（今江苏）、东海（今山东东南部与江苏交界处）等地的陈氏，最为族大支繁。

在国内，陈姓主要分布在中国南方地区，尤以广东、福建、浙江、四川、江苏、江西、河南、湖北、湖南、山东等省为多。以陈轸为始祖的颍川陈姓后裔孙陈伯珍于西晋末年渡江赴曲阿（今江苏丹阳）。伯珍孙徙居长城（今浙江长兴）下若里，陈霸先便是该支的杰出代表。他建立陈国，定都建康（今江苏南京），并封了许多陈姓王，使陈姓子孙遍布长江以南地区。诸侯宜都王陈叔明的十世孙陈镶，为避难迁居今泉州仙游县（现莆田市仙游县），其一孙伯宣之后陈旺徙居江西德安县太平乡常乐里，为江州义门陈姓开基祖。另一孙伯党之后陈晖徙居江西庐陵泰和县，为西昌陈氏清溪柳溪派始祖。义门陈和西昌陈现今发展成江西两大陈氏宗族。

唐初，陈政领兵平"蛮獠之乱"，其子陈元光在父亡后接班，历时九年始平，陈元光被称为"开漳圣王"。再就是颍川陈后裔陈邕受李林甫排挤而迁福建同安，在福建发展成为"太傅派"陈姓，尊陈邕为南院始祖。

浙江最早有关陈氏的记载始于汉代。当时陈氏在山阴（今绍兴）、上虞、乌伤（今义乌）就有繁衍，出了一些当地名家望族，如陈嚣、陈业、陈宫等。后来，随着朝代更替，由外地迁入今浙江境内的陈姓人口越来越多。自唐朝以来，福建"南院派""将军派""贡川派""润公派"陈氏迁入温、台、丽地区居住，也有迁往金华、宁波甚至嘉兴地区的。比如文成县最早的一支陈姓就是唐朝时从福建迁来的；义乌的一支陈姓也是唐时福建的移民；乐清八支陈姓中，有五支是从福建迁来的。同时，宋室南渡也随之跟来了很多北方的陈姓支系。南宋以后，这些陈姓人主要居住在浙江北部地区，比如上虞的陈氏和余姚的陈氏主要是宋室南渡时南迁而至浙江的，现金华婺城区和婺东区的陈氏最早也可追溯到宋室南渡的那段历史。可以这么说，浙江陈姓的迁徙轨迹就是浙江姓氏发展史的一个缩影。曾经的南蛮之地，后来变成鱼米之乡、天下粮仓。其实，浙江人口除了北方南迁外，还有从江西、湖北、湖南、安徽等地迁来的大量移民。其中由福建迁入浙江的人口是最多的，其影响在如今的温台地区十分明显。

在汉朝时期，江西还是块不毛之地，少有人烟。随着后来中原战乱，很多人为躲避战火纷纷迁徙到了江西。元朝初期，江西人口已超过1600万，几乎是湖南、湖北、四川、贵州、云南五省人口之和。也由此开始了赣人迁徙两湖两广和填充云贵川的移民活动。江西的陈姓人口，主要来自河南、福建、浙江的颍川陈氏。明清时期，江西人口大量南下西移，不断移民广东、湖南、广西、贵州、云南、四川等地。在这些移民中陈姓人口所占比例很大。以江西省泰和县陈姓移民为例，宋明清徙居湖南的西昌陈和伯万公两支后裔就达百万之多。柳溪陈氏彦约公于元天历二年入粤，后卜居广州番禺凤翔社，枝开叶繁，分布在广东珠江三角洲一带，后裔达120万之多，成为广东客家陈氏第一大旺族。柳溪陈氏徙居贵州毕节和云南镇雄的后裔均各自发展为当地的大族。

秦汉时期，大庾岭道设有横浦关，通岭南。东汉建安八年（203）设交州。建安二十二年（217）将州治自广信移番禺。东吴永安七年（264）分交州设交、广二州。东吴甘露元年（265）设始兴郡，治曲江。从此粤北作为岭南与中原的陆路交通，地位日益重要。西晋末"永嘉之乱"后，中原和江南流民逾岭入粤颇多。至唐代，从大庾岭北上的交通更为通畅。在岭南南雄这一中转重镇，展示出一幕幕北人南迁的故事，由此诞生了珠玑巷。珠玑古巷，位于韶关市南雄市珠玑镇，地处岭南与中原南北通衢的古道上，这里的广府民系各姓有难以忘怀的迁徙情思。在南雄珠玑巷氏族大迁徙中，陈姓居第三位。自北宋以来，珠玑巷陈氏族人为避兵燹战乱，或避自然灾害，或宦游，或亲友团聚，大批由此南迁。至元末明初，迁徙到珠江三角洲等地的陈氏有数十支系，经过数百年的本地化，接受了广府文化的熏陶，到今天已发展到数百万人口，遍布珠江三角洲。闽西与粤东相邻，南宋以后，从闽入粤者渐多，中原人陈魁迁居福建宁化、上杭，其曾孙有迁广东省梅州定居的。焦岭陈氏就是其中一支。

全球客家人陈姓颇多。陈氏迁入越南的历史比较久远，李朝女皇李昭皇之夫陈煚，于1228年创建越南陈朝，传8世13王，历时175年，以至陈姓成为越南十大姓之首。陈氏移居日本，始于明初，大都是明太祖朱元璋派去的水手，此后有的在琉球群岛落户。明清以后，闽粤等沿海地区的陈氏，有许多人出海谋生。例如，陈臣留率亲族百余人迁居马来西亚和新加坡；另有一些人迁至菲律宾、泰国、印度尼西亚等东南亚国家。近代更有许多陈姓人成群结队纷纷迁移至美、英、法、澳大利亚等国定居。

1.4 颍川陈氏的变迁与发展

颍川陈氏，是中国百家姓中以颍川郡为郡望的一个陈氏家族。颍川郡以颍水得名，颍河流域是中华文明的重要发源地之一。公元前230年，秦始皇最早设置颍川郡，范围大致包括今天河南省的许昌市、平顶山市、漯河市、登封市等地。西汉时曾短暂改称为韩国，后又恢复颍川旧名。唐朝改颍川县为长社县，改颍川郡为许州，从此颍川不再作为地名存在。

据史志记载，陈氏为虞帝大舜之裔。周武王克商，大封帝王之后，舜帝三十四代孙妫满，因为他父亲为周文王烧制陶器、讨伐商纣有功，得以赐娶周武王长女太姬，受封"胡公"，封地宛丘（现在河南淮阳）。此为颍水流域一带（古为陈地），为西周一诸侯国，国号"陈"，子孙遂以"陈"为姓。经过细考陈氏的来龙去脉及其迁徙分布状况，可以确认陈氏同源为舜裔。按血缘关系，陈氏称舜帝为太始祖或血缘始祖是合情合理的。而妫满受封于陈地，爵陈侯，建陈国，以国为姓，死后谥胡公。从姓氏上来说，称妫满为陈氏始祖或得姓始祖，也是不可否认的史实。

陈国到了文公时，内乱开始，兄弟为争夺王位，相互残杀。厉公为夺王位，趁长兄桓公病危之时，把桓公的长子杀了，自己登上宝座。而桓公的次子陈跃又杀了厉公，夺取了王位。由此引发厉公的长子陈完出奔齐国，改陈姓为田姓。其子孙在齐国历任权臣，后取而代之，自立为齐国君王。至齐王建时，于公元前221年齐被秦国所灭。齐王建的三子轸相于楚，封为颍川侯，复姓陈，是为去田复陈之颍川始祖。陈轸的十一世孙陈实，东汉颍川许人，因为他一生严于律己、宽以待人、中庸为本、仁义为怀，为官清正、道德高尚，于东汉灵帝中平五年（188），被朝廷褒功，赐谥封号，建庙立碑，图像百城。并树为朝野吏民学习典范，追封为颍川侯，钦赐龙牌。不管是陈国户牗派的后裔陈姓，或是田齐派陈完的后裔复姓归宗，都是陈氏源流的两大衍脉而最终合二为一，千源万流归宗一脉。其纷繁的布迁，固然十分复杂，然而其主流的传衍，却是衍脉清晰，昭穆分明，一脉相承，绵延不绝，形成一部与时间并存的颍川陈氏宗族史。

汉末魏晋颍川陈氏家族成员史实见载于《后汉书》《三国志》《晋书》《宋书》及《世说新语》等书，其中陈实、陈纪、陈群、陈泰四君，在《后汉书》《三国志》中列有专传。根据史书记载，我们可以勾勒出一幅冠冕相承、名士风流的颍川陈氏家族史卷。陈氏的兴起始于陈实，陈实仕汉太丘长，汉末名士。因经明行修成为后世士人的楷模，为颍川陈氏家族成为东汉中后期天下名门打下了基础。

陈实（104—187），字仲弓。颍川许县（今河南省长葛市）人。少时家境贫寒，曾在县里作小吏，做事任劳任怨，而又有志好学，受到县令的赏识，让他去太学读书。后来陈实先后任郡督邮、功曹，深明大义，讪身伸道，"善则称君，过则称己"，其高迈的德行为远近所叹服。东汉桓帝元嘉元年（151）被司空黄琼选任为闻喜长，后又改任太丘（在今河南永城）长。在地方任上，陈实以德施治，关心、爱护百姓，邻县甚至有不少人因此要迁居到他属下的地方。后来沛国相违法赋敛，加重百姓负担，陈实无法阻止，便辞官归里。

陈实德冠当时，成为远近闻名的名士之首。党锢解除后，大臣们都纷纷推荐陈实，朝廷也多次以公相之位相召，但他都推辞了。中平四年（187），陈实病逝于家中，享年八十四岁。各地赶来吊祭的有三万多人，大将军何进也遣使前来，为之刊石立碑，谥为文范先生。陈实共有六个儿子，其中陈纪、陈谌最有贤名。当时人们把他们父子三人并称为"三君"。

陈实的裔孙在颍川定居后，遵循祖德，安定家业。到了东晋，陈实的第七代裔孙陈世达（属第四子季芳一脉），在晋朝为官。晋元帝建武元年（317），他随元帝司马睿南下，自江北颍川许昌迁家于吴兴郡长城县（即今浙江省长兴县）下若里。陈世达历官丞相椽、太子洗马，南来后任江州刺史，出为长城令。吴兴原为浙江湖州的一个小县，依山傍水，位置极佳。南有秀丽挺拔、幽深雅静的莫干和天目二山；北望烟波浩渺、一碧万顷的太湖，闭目遐想，令人陶醉神往。山水之外，物产更是丰饶，此中的丝、笔尤为天下称道。世达公迁家大湖边下若里时曾说，此地山川秀丽，子孙必钟其灵。同时，陈实长子元芳一脉的后代迫于隋乱，也从颍川迁来吴兴郡，使吴兴成为颍川陈实裔孙南迁的第一大聚居地。

吴兴陈氏经过240年的生息繁衍，到了陈世达第十一代（陈实第十八代），出了个陈霸先，建立陈朝，称陈武帝。武帝在位三年病薨，因只有一子被困北周，故由皇兄陈谈先长子临川王继位，先后传三代五皇帝，享国32年。陈宣帝大建五年（573），六皇子叔明封为宜都王，他自吴兴下若里迁家宜都县（今湖北宜昌市附近）。先后出任过东扬州（辖今浙江、江西、福建）、南徐州（辖今江苏、安徽）刺史及安右将军等职。陈后主祯明三年（589）陈朝亡于隋。为避隋乱，陈叔明举家迁回吴兴，之后他与第三子铉入福建泉州仙游（今莆田市）。居十余年后，被隋文帝召入关中，隋炀帝大业中（605—618），封他为鸿胪少卿。颍川陈氏中世系明确、见诸史册较晚的还有陈茂先，他是陈準的七世孙，陈实的十一世孙，东晋安帝时袭封广陵公。义熙九年（413）尚书祠部郎荀伯子上奏说陈準在赵王之乱中对淮南王遇害负有责任，要求削除陈氏的广陵封国。陈茂先上表自辩，封国得以保存。但这时距东晋灭国也只有六七年的时间了，大约在隋兵灭陈国的时候，和其他前朝旧族一样，颍川陈氏一族的封爵承袭才从此断绝。

颖川陈氏由汉末入魏晋，子孙历十余世贵显，家族地位历三百年而不坠，可说是魏晋间历史最为悠远的世家大族之一，陈氏也一直列为颖川首姓。千百年来，颖川陈氏南迁扩展，与中国人口逐渐由黄河流域向长江流域和岭南等南方地区拓展的规律相一致。颖川陈氏南迁的主要干、支世系有几十支，他们基本上与历史记载的中国四次大的人口南迁浪潮相符合。

第一次南迁是在魏晋南北朝时期。晋代是我国历史上著名的动乱时期，受尽动乱苦难的中原人民，成批地向远离中原的福建等地迁移。尤其西晋"永嘉之乱"后，中原动荡，"江左衣冠望族"的林、陈、黄、郑、詹、邱、何、胡八姓相继入闽。陈姓入闽最早见诸史料的，为历任散骑侍郎、南海太守的陈润，他于晋永兴元年（304）由光州固始县入闽任府尹，居福州乌石山下，为福建陈姓入闽始祖。陈润生六子，散居福建各州县繁衍生息。晋盱眙太守陈英第三子玄弼于晋永嘉七年（313）入闽避乱，居兴化（今莆田）。晋建兴四年（316）陈野由光州固始迁居新罗（今龙岩）。南朝陈霸先建立陈国后，许多陈姓子孙纷纷入闽为官，见诸记载的有陈文帝五子晋安王陈伯恭、陈宣帝四子建安王陈叔卿、陈宣帝二十四子南安王陈叔俭等均留居福建开基，居福州、泉州、建阳等地。隋兵灭陈国后，陈后主之子陈敬台携两弟领兵据永春，为南朝永春派开基之祖。陈朝灭亡后，宜都王陈叔明避居浙江金华，陈叔明五世孙陈兼，在唐玄宗时考中进士，任右补阙。陈兼的长子陈当派下的天湖支系始祖陈邦植后裔，子孙兴旺，广泛分布于现在的闽北武夷山、浦城及浙西龙泉地区。陈叔明十世孙陈镶为临海县令，避难迁福建泉州仙游县，生八子，第五子陈伯宣隐居江西庐山，其孙陈旺为德安义门陈始祖；第八子陈伯党与兄隐居江州、金陵等地，其孙陈晖为庐陵西昌陈氏始祖。隋炀帝大业十三年（617），陈迈领泉州兵马镇莆田，首任莆田县令，为陈氏入莆始祖。迈公后裔有20多个支系，著名的有"十八陈"十八个支脉，遍布莆田仙游地区。

第二次南迁是在唐初期和中期。中原陈氏在唐朝有过两次影响深远的南迁之举。第一次，公元667年，朝廷派河南固始人陈政（胡满公的68世孙）任南行军总管，率兵镇压福建南部的少数民族动乱。公元669年4月，陈政卒，由其20岁的儿子陈元光代父领兵，经过九年战争，局势平定后，于公元686年报请朝廷批准，设置了漳州郡。陈元光致力于发展漳州一带的农工商各业，使当地经济得到了繁荣发展。他被后人尊为"开漳圣王"，子孙后代被称作"开漳圣王派"，成为闽、粤、台及南洋诸岛陈姓最主要的一支。当地百姓为了表达对陈元光的崇敬之情，许多地方建有陈圣王庙，福建有一百多座，台湾有53座，南洋诸岛也有20多座。闽南的几座"开漳圣王庙"，如燕翼宫、威惠庙等，其规模之大，香火之盛，不亚于内地一些大型的佛、道教寺观。第二次，是颖川陈后裔陈忠之子陈邕，唐中宗时进士，官至太子太傅。唐开元二十四年（736），太子太傅陈邕与其父陈忠，从京兆万年县被谪入闽，因受宰相李林甫排挤，迁至漳州南厢山。初居兴化，后移漳州，其子孙散居福建各地。其子陈夷行，唐文宗时任宰相，此后子孙兴旺，在福建发展成为"太傅派"陈氏，尊陈邕为"南院"始祖。唐开元二十九年（741），陈实长子元芳（纪）的21代孙陈雍，从吴兴来闽，在沙县固发冲定居（今永安贡川），子孙繁衍于贡水，人文鼎盛，后裔称他为贡川始祖。其长子陈苏迁宁化石壁，后迁居罗源县中房曹湾，为该支的开基始祖。次子陈野居固发冲，三子陈运迁闽县（今福州，含长乐、闽清县）。

第三次南迁是在唐末五代时期。唐僖宗中和年间（881—885），陈闻偕长子陈显、次子陈动入闽，居福州城南石井巷，为福州陈氏之祖。陈动的长子陈橄及孙令镕、令图、令猷分别迁居闽侯大义、古灵和长乐岱峰、金沙、凤山开基。后来陈闻的三子陈黯寻亲也入闽，居同安开基。唐德宗贞光年间，陈渊入闽居金门岛开基。唐僖宗乾符年间，福建观察使陈岩入闽，遂家居建宁县开基。唐末五代时期，连年战争，民不聊生，暴发多起农民起义。如河南固始人王潮、王审知兄弟率光州、泰州农民起义队伍数万人经江西入闽。史称"十八姓从王入闽",其中固始县陈氏族人入闽者很多。有陈鄙谐兄弟数人随王审知入闽,初居泉州,后居仙游,其七世孙陈汝器为"飞钱世系"始祖,后裔子孙迁往晋江开基。唐末陈四翁随王审知入闽,居同安开基。陈檄随王审知入闽,寓居闽侯古灵,为古灵世系始祖。陈苏入闽,居罗源开基。陈启端兄弟自固始入闽,寓居建阳县开基。陈千郎由河南固始县南迁入闽,仕闽王官三司左丞,初居福州大义,后卜居闽侯小溪源。其长子庭枢仍居大义;次子庭机居闽清十九都安仁;三子庭炳迁闽清二都漈上宣政里;四子庭栋居沙县马坑大陂口;五子庭柱居尤溪十九都高才坡;六子庭梁居永太梧桐乡;七子庭相居尤溪水南岗开基。五代南唐时,陈邕的裔孙陈洪进任南唐闽清源郡王、东海南康郡王,迁回仙游枫亭开基,为侯揽世系之始祖,建"德星堂",开发围垦陈埭,促进泉州经济发展。陈洪进后代也成为泉州陈姓望族,其后子孙分布在仙游、泉州、漳州及广东一带。

第四次南迁是在宋、元之际。宋朝民族矛盾尖锐,北宋末年康王南渡,皇室南迁临安(杭州),引起全国性动乱。随后在元兵追逼下,南宋皇帝南逃福建,掀起前后两次北方人口大批南迁的浪潮。其中陈氏族人南迁很多,如陈高士从河南固始南迁入闽,寓居福州台屿开基。陈魁、陈璋入闽,后裔分别居闽西长汀、宁化、永定、上杭、武平及闽南漳州、厦门翔安、莆田仙游等地开基。陈舜仁经江西南迁入闽,居福清江阴等地开基。宋代以后,全国的政治、经济重心南移,大量北方人南迁,陈姓也由颍川迁入闽浙一带,繁衍形成吴兴郡南朝派。浙江金华、温州、台州、丽水四地的陈氏大部分是叔宝后裔。时至今日,浙江省内陈姓人口达到352万,占总人口数的7.24%,为浙江省内首姓。宋嘉祐七年(1062),十世聚族330年而居的江州义门陈氏家族奉旨分成291庄,分别迁往全国72个州郡所辖的144个县。

第五次南迁是在明清时期。元末明初，陈友谅在江西被朱元璋打败，义门陈氏第二次大分析，部分陈姓族人流落福建沿海各地居住。同时以江西为主的陈姓不断南迁广东，西迁湖南、贵州、云南、四川等省，形成众多陈氏家族，成为当地望族。明末清初，陈姓继续迁徙入闽入粤。徙居在闽粤桂沿海地区的陈氏先人，为了继续发展，又陆续漂洋过海，迁移到海内外各地，包括东南亚各国及世界各地。

由于陈氏是福建、广东的第一大姓，陈姓也是客家最大姓。台湾陈氏族人的根在福建，80%都来自福建的泉、漳、厦等闽南地区；20%来自福建汀州与广东梅州客家地区。故在历次迁徙台湾的总人数中，陈姓均占相当大的比重。据1997年台湾当局统计公布：在台汉族人口1710万人中，其祖籍地在福建的占80%以上，其中祖籍地在泉州的约占42%。祖籍地在漳州的约占38%。而全台陈姓人口有185万多，占全台人口总数的12%。颍川陈氏到了唐代，开始南迁入闽入粤，后裔出了"开漳圣王"陈元光，史称北庙派、将军派或开漳圣王派。这一脉在东南发展，并渡海入台，成为台湾望族。

台湾地区有名的陈氏家族有两个：

一是惠安侯卿陈。惠安县辋川镇侯坑村（近人多以方言谐音改坑为卿）陈姓，早于明代由莆田阔口迁来，属玉湖陈衍派，人丁旺盛。清末民初已分居各地19个村落，遂有19陈之誉。清初分居城内城隍口的陈姓，建有"侯卿陈宗祠"。

二是台湾"德聚堂"。德聚堂亦称"颍川家庙"，位于台南市七巷，供奉来自霞寮村的陈泽、陈丑、陈亥、陈拱四兄弟。清康熙二十八年（1689）海澄（今属龙海区）《霞寮村陈氏世系渊源》载：陈屠龙子明宪宗初年由龙溪县南乡庵兜迁居海澄霞寮，是为开基祖。霞寮村位于九龙江西、南、北三溪汇合处，今属龙海区浮宫乡。陈泽四兄弟是陈屠龙七代孙，泽为郑成功部将，位居统领。随后三个弟弟因此也跟着到台湾定居，是为霞寮村陈氏居台的开基祖。300多年来繁衍子孙甚众，共建德聚堂纪念祖先。两岸"霞宅陈氏"关系密切，台湾霞宅陈氏是由福建南安市诗山镇霞宅村迁居而来的。《霞宅陈氏族谱》载："我祖自颍川分派于河南光州固始以抵入闽"，"一郎公自明初叶肇基于此，世代积德累仁，聚居成族"。

总之，颍川陈氏历史悠久，源远流长，繁衍昌盛，子孙后代既分布于全中国，又遍及全世界。它像一棵枝繁叶茂的参天大树，荫佑人世；又像一条源远流长的大河，孜孜奉献。颍川陈氏先辈的光辉历程，将永远激励后辈族人，敦宗睦族，爱国敬业，与时俱进，奋发向上。

1.5　庐陵西昌陈氏先祖迁徙线路

四千多年前，北京市延庆县妫水旁，居住着古老部落有虞氏，属东夷系，靠打猎为生。有虞氏与东迁的西羌系黄帝部落有熊氏友善、通婚，经八代相传，有虞氏首领舜成为部落联盟首领，即舜帝。夏商时期，有虞氏一直保持势力强大。周武王灭商时，有虞氏支持伐纣。周武王贬谪嫡传有虞氏而立庶出满公，封之于陈，以祀舜帝。国人以国为姓，满公为一世祖。

公元前479年，陈国为楚所灭，二十一世衍公逃往户牖（今河南兰考）。元平元年（前74），西汉大将军霍光立昌邑王刘贺为帝，27天后乃废，杀昌邑国臣子二百余人，改昌邑国为山阳郡。三十四世与京移居山阳瑕丘（今山东兖州）。

元熹二年（159），东汉中常侍单超协助汉桓帝诛灭大将军梁冀及其同党，杀官员几十，抄家几百，朝廷为之一空。四十二世翔公移居颍川郡长社（今河南长葛）。东汉灵帝熹平元年（172），阉党之争，捕杀太学生千余人。四十三世实公告老隐丘山悬车，静心闲居，移居颍川郡许昌。

西晋永嘉六年（312），发生"永嘉之乱"，汉国大将石勒攻破东都洛阳，俘获晋怀帝。四十九世达公南迁长城（浙江长兴），为长城令。永定二年（556），霸先公建都金陵（南京），六十一世顼公于天嘉二年（561）入金陵拱卫其兄陈文帝。祯明二年（588），南陈为隋朝所灭，陈国宗族被献俘长安，随即受到宽宥，散居边州。

仁寿四年（604），隋炀帝大修东都洛阳，将各州郡上户七千置于东都。六十二世叔明公迁洛阳，虚位胪鸿少卿。武德二年（619），王世充杀杨侗并称帝于洛阳，叔明公及其子孙逃往祖居地颍川郡许昌。唐德宗建中三年（782），驻守许昌的节度使李希烈叛唐。唐德宗讨李希烈，实行坚壁清野，"播迁梁汉"，将中原和汉水的百姓迁往江西和福建。七十一世镶公迁福建仙游。十几年后再返迁江西庐山脚下。

大和六年（832），七十二世伯宣公迁江州德安太平乡常乐里，宗族六百余人同居合食，号称义门。七十二世伯党及七十三世元史居金陵；七十四世徽公于中和四年（884），连同诸叔和伯叔弟兄被寿春强人王绪胁迫南行赴福建漳浦，后奔浙江温州，光化二年（899）为温州司户参军，投吴王杨行密。天祐元年（904），杨行密作乱，因重病而逝，陈徽改名晖，由金陵隐匿江西庐陵泰和（西昌）。同光二年（924），其子承逸荐为泰和都干（县令），诸兄弟和叔父（如元美）才从隐居山林沃野的柳溪村迁居县城。

陈晖二子承进、承逸开清溪、柳溪陈氏两派。宋、明时期两派后裔陆续从泰和（庐陵西昌）迁至广东、湖南、福建、贵州、云南、四川、台湾各地，枝开叶茂，不断繁衍壮大，散布整个中国南部地区及东南亚乃至全世界。

1.6　话说庐陵西昌陈氏

泰和古称西昌，曾为庐陵郡治所在地。古时西昌是个物华天宝、人杰地灵的好地方，这里历史悠久，文化深厚。千百年来徙居此地的陈姓族群在这块充满生机的土地上生根发芽、开花结果，形成了一个庞大的宗族。其后裔有两支繁衍发展到广东珠江三角洲一带，成为南粤最大的陈氏族群。宋明时期，泰和的清溪陈氏和柳溪陈氏两派及其繁衍徙居广东的凤翔陈氏、赟公陈氏等族群统称庐陵西昌陈氏，目前仅赣粤两省由血缘传承下来的西昌陈氏人口达 200 万之多。因此，探寻西昌陈氏源流，研究西昌陈氏文化，有着十分重要的现实意义。

泰和地处江西省中部偏南，西部和东南部为山区，连接山区的是大片丘陵，中间为河谷平原，为吉泰盆地之腹地，史称江右粮仓。境内有百里赣江纵贯南北，上溯赣州，下抵九江，自古有"咽喉荆广，唇齿淮浙"之誉，乃钟灵毓秀之地。古为庐陵旺邑，秦汉时为庐陵县治。据县志记载，东汉建安四年（199），置庐陵郡西昌县，迄今 1800 余年。古县治在今县城西 1.5 公里处（澄江镇西门文溪一带），在此设"庐陵县"和"庐陵郡"时间长达 500 年。三国吴末，析西昌置东昌县，属庐陵郡。太康元年（280），庐陵郡迁石阳（今吉水县东北 10 公里）。南北朝时陈霸先驻军西昌，大宝元年（550）六月，陈霸先欲征侯景，遣杜僧明筑白口城（今塘洲镇高城），高州刺史李迁仕筑古城（今塘洲镇下睦），彼此相对。大宝二年（551）三月，杜僧明拔城擒李迁仕送南康斩之。后杜僧明驻西昌，督安成、庐陵二郡军事。六月，陈霸先驻军西昌，期间两次显灵。进军金陵后当上陈朝开国皇帝，十分看重西昌白口城（现为国家级文物保护单位），认为这是他的发迹福地。后人称白口遗址为"皇帝地，天子堆"，并在附近（县城西门）设立陈武帝庙。

隋朝开皇十年（590），废西昌，并东昌、遂兴、广兴、永新等地置安丰县。次年，以"地产嘉禾、和气所生"，改安丰称泰和。从此，泰和县名沿用至今，历时1430年。唐初设南平州，领泰和、永新、广兴、东昌四县，西昌故城为州治。后又并四县为吉州泰和县，唐贞元三年（787）移县治于白下驿西（今县城），延续至今。随后析泰和置永新、遂川、万安三县。元朝又升泰和县为州；明初，撤州复为泰和县。

千百年来，泰和发生过许多历史事件，也有许多传说。通过查阅各个时期的县志及相关资料，我们可以了解到泰和县一些重要历史事件和名人轶事。比如，公元551年6月，陈霸先驻军西昌白口城时，一天，赣江波涛汹涌，江面上空有一蛟龙翻腾，当时万余军民在龙洲一带见此奇景。陈霸先认为是好兆头，将此视为龙兴西昌、开创帝业的吉祥之运。

还有北宋建炎年间，金兵渡江南侵，隆裕太后在吉州泰和蒙难遇险。当时军民奋起保驾，救太后于水火之中，受到朝廷赞赏。抗元英雄文天祥与泰和有深厚情缘，其母曾德慈是泰和梅溪（苑前镇巷口村）曾钰的次女。8岁时文天祥到外祖父村中就读，后任南宋宰相，受命于危难之时，多次在泰和组织抗元活动，得到乡民大力支持，用心血书写出大量可歌可泣的爱国情怀和业绩。大文豪黄庭坚于北宋元丰四至六年（1081—1083）当了三年的泰和知县，留下许多勤政爱民事迹。他在快阁梦醒认养前世生母的传奇，在民间广为传颂。

再就是寓居泰和的奇人僧定光，宋代福建同安人，11岁在泉州建兴寺出家，后到庐陵参西峰云豁禅师，又到紫瑶山下岩洞（称定光岩）修炼。他曾依地理留谶云："龙洲过县前，泰和出状元；龙洲接金鱼，泰和出相儒；龙洲接甑篦，泰和佐皇帝；龙州过县状元出，鱼坝添儿宰相生；雁塔飞索遭火劫，高陂钟响出公卿。"泰和至明朝出现三状元四宰辅、九尚书十侍郎等人物，一一应验。最末二句原非好兆，却被人擅解误破，适得其反。

明景泰年间，知县颜夔铸钟置于高沤寺，结果才过一年，宰辅肖镃被罢职开除官籍。二十年后尹直当上辅政大臣才一年又被罢职回家。泰和从此再未出过状元宰辅。这类传说奇事被县人代代相传，津津乐道。

陈霸先显灵圣地被其后裔看中，先后两批次迁徙西昌（泰和）。第一批次为陈伯万家族。据湖南省城步县儒林镇《陈氏通谱》中《陈氏源流述略》记载，霸先侄孙宜都王陈叔明生南瑛，南瑛以进士官副史，宦游江西。于隋开皇间，迁江西泰和县衡乡丰成里早禾渡梅子坡圳上居焉。厥子五人，皆显于唐。长子汉立世守圳上旧址，子瑕琳黄甲及第；瑕琳生光禄大夫惟，惟生徐州太守兴；兴生文琥、文琦为镇北将军，生子祓，官御史。祓生寿，寿生淮州太守益。益生内帘御史文，文生伯万。伯万于后唐庄宗同光二年（924）从泰和奉旨赴湘平蛮编苗，择邵州之新化三都横阳山鹅塘村居之，卒葬鹅塘金台山。伯万后裔遍布湖南湖北各地，尊为湘湖陈氏始祖之一。

第二批次为后唐大理评事陈晖家族。陈晖系宜都王叔明12世孙，昭宗时进士，官至大理评事。以唐杨行密之逼臣事，故易讳避地由金陵徙泰和，隐居山林沃野泰和柳溪村。生二子，长承进，次承逸，分别为清溪、柳溪两基祖。县志明确记载，陈承逸于同光元年（923）被荐为泰和知县，次年（924）陈伯万奉旨离泰赴湘。两人是近亲族人，两事仅隔一年，其中蹊跷可想而知。

以陈晖为始祖的西昌陈氏，子孙和谐数世，六世起衍生出清溪、柳溪两派。宋朝时陈宣帝五子叔明长兄叔宝后裔南寮派人士由闽徙浙再入西昌。西昌评事与南寮太尉二祖实为同祖兄弟，传两派子孙，本一脉，关系十分密切。西昌南寮与柳溪两派陈氏在明永乐年间曾合谱建祠，至此完整形成西昌陈氏。西昌陈氏包含泰和清溪、柳溪和南寮三派，其中柳溪陈氏为主流派，衍生广东凤翔、贽公二大支派。据泰和博物馆现存的国家二级文物、明三朝制敕碑载，正面为洪熙元年（1425）至正统九年（1444）三朝间，状元陈循由翰林院修编叙升至嘉议大夫、户部右侍郎兼翰林院学士及亲属相应获得封赏的20道诰命。碑背面为"西昌陈氏族谱"和杨士奇的"西昌陈氏族谱序"。西昌陈氏由此正式面世。

西昌陈氏以血缘关系为纽带，经过1100多年的不断繁荣壮大，枝开叶繁；椒衍瓜绵，硕大且庶；人才辈出，簪缨世继；重视家乘，传承发展。由晖公始至今已传四十二世。族群主要散居在江西、广东、湖南、广西、贵州、云南、四川、重庆等省市，宗亲人口达数百万之多，成为中华大地陈姓人群中一支重要的宗族派系。

1.7 江州义门陈与庐陵西昌陈溯源

江州义门（九江德安）是义门陈的发祥地。南唐陈国皇室宜都王陈叔明后裔最初为避世乱，走进深山，寻得桃源好避秦。至叔明公10世孙伯宣隐居庐山，其孙旺徙居九江市德安县太平乡长乐里。经过千百年的不断发展，成为一大名门望族——江州义门陈氏。明《永乐大典》对义门陈氏有详细记述。

胡旦撰《义门碑》曰："按《陈氏家谱》，陈宜都王叔明之后五世孙兼，唐元（玄）宗时举进士，为右补阙，兼生京。京进士及第，德宗朝官至给事中、集贤院学士。无子，以从子褒为嗣。生瓘，为高安县丞。其后避难于泉州，生伯宣，隐居庐山，注司马迁《史记》行于世。诏征不起，就拜著作佐郎。孙旺徙居德安县之太平乡长乐里。旺生机，机生感，感生兰（蓝），兰（蓝）生青，青生六子，六而十七，十七而三十四，自是家益昌，族益盛。仲子崇，以治家之道为人之本，乃撰家法，垂示将来。室无私财，厨无私馔，大小之教，内外如一。于是为江州长史，家法之行，始于大唐大顺元年庚戌也。

至衮为司户参军试太常寺奉礼部（郎）。伪唐旌表孝悌，标揭门闾，于是陈氏特立义门，始于升元元年丁酉也。至道中，宋太宗遣内侍裴愈赍御书散江表志、三吴山寺观、德义之家皆赐之。陈氏所得凡三十三本，藏之于家。愈复上《陈氏家法》二篇。太宗曰：'天下有此人家，真良家也！'

始者，陈氏二百人而家法行，三百口而义门立。开宝之末，七百四十口。咸通（平）三年，增至一千四百七十八。"

又有徐铉《江南录》、郑文宝《江表志》载："陈氏长幼七百口，不畜仆妾，上下睦姻，人无间言。每食群坐广堂，未成人者别为一席。有犬百余，亦置一船共食。或一犬他适不至，则群犬昂首相候不食。此义气所感而然也。其陈崇有家法叙曰：《易》云，家正则天下大定，是知治家之道，古犹病诸。故圣人垂五教，敦九族，使后之人伦，勤而行之，自非圣人，可不庶几乎？我家袭秘监之累功、承著作之贻训，代专孝弟，业继典坟。繇是子孙众多，上下和睦，存殁十一代，曾玄二百人。粗副孙谋，致其余庆。我圣人诞敷孝治，恢振义风，锡以渥恩，表之闾巷。勃焉荣耀。幸异乡民，得不以知足，宅心恶盈是惧哉。崇所惑者殆恐将来昆云渐众，愚智不同，苟无敦歧途之方，虑乖负荷之理。今设之以局务，垂之以规程，推功任能，惩恶劝善。公私出纳之式，男女婚嫁之仪，蚕事衣妆，货财饮食，必合均等，务要和同，常令子子孙孙无间言而守义范也。"

（上文由银青光禄大夫、检校右散骑常侍、守江州长史兼御史大夫、上柱国赐紫金鱼袋、侄崇议定）。

历代帝王多次褒奖义门陈，敕封官秩。唐僖宗中和四年（884）首旌其门；南唐元年（933），又诏立"义门"；淳化四年（993），宋太宗御书赐"至公无私"匾一块；至道二年（996），赐义门陈氏御书33卷；大中祥符四年（1011），宋真宗撰柱联"三千人口文章第，五百年来孝义家"；天圣元年，仁宗追赠义门先祖五世公爵：赠一世祖陈旺晋国公，二世祖陈机燕国公,三世祖陈感许国公,四世祖陈蓝吴国公,五世祖陈青齐国公。许建祠堂以祀之,威化同堂议列。宋嘉祐七年(1062)奉旨分庄,义门庄田百余处,人口3900余,合族义聚330年,创下世上独一无二的家族奇迹。

在一千多年前的封建社会里,义门陈氏家族能够从生活实际出发,制定家规家法,依法治家,充分显示了义门陈氏祖先的智慧和才能。"始者,陈氏二百人面家法行,三百口面义门立",到宋太宗至道初,已是"宗族千余口,世笃家法,孝谨不衰,闺门之内,肃于公府"。到北宋中叶,义门陈氏发展成为全国较大的封建大家族,具有和国家相对应的多种功能,形成典型的家国一体的共产模式。究其原因,这里具有忠孝文化的凝聚力,家族内部团结,没有尔虞我诈和形形色色的欺蒙坑骗;这里人无贵贱,一律平等,有衣同穿,有饭同吃,同甘共苦;这里"天民合一",人的一生全由家族包下来,无须个人操心,日出而作,日落而息;这里曾一度形成"八百头牛耕日月,三千灯火读文章"的盛况。这种乌托邦式的社会形态,为封建社会下的个体农民树立了一种集体生活方式的榜样,对当时及后世产生了深远的影响。

义门陈氏是一个典型的"一大二公"氏族公社,但做大做强后也产生了一些问题。比如,由于奉行"大锅饭"平均主义制度,抑制了家庭成员的生产积极性。出勤不出力,干多干少一个样,粮食产量一直上不去。一旦遇到自然灾害,则"举宗啜粥,杂以藻菜,以度岁月"。另外,家族做大以后,管理困难,人心难齐,不听管教的人增多。再就是,朝廷对这样庞大的家族也心存芥蒂,发展到一定程度,必须限制其扩大。嘉祐七年(1062)七月,宋英宗颁"下矜存保全之诏",劝义门陈分家。按御赐"知富士,希公汝,才恩彦,承延继"12字的排行,分析大小291庄,依派拈阄,徙往全国各地。所分田庄计江南110庄;楚地接壤91庄;两直、川、浙、广、闽等地固官置产90庄,其中德化、瑞昌、星子三县庄田分27份;

德安、建昌的财产20份。分析后的陈氏布于全国70余州县。之后，支分派别，出此入彼，时有变动。分析后的义门陈氏家族仍然充满生机，在新的时空中不断繁衍发展，成为今天遍布半个以上中国的泱泱大族。

就在江州义门陈源起之时，同是南唐陈宜都王叔明12世孙的陈晖因避杨行密乱，于唐昭宗天祐元年（904），携家由金陵隐居庐陵西昌（泰和），在此开枝散叶，繁衍发展，创建了西昌陈氏。西昌陈一门两派，即以晖公长子承进为开基祖的清溪陈氏和以晖公次子承逸为开基祖的柳溪陈氏。经过千百年的繁衍，西昌陈一门两派散布长江以南十多个省份，后裔达200万之多，成为颍川陈氏的名门望族之一。以柳溪陈氏为例，伴随全国人口三次大迁徙，后代纷纷西去南下，西移湖南、四川、重庆，南下两广（广东、广西）、云、贵，成为当地陈姓主要氏族。晖公9世孙彦约公，又称保昌公，南宋绍兴年间进士，任保昌（今广东南雄）县尉。彦约公生七子，除长、次子在江西老家泰和侍奉太婆外，其余五子随父留居广东。南宋末，元兵铁骑南下，彦约公率五个儿子及孙辈纷纷逃往广州番禺、东莞及粤中等地徙居，是南雄珠玑巷南迁的一支重要客家队伍。遍布珠江三角洲地区的柳溪陈氏凤翔派，迄今后裔达120万之多，远超老家泰和柳溪陈氏总人口。明朝以后，凤翔派宗亲继续向东南亚各国发展，并不断进军欧美，成为海外华人的一支重要力量。

江州义门陈和庐陵西昌陈是江西两大陈氏家族，溯源可知，这是两支血缘较亲的兄弟门派。义门陈的开基祖陈旺是伯宣公的嫡孙；西昌陈的开基祖陈晖是伯党公的嫡孙；伯宣和伯党是同胞兄弟，分别为陈瓌的第五子和第八子，也就是说义门陈始祖陈旺与西昌陈始祖陈晖的曾祖父为同一人。向上溯源，先祖为南朝宜都王叔明公。世系如下：叔明→志能→定→球→兼→京→褒→瑾→钰（镛）→伯宣（伯党）→以檀（元史）→旺（晖）。由此可见，江州义门开基祖陈旺和庐陵西昌开基祖陈晖乃四服内兄弟，一家人也。义门陈与西昌陈的源流关系为：同宗同源，同源分流，共祖兄弟。

千百年来，义门陈宗亲注重严密组织，扩大宣传，不断做大做强，促使义门陈在全国有较大的声望，不少陈姓族人为能成为义门陈派系或取得其认可而欢欣鼓舞。西昌陈较之逊色，只是埋头苦干，不动声色，渐行渐进。但通过跳跃式的繁衍，现今也发展到一定规模，且具有强大的生命力。期望江西这两支陈氏望族今后团结起来，发扬光大，取长补短，扶持共进，为中华民族的繁荣昌盛贡献各自力量。

1.8　西昌陈氏柳溪后裔南迁广东史迹

西昌陈氏柳溪后裔南迁广东的活动主要有两次。一是北宋时期，由晖公九世孙陈轵（彦约公）职退居广州番禺凤翔，开刘柳溪凤翔陈氏。二是元末时期，由晖公十五世孙陈赟徙居广东兴宁，开创柳溪兴宁赟公陈氏。这两大支派留居广东后，不断繁衍，子孙昌盛，发展壮大成南粤两大陈氏族群，为广东的社会建设和文化发展作出巨大贡献。

（一）广东凤翔陈氏发展经历

西昌陈氏晖公第八世孙陈积中是江西庐陵泰和县柳溪古井巷人，娶欧阳氏，生二子：轼公、轵公。兄弟俩徙居南粤后，衍生两族，日渐壮大，两房子孙遍布赣、粤、桂大地。积中长子轼公，字彦安，举迪功郎，迁翁源令，为江右棠梨山派后裔。因侬智高之乱，率三子贵英、四子贵章、五子贵明、六子贵成由南雄保昌县沙水村珠玑巷徙居番禺慕德里司小塘村开基。后裔分布禀边、鸭湖、花县松园朱村、仙贝、仙阁、广东省城双井街、清潭等地。

陈积中次子陈轵（1004—1065），字彦约，号八府君。宋仁宗天圣年间任南雄府保昌县尉，曾讲学保昌，德高望重，人们敬称他"保昌尉"，又号保昌公。娶曾氏，生三子：晦叔、宏叔、华叔；续吴氏，生四子：世宁、世清、世昌、世盛，共七子。轼公任满后，仰慕岭南风光，想携妻儿入粤南。曾氏不愿意，遂带长子晦叔与次子宏叔回江西泰和守护宗祠。陈轼则携吴氏及其五子前往广东番禺等地寻居，发现番禺凤翔（现在广州市九佛）民风淳朴，于是在此安家落户，故保昌公被敬为凤翔陈氏始祖。

轼公长子陈晦叔，四传后裔陈敏，由江西老家迁东莞桥头。生三子，长子陈昂，迁石步；三子陈昴，任龙川令，迁东莞铁冈，再迁塘厦。陈昴生三子，长子陈九畴迁宝安；次子九思回迁江西；三子陈九德留居东莞。九德曾孙六人，分成六支派，居东莞等各地。

轼公三子华叔，又名世华，徙居番禺重冈，其后裔分居番禺长沙布、良田、竹料、来冈、山龙、下社、大岭、胜洲，南海沙涌，顺德大良、沙窖、甘竹，东莞北栅、川槎，增城下基、博弓等地。

轼公四子世宁，后裔分居番禺重冈、莲塘、长庚、山龙、上社、下员冈、凤尾、五龙冈、洙泗沥、桔洞、回龙柏塘、坟城泮田、钟岭、灵山、吾塘水、贝路、边陈等地。

轼公五子世清，徙居番禺独石，后裔分居番禺坑口、坑窖、芳村，增城陈冈头，龙门官田、到滩、石厦、长宁，清远官庄等地。

轼公六子世昌，徙居东莞燕塘，其后裔分居东莞员村、石马、龙湖头、洙泗沥、肖冈、龚边，从化西塘、溉洞、西岭、新围、凸溪、陈屋、布郭塘、苏坑、大塘、新龙围，清远上下芦塘、永隆、滴水崖、石岭等地。

轼公七子世盛，徙居黄田，娶吴氏，生二子：合、吉。后裔分居番禺江湖、长沙布，增城山美、下岳里、汾迳头、龙门埔、陈冈头、木棉、东埔、仙村、箕裘冈、宝田、基桥头、南田新屋、蕉坑、修家龙、官厅、凹下、石滩、龙下冈、东莞水南、凤涌、樟棚，清远玉带塘等地。世盛曾孙陈就，宋乾道九年（1173）迁增城山美落籍。陈就孙陈文德迁仙村。陈文德六世孙陈道兴于元朝末年隐居大墩屯，成了番禺凤涌陈氏始迁祖。

近千年来，轼公六房后裔发展繁衍，在南粤地区逐步发展为百万人口的名宗巨族。

（二）兴宁柳溪陈氏贽公派发展经历

西昌陈氏晖公第十五世孙陈贽（1295—1368），江西泰和柳溪古井巷人。元朝天历二年（1329）官授循州训导，后功升泉州太守，因红巾军起义，无法赴任，携眷回原籍时又逢朱元璋与陈友谅争天下，决战于鄱阳湖。陈友谅败，贽公恐祸及宗亲，不愿还乡，且见兴宁山水秀丽，遂于1363年徙居兴宁，在兴城南郊聚星第开创基业，为兴宁陈氏贽公一世祖。妣张、金氏生四子：文、武、斌、贤。

文公为元朝举人，乡饮大宾。生一子容，容生四子：玉新、维新、景新、德新。玉新公生四子：玑（移居五华大岭背，其后有10个分支返迁兴宁）；质（移居五华青溪）；弘（初移居五华，后返兴宁）；宁（移居和平）。子孙外播湖北、湖南、江西、浙江、海南、广西、江苏、广东、四川、重庆、云南、贵州等省市和台、港、澳地区，以及泰国、马来西亚、印尼、新加坡、毛里求斯、欧美等国。

维新公后裔除分布祖地周边地区外，四川、云南、广西等及澳、港、台和印度尼西亚等国家和地区均有其后裔。

景新公后裔除分布在兴宁、五华、丰顺等粤东地区外，广东其他市县也有分布，省外的江西、广西、四川、湖南等省，港、澳、台地区及美国均有分布。

德新公后裔主要分布在兴宁、河源、惠州等省内市县，在外省江西、广西等地以及东南亚、拉美等国家和地区也有少量分布。

武公生一子宜，宜公生日新，日新公生善，善生二子：克宽、克敏。其后裔分布兴宁、五华、丰顺、河源等粤东地区，还有迁四川、重庆、广西、江西、云南、贵州、湖南等省市和港澳台地区和国外的。

贤公，字廷佑、号朴庵，妣吴氏，继吉氏，生子契寿。契寿公，字伯仁，号玉崖，携一妾商于饶平遂家焉。妣朱氏，生子：彰受。彰受公，字天祐，号云川，妣谢氏、曾氏，生三子：长子颙（号西山）分居洋陂（今叶塘）洼竹园；次子富（号北山）分居刘塘（今龙田）；三子端（号东山）分居东门坑（今龙田）。其后裔分布：兴宁县内龙田、黄槐、合水宁塘、宁中、叶塘等乡镇；在县外的有博罗、惠州、饶平等地；此外，还有江西的石城以及港澳台地区和菲律宾、新加坡、马来西亚、美国等国。

自贽公兴宁开基以来，子孙繁衍，奕叶相承，家族发达。后裔分别由广东兴宁、五华分迁广东各市县以及全国各地和世界各地。他们在不同的地方开基创业，繁衍生息，逐渐形成一支具有代表性的客家陈氏族群，成为中华陈氏大家族中的名宗望族。据1997年兴宁陈氏族谱载，贽公派入谱人数有6万人之多，是广东兴宁陈氏13派中最大的脉系。目前已联系上的贽公后裔有几十万人之多，在广东客家陈氏人口中占比较大。且后裔移民海外的特别多，在海外还曾出过一国总统，是陈姓宗族中最具有拼搏能力、开拓精神的家族之一。

广东兴宁贽公陈氏是广东新兴的客家陈氏大族，从贽公开基至今仅660年，在颍川陈氏大家族中兴起最晚，创立时间最短，人口繁衍速度快，族人分布广，拼搏奋斗精神强。在贽公后裔身上充分体现了中华民族自强不息、不断进取向上的优良品质。

1.9 西昌陈氏柳溪派与南寮派共谱

泰和自古是陈朝皇室后裔重要的聚居地，历史上出现过闻名全国的陈氏望族，共三个世系，一是新华鹅塘百万世系；二是西昌晖公世系；三是闾苑陈氏世系。百万世系曾在泰和卜居11世；陈晖世系曾在泰和繁衍42代，现仍有大量后裔留居此地。千年来柳溪派陈氏与南寮陈氏关系十分密切，亲如兄弟。南寮派先祖叔宝公和柳溪派先祖叔明公分别为陈宣帝长子和六子。百万世系入泰先陈晖世系11世，柳溪入泰先南寮13世。南寮云仲公系南寮太尉之后，先辈由固始徙闽，后昆又徙于浙，浙数传至涣龄来官吉，又再传云仲。西昌评事与南寮太尉二祖，实同十世祖兄弟，传两派子姓，本一脉联面。天叔孔昭，承庶宗嫡，面本戚一体。宋朝时南寮后裔进士涣龄公主郴州，贵阳蒲，入元改吉州儒学教授，其子峻源留居庐陵武冈。峻源生云仲，云仲留居泰和，与柳溪朝夕相处，为泰和南寮陈氏始祖也。

（一）西昌陈氏南寮派世系

西昌陈氏南寮派和柳溪派关系十分密切，一度两派意向合谱。明建文五年，中宪大夫知四川马湖府事、前南京刑部四川清吏司郎中、工部营缮清吏司员外郎陈懋昭撰写《西昌陈氏宗谱南寮派世系志》，由十八世嗣孙德遵循（陈循）记。全文如下：

"陈本有虞神明之胄，周武王得于父之子妫满，妻以元女，而封之陈，因国为氏，由来远矣。绳绳振振，其丽百意。逮于文范，下传四十二世，讳涣龄。甫当来之季，制漕恩免进士，主柳州桂阳簿。入元，改吉州路儒学教授，则自温州之平阳来任郡庠生。子浚源晦德不仕，爱庐陵武冈之阳，土沃而水洱，率妇子躬耕其间，遂留家焉。实庐陵武冈之鼻祖。浚源子四人，次讳云仲府君，始由武冈来婿西昌罗氏，因家邑城塔嘴巷中，盖践梧冈进士之盟，为余西昌南寮之始祖也。其缉仕耘义，绍先裕后远矣。高祖讳文胜府君，膺荣封后，永绥制壤。生余曾祖碧潭府君，讳源可；父定齐府君，讳观定；先考和林府君，讳彦和。俱以余贵，累赠荣禄大夫，少保太子太傅，户部尚书文渊阁大学士，是皆处善循理，兼全夫名实，光前振后，而终始衷荣者也。

余弱冠时，季父御史竹林府君，罢官归，深既谱燹元兵，掇拾畏烬之余，手创是牒。不崇势利以自卑，不遗贫贱以自高，不牵合附会以自晦，但详其所可信，而笃尊尊亲亲之义焉。且命循曰：'成吾志者，子也！'今五十余年于兹矣。

矧竹林府君，徙居东皋之上。芫伯兄静修先生，徙居西城之平桥。余居南寮下，其余散处四方。无谱以统之，易世相仍，宁保不涂人相视乎。时值从弟方伯德清，敛浙江按察司事，因获平阳宗谱，并古灵先生家谱，详校阅之，益信余先世，与柳溪评事公，同出汉文范先生第十九世孙顼。承武帝之统，号孝宣帝，其长子曰叔宝，则嗣帝位，余南寮所祖祖也。第六子曰叔明，封宜都王，则柳溪所祖也。宣都王十传而至评事晖，则直自金陵、徙居西昌柳溪，为西昌人，先正序之详矣。

余祖叔宝，子二十二人，多从隋文帝入秦。其第十八子曰洽，仕唐为秘书丞。洽生忠，忠生邕，邕生夷实、夷则、夷行。行字周道，开城间平章政事，尚书仆射。夷则生嘉，陵州别驾。嘉生显，侍中江西节度使。显生勋，兵部侍郎。勋生檄，檄生蒋，蒋生固。固由金陵从王绪入闽，以定策功为大尉。因家闽之剑浦，子三人、令容太中大夫，令图客省使，令猷工部尚书。图生颖，颖生交、襄、章。交将作监赠中奉大夫。襄号古灵先生，仕至枢密直学士赠少师。章朝议大夫，赠老光禄大夫，令猷生希某，希某生陶，一名贞，号栖衡处士，避宋齐兵，移家洪洲西山，又移至之温州处士。子二人，曰侃，曰你。侃文章政事，声振浙右。你惠州刺史，随父移家温州之平阳。你生某，某生桶，进士及第，太常少卿，礼部侍郎，号无相居士。居士生汝贤、汝谐、汝楫，兄弟俱词学擢弟，号平阳三陈。汝楫生岘，父子进士及第，当时荣之。岘生崇忠，以制置使鲍公荐补迪功郎。崇忠生涣龄，涣龄生浚源，浚源生云仲，源之远者，流斯长矣。

矧余兄弟并沐恩命，居要地。祖父俱膺恩典，陟崇偕足以光绍乎？远绪而无添者矣。夫芝兰同区，四散馨馥，山川阻修，天源难隔。盖其初本一人之身也。往余伯兄静修，常述季父竹林府君遗训。先教授公，初履吉庠即腾书柳溪阳凤进士，细叙宗盟，研稽世系，益知评事太尉，同出文范宣帝，而居兄弟行也。则引陶靖节诗云：'同源分流，人易世殊。既然悟欢，念兹厥初。'阳凤寻抵谒，取出谷赠世祖兄黄成之诗为势云：'两祖门中种阴德，名塞四海世有人，诸儿莫断诗书种，解有无双从缙绅。'相得甚，一留两旬。坚约买地柳溪之上，筑室联居，既而膝席致密，职诗章志首云："率祖从来袭世馨，愚愚文范永仪弄。数川颖水由妙河，万里奎坦仰德星。君住柳溪群子姓，予来螺浦振儒铃。一谈字牒忘吾尔，天遣亲支萃庙灵。"乃命灵仲府君，赘居西昌城中，盍簪雁叙于和会之堂，一如靖节、山谷所赋。云祖四传，得竹林府君，亲受业，族祖海桑先生之门，先生为文记其竹林清隐，以家庭子弟，谆勉之，及送之官。诗云：'考兼此日辞金阙，仕国从容出荔波，珍重临民须岂弟，老夫载路听谣歌。'复跋云：一敬予族子又门生也，授以宋进士。

百龄公所为本支同支谱，俾续之，此余支谱因而有作也。迨余发解江省上春官，柳溪硕望大添上齐两吉士，皆族伯叔行也。相率饯余于白下，赠之诗云：'庐陵科贡自云龙，又见文星过县东；共羡吾家兄弟好，才齐董贾赴登庸。'及凡翰柬云云。无非叙其脉流之相因，忻宗族之光显，联为大轴，弗能尽录。明年余果举进士第一人。方伯、敬斋、俭宁、公延寓书如织谆谆焉，敦宗彝而宣雅谊。呜呼！观教授兴梧冈之会盟，读诸考长之所增，期谅哉！天亲元间于四遐。而系绥之，必比类冰炭之终相思也。余疑直祖文范而宗孝宣，修西昌大宗谱，敬斋兄谓此大孝思事，非君其谁任之？待君功成身退，萃文范系派，为百世不携之规可也。六一不云乎？'非敢缓也，将有待也。'余循其言，第断自太尉而下，可见之世为南寮一支世系谱，以成季父御史公之志云尔。"

1.10 陈霸先龙兴西昌成霸业

南北朝时期梁朝地方官员陈霸先在西昌（现泰和县境内）大破侯景之乱叛军，随后削平大乱，匡扶社稷，晋封陈王，禅梁称帝。西昌堪称其龙兴之地，曾建陈武帝庙祀之，其后裔长留居西昌，达千余年，形成强大的西昌陈氏族群，遍布世界各地。

陈霸先（503—559），字兴国，小字法生，汉族，吴兴长城下若里（今浙江长兴）人。祖籍颍川，汉太丘长陈实之后。远祖曾是汉末县令，十世祖陈达随西晋王室南迁后任长城县令，定居当地。陈霸先生于人数众多的大家族，但属门阀制度盛行时代的寒门。幼时家境贫寒，打鱼练武，涉猎史籍，好读兵书，胸有大志。先任里司、油库小吏、新喻侯传令吏。得侯爷、广州刺史萧映器重，先后任中直兵参军、西江督护、高要太守。大同十年（544），广州兵乱，曾率3000精兵一战解除围困萧映的广州兵变，受梁武帝瞩目。大同十一年（545）任交州司马兼武平（今越南永安附近）太守，讨伐交州地方分离势力，平定交州，已到太清元年（547）。这年爆发了中国历史上有名的侯景之乱。侯景原是东魏镇守河南的大将，547年降梁封为河南王，但次年反叛，兴兵围困梁都城建康（今南京）。陈霸先听闻都城被围，立即准备赴援。因沿途阻碍，地方藩镇势力或拥兵自重，或与侯景勾结，霸先乃遣使至江陵，投到湘东王萧绎旗下，取得了北伐平叛的合法权。

梁大宝元年（550）6月，陈霸先在始兴起兵讨伐侯景，进屯南康，欲援建康。因途中有高州刺史李迁仕作梗，乃遣周文育为前军沿赣江而下。李迁仕屯兵大皋，遗将杜平虏入赣石、鱼梁作城。文育击走之，据其城。李迁仕留老弱于大皋，亲率精兵攻文育，文育稍退。迁仕与宁都人刘孝尚合力准备舟船兵仗，突袭南康。霸先再遣杜僧明率兵2万驻西昌，督安城、庐陵二郡军事，在白口筑土城防御（今塘洲镇洲头村高城有白口城遗址，为全国文物保护单位）。李迁仕也派兵隔江筑土城对峙（今塘洲镇河江村下睦有古城遗址，当时赣江在今永昌市东边），隔江相持连战百余日。551年3月，杜僧明大破李迁仕水军，攻打白口城对岸土城，再攻大皋城。李迁仕因兵溃，不敢入大皋，直奔新淦，随后被擒，解南康问斩。

讨伐李迁仕大捷成为陈霸先平叛和问鼎天下的新起点。同年6月，豫章（今南昌）内史陈霸先屯军西昌。期间发生两大奇事。赣江之水暴起数丈，又有龙见于江滨，高5丈多，呈五彩，观看军民数万人（今南门龙洲村即因此得名）。又一日，霸先独坐军帐中，忽有祥光满阁，照亮廊庑。此乃陈霸先雄霸天下之先兆，其后裔视西昌为先祖龙兴之地，先后有两支霸先后裔，计50多代后人留居于此。

552年元月，陈霸先率南路征讨大军数万人，从豫章出发，与西路都督王僧辩会师。3月与已经弑帝篡国的侯景决战获胜，侯景逃跑被部下所杀。湘东王萧绎在江陵称帝（史称梁元帝），霸先任征虏将军守京口（今镇江），僧辩守建康。梁承圣三年（554），9月西魏发兵袭江陵，杀梁元帝。霸先、僧辩迎元帝第九子萧方智至建康，筹继帝位。但第二年，北齐发兵南下，要求萧渊明继位，僧辩屈从迎入建康称帝。9月，霸先在京口举兵，袭杀僧辩，把肖渊明赶下台，拥立萧方智登基称帝。随后陈霸先以大都督总摄梁朝军政大事，击败北齐两次武装大规模进犯。后进爵为公，拜丞相、录尚书事、镇卫大将军、进封义兴郡公，拜太傅；又进相位，总百揆，加九锡，封陈公，录进爵王。太平二年（557）受梁禅称帝，创立陈朝，史称陈武帝。永定三年（559），陈霸先去世，享年57岁，谥号武皇帝，祖号高祖，葬于万安陵。传国5世，至589年后主陈叔宝降隋。

陈霸先在位3年，任贤使能，政治清明，江南局势渐趋稳定。作为开国帝王和贤明君主，历史评价甚高。大唐宰相魏征认为他效命旧王朝，功比曹操、刘裕；鼎峙之雄，无惭孙权、刘备。史学家司马光以"临戎制胜，英谋独运""为政务崇宽简"和"性俭素"概括其治军、从政、为人的个性。

西昌（泰和）是陈霸先的发家兴起之地，其后代十分看好这块龙兴显灵的风水宝地。陈朝被隋灭后，陈霸先的一支后裔于隋平皇年间，徙迁西昌衡乡丰城里早禾陵梅子坡圳上。其子五人，皆显于唐，在此居11世。至后唐庄宗同光二年（924），该支后裔陈伯万以七十高龄，任武军节度使兼湖广都招讨宣抚防御使，率子孙四代奉旨离泰赴湘平定南蛮、编苗民谣。后定居湖南湘中新化鹅塘，子孙繁衍，家族发达，成为湘川陈氏旺族之一。

天祐六年（904年），陈霸先又一后裔，后唐大理事评陈晖由金陵徙居泰和。次子陈承逸于同光元年（923）被推举摄县事，上命为"都干"，成为县志记载的泰和第二位有名有姓的知县。陈晖两子承进、承逸兄弟开创西昌陈氏清溪、柳溪两派，后裔留居泰和千余年，已传42代，成为泰和的名门望族。

第二章 西昌陈氏源流及世系

2.1 上古陈氏世系

从历史源头来说，上古陈氏世系可分为黄帝的"龙战于野世系"和虞舜的"妫氏世系"两个。

（一）龙战于野世系

黄帝为统一华夏，先与作乱的九黎族蚩尤部落争盐池而战于涿鹿；复又与炎帝部落大战于阪泉得胜，取得独尊地位而统一天下。陈丰氏是黄帝氏族一个重要分支，与黄帝氏族同居岐西陈坂一地，家族联姻，结为血缘系统，为炎黄氏族部落联盟打下强大基础。之后，陈丰氏部落随黄帝族迁中原，由游牧转向农耕，定居宛丘。

据史料记载，龙战于野世系如下：

1黄帝→2昌意→3颛顼→4穷蝉→5敬康→6句望→7桥牛→8瞽叟。

元始一世：黄帝（约前2717—前2599），古华夏部落联盟首领，中国远古时代华夏民族的共主，王帝之首，被尊为中华人文初祖。据说他是少典与附室之子，本姓公孙，后改姬姓，故称姬轩辕。居轩辕之丘，号轩辕氏，建都于有熊，亦称有熊氏。史载黄帝因有土德之瑞，故号黄帝。黄帝统一华夏部落与征服东夷、黎族而统一中华的伟绩载入史册。黄帝在位期间，播百谷草木，大力发展生产，始制衣冠，建舟车，制音律，作《黄帝内经》等。

元始二世：昌意，黄帝次子，嫘祖所生。娶蜀山氏女为妻。昌意佐父作战，累显奇功，封于汝南。生子四：颛顼、安、转流、悃。

元始三世：颛顼，昌意长子，名高阳，随父迁居中原。中原土地肥沃，利于植物生长；陵上有野果、野谷、野菜；水中有鱼虾螺蟹。颛顼效其祖，亲尝植物之苗果，辨其有毒无毒，继而移栽播种，始兴耕植，农牧并举。有大德于民，继祖而立为天子。在位七十八年，寿九十。生七子：穷蝉、八慨、老童……生女：女修。

元始四世：穷蝉，有虞氏。蝉，缮矣，以火烤食而穷其味，食有蒸、煮，亦有烤炕，其味无穷矣。熟食进化之祖矣。生子九：长子敬康……

帝喾，黄帝之孙。娶陈丰氏女，生放勋。由于姻亲关系，使陈丰氏部落从游牧转农耕，融入黄帝部落，并给中华民族中庞大的陈姓家族带来了一个特定的徽记。

元始五世：敬康，有虞氏，穷蝉长子。康者，无病伤之灾矣。创推、捺、开、闭之法。推捺开闭，散淤祛邪，点穴闭关，止血止痛，仿祖医术，配以药石，为民防病治病。生子二：长子句望。

元始六世：句望：敬康之子，又名名幕、句芒。望者，望天也，随四时寒暑之变化，定四时、分八节，即立春、立夏、立秋、立冬，春分、夏至、秋分、冬至。幕者帐幕也，以牛羊毛纺织，造穹窟之居，以御风雨。芒者，谷芒也，种有芒之谷，以充食粮，由游牧逐步转向农业，后人尊为春神。封于平阳。生三子：长子桥牛……

元始七世：桥牛，句望之子，其部落仍在北方。北方天座为牵牛星与织女星之间，中间为天河。桥牛定婚姻制，男女配偶必专一，主于父母，引自媒介。内外有别，禁止群婚，由母系社会逐步转向父系社会。后人比作牛女二宿，隔天河非桥莫渡。牛者，牵牛星也，为男性定婚姻也。子五：长子瞽叟……

元始八世：瞽叟，桥牛之子。瞽者，鼓眼观天也，燎火夜，久而盲之。《左传》曰瞽叟知天道，深知气象，导民种植以时。瞽叟是虞族的贵族，虞族擅长和重视音乐。瞽叟是乐官，居姚丘，以姚为姓，娶握而生舜与媥（舜妹），又娶壬女而生象。舜佐尧，尧帝汤姓妫。

（二）妫氏世系

陈姓先祖有虞氏，即舜帝所属的部落。有虞氏起源于燕山（今北京附近）

一带，后来陆续南迁山东，支族繁衍。到舜帝时，与黄帝后裔通婚，做了尧的女婿，当了东夷和炎黄部落大联盟的酋长，被尊称为帝。自黄帝至舜禹，皆视为同姓，而异其国号，以章有德，故黄帝为有熊，帝颛顼为高阳；帝喾为商率，帝尧为陶唐，帝舜为有虞，帝禹为夏后。舜帝是妫姓始祖，至遏父共33世，历史上称妫氏世系。世系如下：

1舜→2商均→3箕伯→4强余→5虞颉→6虞思→7友龙→8寿肸→9叔仪→10康伯、康仲→11宗石、祖伪→12期、发→13妫方→14振→15维→16寿固→17敖→18胜→19元捷→20偃→21姑猛→22公允→23蔺→24填叔→25野→26无斁→27菑→28叔正→29献子→30亚寿→31原寿→32梦延→33遏父

一世：舜（约前2187—约前2067），轩辕黄帝八世孙。姚姓，妫氏，名重华，字都君，山东琅琊诸冯人。中华民族共同始祖之一，父系氏族社会后期东夷部落首领，"三皇五帝"之一。舜生而重瞳，孝顺友爱，善于制陶。得到四岳推荐，经过重重考验，由唐尧的认可与禅位（但《竹书任命》和《韩非子》中的记载并不是禅让），建立有虞国。即位之后，虚怀纳谏，惩罚奸佞，流放四凶（共工、獾兜、三苗、鲧）；任贤使能，百业兴旺（皋陶管理五刑、大禹治理水利、后稷主管农业、契主管五教），开创了政通人和的局面，成为中原地区最强大的部落联盟首领。晚年听从四岳的安排和建议，禅位于大禹，乘车巡行天下，卒于苍梧郡，葬于九嶷山，谥号为舜，史称帝舜、虞舜、舜帝。舜帝是中华道德文化的鼻祖，《史记》载："天下明德皆自虞帝始。"舜帝是推动人类由野蛮走向文明的重要推手。

二世：商均，舜之长子，女英所生。舜禅位于禹后，夏朝开始，商均退做诸侯，保留其土地、宗庙、礼乐、服饰，保持本族的风俗习惯。商均受禹封于虞，曰虞侯，以奉舜祀，作宾于王，奏《九辨》《九歌》之乐。生一子：箕伯。

季重，舜之次子，女英所生，禹封于有婚，侯爵。

三世：箕伯，商均之子，袭虞候，生强余。

四世：强余，箕伯之子，袭虞候，生虞颉。

五世：虞颉，强余之子，袭虞候，生梦熊、虞思。

六世：梦熊，虞颉长子，袭虞候，子孙不详。

虞思，虞颉次子，袭虞候，有贤德，佐夏中兴。昔太康荒于游猎，委政于后羿；康为羿所逼而死，羿立太康之弟仲康；羿逼仲更甚，仲康死，帝相立，羿视相如奴，相忿而讨之，战败，奔于商丘。公元前2122年，羿废相自立，立而骄，其臣寒浞不服而杀羿自立。又逼杀相于高邱，相后有孕，逃于白窦而生少康，为有仍牧正。浇又杀浞自立，复寻少康。少康奔有虞投虞思，不敢暴露身份，为有虞氏疱正。思以次女妻之，后夏有遗臣靡，密与思谋，尽诛羿党而立少康。少康尊为虞父，作宾候，入朝不拜。生友龙。

七世：汶公，梦熊之子，失爵后子孙不详。

友龙，虞思之子，袭虞候，生寿肸。

八世：寿肸，友龙之子，春秋时晋国大夫，袭虞候，生叔仪。

九世：叔仪，寿肸之子，袭虞候，生康伯、康仲。

十世：康伯，叔仪长子，袭虞候，生宗石。

康仲，叔仪次子，追谥虞候，生祖妫。

十一世：宗石，康伯之子，袭虞候，生子期。

祖妫，康仲之子，生发。

十二世：其，宗石之子，忠谏夏桀，被其所灭。

发，祖妫之子，汤灭夏，有虞失爵，封虞候。公元前1766年，商封发公以奉舜祀，并追谥其祖康仲为虞候。生妫方。

十三世：妫方，发之子，袭虞候，生振。

十四世：振，妫方之子，袭虞候，生维。

十五世：维，振之子，袭虞候，生寿固。

十六世：寿固，维之子，袭虞候，生敖。

十七世：敖，寿固之子，袭虞候，生胜。

十八世：胜，敖之子，袭虞候，生元捷。

十九世：元捷，胜之子，袭虞候，生偃。

二十世：偃，元捷之子，袭虞候、生姑孟。

二十一世：姑猛，偃之子，袭虞候，生公允。

二十二世：公允，姑猛之子，袭虞候，生蔺。

二十三世：蔺，公允之子，袭虞候，生填叔。

二十四世：填叔，蔺之子，生野。

二十五世：野，填叔之子，生无斁。

二十六世：无斁，野之子，生菑。

二十七世：菑，无斁之子，生叔正。

二十八世：叔正，菑之子，生献子。

二十九世：献子，叔正之子，生亚寿。

三十世：亚寿，献子之子，生原寿。

三十一世：原寿，亚寿之子，生梦延。

三十二世：梦延，原寿之子，生遏父。

三十三世：遏父，梦延之子，为商之陶正，有彩陶（黑色）虽臻精致，但为数不多，未曾普及民用。武王克商而有天下，追思舜德，觅其后于有虞之陶窑，得遏父，武王欲其利，以女太姬妻其子满，封于河南陈州（即宛丘）。后世子孙以国为姓，满为陈氏之始祖也，在周仍称妫氏。遏父事周益精陶术，成物益多。以五术治朴，六术治器，六齐治金，而陶有博之工，陶之族司之，其质愈美而产愈丰。三代治器。陶为最著是皆遏父启导有方，而其术之精博有过人者，盖舜陶于河滨器不苦窳，乃其遗传也。

2.2 陈国世系（宛丘世系）

公元前 11 世纪（约前 1046）妫满被周武王封为侯爵，到公元前 479 年被楚惠王兼并，陈国共传 20 世 23 君（此就《史记》与旧谱而言，其实不止这个数），谓之"陈国世系"，又称"宛丘世系"，历时 568 年。按《史记》所载，列出世系：

1 胡公妫满→ 2 申公犀→ 3 孝公突→ 4 慎公圉戎→ 5 幽公宁→ 6 釐公孝→ 7 武公灵→ 8 平公燮→ 9 文公圉→ 10 桓公鲍→ 11 宣公杵臼→ 12 穆公款→ 13 共公朔→ 14 灵公平国→ 15 成公午→ 16 哀公弱→ 17 悼太子偃师→ 18 惠公吴→ 19 怀公柳→ 20 湣公越。

一世：胡满公，虞舜之后。舜帝娶尧帝二女娥皇、女英。女英生子商均，夏封商均于虞城，之后历经虞思、箕白、直柄、虞遂、伯戏等世至遏父。遏父事周武王为陶正，有功。武王以元女大姬配胡公，赐妫姓，封之于陈，以备三恪。胡公建都宛丘，励精图治，建宗庙、行周礼，修城池，御外患，奉舜祀，安民心。卒后，谥胡。后子孙以国为氏，胡公即为陈氏始祖。

二世：申公犀，袭侯爵，是陈国第二任国君，谥申。生一子名突。

（申公卒后由弟皋羊继位，是为陈国第三任国君，谥相。相公卒后又由申公子突继位。）

三世：孝公突，继叔父相公袭陈侯，为陈国第四任国君，谥孝。相公在袭兄申公爵位时，突尚幼，及长，相公卒，传位于突。突守平坦肥沃之国，护沃野千里之地，与周边国家睦邻友好。叔侄相传，能光前烈，物阜民安。生子圉戎。

四世：慎公圉戎，继位为第五任国君。在位期间，能克绍先业，处世谨慎，纲纪修摄，朝野人安。卒后谥慎，生子宁。

五世：幽公宁，周厉王二十五年丁未（前 853）继慎公而立，是为陈国第六任国君。在位22年，卒于周共和十年（前832），谥幽，生子孝。

六世：厘公孝，周共和十二年辛未（前830）继位，是为陈国第七任国君。孝以父为戒，改父乱政，修正先案，虚心谨慎，勤理国政，周边修好，境内安宁，祖基不坠。在位36年，卒于公元前796年，谥厘。生子灵。

七世：武公灵，周宣王三十三年丙午（前795）继釐公而立，是为陈国第八任国君。在位15年，克缓其民，国以光显。卒于周幽王庚申年（前781），谥武。生子二，长说、次燮。

八世：夷公说，周幽王二年（前780）继武公而立，是为陈国第九任国君。谗嬖专政，纲纪紊乱。在位3年。卒于周幽王四年（前778），谥夷。

平公燮，武公灵次子。周幽王五年甲子（前777）继兄夷公说而立，是为陈国第十任国君。公元前771年，周幽王被犬戎所杀，周朝东迁，始谓东周。秦，始立为诸侯。平公在位23年，纲纪粗理。周平王十六年（前755）卒，谥平。生子圉。

九世：文公圉，平公燮之子。东周平王十七年丁亥（前754）继平公燮而立，是为陈国第十一任国君。文公圉勤于政事，国势振兴，内外安宁。在位10年，卒于周平王二十六年丙申（前745），谥文。生子鲍和佗（《左传》作他）。

十世：桓公鲍，文公圉长子。周平王二十七年丁酉（前744），继文公圉而立，是为陈国长十二任国君。卒于周桓王十三年甲戌（前707），谥桓。生子四：免、跃、林、杵臼。鲍在位38年，境内初安。

佗，文公圉次子，桓公鲍之弟，又名五父。桓公鲍三十八年（前707）有疾，佗夺位内讧，陈乱。佗杀太子免而自立，"立未逾年，无谥"（司马贞《史记索隐》）。是年太子免弟跃、林、杵臼恨佗杀其兄，乃与蔡人以好女诱而杀之（按《谷梁传》说，是因与蔡人争禽被杀）。佗不称谥，是因篡立之故，不得人心。当时国人以诗歌《墓门》（见《诗经·陈风》）来诅咒他。

十一世：厉公跃、庄公林、宣公杵臼先后为侯。跃是桓公鲍次子，"蔡氏所出",太子免之弟,周桓王十四年乙亥(前706)立,是为陈国第十三任国君。即位第二年(前705)生子完,字仲。跃在位7年,于周桓王二十年辛巳(前700)八月卒,谥厉。时陈完年幼,跃卒,传位于弟林。

庄公林,继跃而立,是为陈国第十四任国君。继任第二年,庄公林助宋、齐、蔡、卫之师伐郑,五国之师大捷,入郑都,伐东郊,取牛首(今河南通许县境)。在位7年,卒于周庄王四年(前693),谥庄。

宣公杵臼(《公羊传》作处臼),桓公鲍幼子,庄公林胞弟。周庄王五年(前692),继兄庄公而立,是为陈国第十五任国君。一连三任兄弟相承,继体而立,赞述先业,克靖厥家。宣公生子御寇,立为太子。又嬖姬,生子款。宣公十五年与齐、鲁、宋、卫、郑、许、滑、滕之君同盟于幽(宋邑)。十七年,周惠王娶陈女为后。二十一年(前672),杵臼欲立其宠姬之子款,遂杀太子御寇。御寇素爱厉公之子完,完惧祸及己,乃奔齐。御寇子颛防,亦随完奔齐。二十六年,与郑服于齐,齐会鲁、宋、陈、郑之君于幽。三十七年(前656),齐桓公伐蔡,蔡败。南侵楚,至召陵,还,过陈。陈大夫辕涛涂恶其过陈。周襄王四年癸酉(前648)十二月卒,在位45年。谥宣。

十二世:穆公款,宣公杵臼次子。周襄王五年(前647),继宣公而立,是为陈国第十六任国君(时齐桓公称霸,九合诸侯)。款恃母之宠,觊兄之位;友恭消亡,礼让弃置。在位16年即周襄王二十年(前632)卒,谥穆。生子朔。

十三世:共公朔,周襄王二十一年(前631),继位而立,次年纪元,是为陈国第十七任国君。五年冬,陈、晋、郑联军伐许。六年十月,楚太子商臣弑父成王代立,是为穆王。十四年夏,楚侵陈,秋季,陈败楚,掳其公子茂。朔在位时,晋楚日炽,国祚渐微;小心谨慎,纲纪整饬。周顷王五年(前614)卒,谥共。生子平国。

十四世:灵公平国,周顷王六年(前613)继父共公而立,为灵公,是陈国第十八任国君。生子午。是时,晋楚争霸。元年,楚庄王即位。二年,参与晋会诸侯于扈（郑地，今河南原阳）会盟。六年秋，楚伐陈。七年，与宋、卫之师助晋伐郑。十年，楚庄王伐郑，陈惧而附楚，与楚和。晋救郑，伐陈。十五年（前599）夏初，灵公与孔宁、仪行父复饮酒于夏姬家，言谈难入耳，遂被大夫夏征舒伏弩射杀，陈国大乱。太子午奔晋，孔宁、仪行父皆奔楚。夏征舒自立为陈侯。

十五世：成公午，继父灵公而立，是为陈国第十九任国君。成公元年冬（其时，夏自立陈侯一年多），楚庄王为惩夏征舒弑灵公，率诸侯伐陈。谓陈曰："勿惊，吾诛征舒而已。"当车裂夏征舒后，顺势并陈国为楚国的县置。后采纳大臣申叔时之言，乃于晋迎立太子午，恢复陈国（注：纪年仍接公元前598年）。孔子赞曰："贤哉楚庄王！轻千乘之国而重一言。"二年，宋以陈附楚而讨之。卫因与陈有盟来救。八年，楚庄王卒。二十九年，陈背楚盟附晋。三十年，楚共王伐陈。是年，成公殁，楚以陈新丧，罢兵去。成公午在位30年，卒，谥成。生子弱、招。

十六世：哀公弱。周灵王四年（前568），继成公而立，是为陈国第二十任国君。初，哀公之元妃郑姬生太子偃师，后又嬖爱二妾，长妾生公子留，次妾生公子胜。长妾最得幸，因此公子留有宠。哀公元年冬，楚使大夫彭名率兵侵陈。三年，楚又围陈，晋悼公会诸侯于宋邑（今河南鲁山境），谋求之。哀公畏楚，逃会。楚亦释陈。十六年，宋大夫庄朝攻陈，俘获陈大夫司徒卬。二十二年，陈大夫庆虎、庆寅利用哀公朝楚之机，逐陈公子黄，专国政。哀公赴楚，公子黄诉二庆于楚。楚使莫敖、屈建率兵从哀公伐之。庆氏征役筑城，颇为残暴。役人皆怒，遂杀二庆。三十五年，哀公发痼疾，欲废太子偃师而立嬖子留，将留托付于弟司徒招。三月招杀偃师，其子吴奔晋。哀以闻之怒，欲诛招，招发兵围哀公，哀公自缢。当月招立留为陈君。时周景王十一年（前534）。弱在位35年，谥哀。

十七世：悼太子偃师，哀公弱之长子，生子吴。哀公三十五年三月，偃师被害后谥悼，称悼太子。四月陈派使者赴楚报丧及新君留为招所立（因篡位，无谥）。楚灵王闻陈乱，杀陈使者，派公子弃疾率师奉陈故太子偃师之子吴讨之。陈君留及胜奔郑。九月，使楚大夫穿封戍死，公子弃疾继之。周景王十七年，即楚灵王灭陈五年后，公子弃疾杀灵王代立，是为楚平王。平王初立，欲和诸侯，乃于晋求归故太子偃师之子吴，立为陈侯，恢复陈国。

十八世：惠公吴。惠公吴在陈国被楚灭五年后于周景王十六年复国，是为陈国第二十一任国君（吴空籍五年，仍以父卒之年为纪元）。在位28年（实际只23年），是时吴国强，欲称霸中原。十年，惠公助楚与吴战于鸡父（楚地，今河南固始东南），败于吴；兼有火灾，国力大损。十五年，吴王僚使公子光伐陈，取胡、沈二邑而去。惠公在位期间，备受侵凌，疆土非旧，国祚衰微。二十八年（前506）卒，谥惠。生子柳。

十九世：怀公柳，周敬王十五年（前505），继父惠公而立，是为陈国第二十二任国君。生子越，在位4年。元年，吴破楚，在郢都欲召见怀公。怀公欲往，大夫谏曰："吴新得意；楚王虽亡，与陈有故，不可背之。"怀公以疾谢吴。四年，吴复召怀公，怀公恐，应命。吴怒其前不往，扣留之，因卒于吴。谥怀。

二十世：湣公越，怀公柳之子。周敬王十九年（前501），因怀公为吴扣留，乃立其子越，是为湣公（《左传》作闵），陈国第二十三任国君。生子剑（后改名衍）、全温。湣公在位23年，正处于春秋向战国的转折期，陈国不断受到楚、吴的威胁和征伐。湣公六年，吴王夫差伐陈，取三邑而去。十三年，陈附楚，吴复伐陈，陈告急于楚，楚派兵来救，至城父（今安徽亳州市东南，原为陈邑），吴师去。是年，楚昭王卒于城父，楚惠王继位。时孔子在陈。十六年，吴伐齐，败之于共陵（今山东泰安东南），使人召湣公，湣公恐，附吴。楚怒，伐陈。湣公二十三年（前479）七月，楚惠王命公孙朝率师伐陈，杀湣公，遂灭陈而占据其地，陈国亡。是年四月孔子卒。

2.3 颍川陈氏世系

从公元前221年秦并六国及至公元316年西晋亡,北方士族纷纷南迁,陈匡侍父隐居新丰湖不仕止,历时约537年,称之"颍川世系",世系如下:

1 轸→2 婴→3 余→4 轨→5 审→6 安→7 恒→8 愿→9 齐→10 源→11 实→12 谌→13 忠→14 佐→15 准→16 眕→17 匡

一世:田轸,按《唐表》,田齐亡国,齐王建有三子,升、桓、轸。桓称王氏。轸楚相,因徙颍川称陈氏。生婴,秦东阳令史。后世奉轸为颍川陈氏一世祖。

二世:陈婴(约前250—前183),《唐表》作颍川侯陈轸之子,余父。故东阳县(今安徽天长市西北)令史,居县中,素信谨,称为长者。秦末农民起义时,东阳少年小伙们推首举事,以自定东阳为将。后从属项梁为楚柱国。四年,项羽死,率豫章、浙江都浙以属汉。故汉高祖六年(前201)十二月封堂邑侯(堂邑县属临淮郡),食禄六百户。卒后谥安侯。子禄,孙午。陈午之女即孝武陈皇后,小名阿娇。

三世:陈余(约前246—前204),成安君,《唐表》作婴之子。秦末大梁(今开封市西北)人,好儒术,与张耳为刎颈之交。秦灭魏,购求耳、余首级,两人惧而匿名他乡。陈胜起义后,他与张耳起兵拥武臣占据赵地。武臣被杀后,他又与张耳立赵歇为王。后与张耳绝交。项羽封张耳为常山王,改封赵歇为代王,陈余不服,击走张耳,仍奉赵歇为赵王,并自为代王。后在韩信破赵战争中兵败被杀。《唐表》说余生子轨。

四世:陈轨,余之子。余不详。

五世:陈审,轨之子。余不详。

六世:陈安,审之子。余不详。

七世:陈恒,安之子。余不详。

八世：陈愿，恒之子。余不详。

九世：陈齐，愿之子。余不详。

十世：陈源，齐之子。余不详。

十一世：陈实（104—187），字仲弓，源之子，颍川许县（今河南许昌东）人，陈轸十世孙。自幼家贫，后成为颍川陈氏德高望重的人物。初为县吏，做事任劳任怨，有志好学，受到县令赏识，让他去太学读书。后来陈实先后任郡督邮、功曹，深明大义，屈身伸道，"善则称君，过则称己"，其高尚的德行为远近所叹服。东汉桓帝元嘉元年（151）被司空黄琼选任为闻喜县长，后又改任太丘（在今河南永城）县长。在地方任上，陈实以德施治，爱护百姓，邻县甚至有不少人因此要迁居到他属下的地方。后来沛国相违法赋敛，加重百姓负担，陈实无法阻止，便辞官归里。

桓帝延熹九年（166），党锢之祸起，受株连，余人皆逃亡，他说："吾不就狱，众无所恃。"自请囚禁。党禁解，大将军何进、司徒袁隗招辟，皆辞不就。（见《后汉书·党锢列传》）陈实在乡里平心率物，为人宽厚，道德高尚。若有争讼，辄求判正，譬喻曲折，退无怨者，皆叹曰："夫人不可不自勉。不善之人未必本恶，习以性成，遂至于此。梁上君子者是矣！"盗者投地叩谢。陈实与同郡的钟皓、荀淑、韩韶，时人谓之"颍川四长"。汉桓帝年间，实与荀淑常聚会，两家子孙侍奉左右。已而，太史奏德星现，五百里内当有贤人聚。后，汉灵帝于许州西湖敕造"聚星亭"，以纪其事。颍川陈氏的"德星堂""聚星堂"便由此演化。灵帝中平四年（187）八月，年八十四，卒于家，赴吊者甚众，刊石立碑，谥"文范先生"。葬河南临颍县太丘坪（今长葛），蔡邕撰写碑文。太建元年（569），陈宣帝追封"颍川郡公"，后世尊为"颍川始祖"。

娶钟氏，又李氏、甘氏。生子六：纪、夔、洽、谌、信、光。以纪、谌最贤，与其父号为"三君"。

十二世：陈谌，字季方，实之四子，生于东汉顺帝阳嘉元年（132）。与父及兄（纪）并著高名，时号"三君"。每宰府辟召，常同时旌命，羔雁成群，当世者无不荣之。实在论纪、谌兄弟曰："元方难为兄，季方难为弟"，典故"难兄难弟"即出于此。曾有客问谌曰："君家太丘有何功德而荷重名？"答曰："家君如桂树生于泰山之阿，上有万仞之高，下有不测之渊，上为甘露所小号，下为甘泉所润，当斯时之桂树，焉知泰之高，渊泉之深，不知有功德与无也。"谌才识博大，司空掾连征不就。立言垂训，居丧逾制，哀毁垂殒。刺史表于朝，都邑皆激动。娶班氏，又赵氏，生子忠。谥献文先生。

十三世：陈忠，字孝先，谌之子。州辟不就（一说为青州刺史）。娶葛氏、袁氏，生子三：佐、和、坦（和，为福建莆田、仙游谱所记载，史籍无载）。

十四世：陈佐，忠之长子。官后汉青州（今山东临淄北）刺史。生子三：准、戴（《唐表》无载）、征。

十五世：陈准（？—301），字道基，佐之长子。三国时颍川鄢陵（今河南鄢陵西北）人。娶丁氏，又唐氏，生子伯眕。三国归晋后，准仕晋。西晋惠帝元康五年（295）拜中书令，后加光禄大夫。氐人齐万年反，关中震荡，准指斥赵王司马伦、梁王司马彤雍容娇贵，不胜军事，荐举周处、孟观讨平之。永康元年庚申（300），赵王伦废杀皇后贾南风及其亲党，事后陈准以剪除贾党有功封海陵公。淮南王司马允讨赵王伦，准暗中襄助，事败，淮南王允被害。准迁任太尉，录尚书事，改封广陵元公。时准托疾辞位，不涉伪朝。次年（301）殁。为人慷慨，有大节，名重华夷，奸党惮之。时咸谓有父风。

十六世：眕，准之子。仕晋光禄大夫，建兴中欲渡江南下，后隐居曲阿新丰湖。生子匡。

十七世：陈匡，字良辅，眕之子。娶闵氏，生子二，赤松、世达。时晋室衰微，骨肉相残，五胡乱华，中原土崩。匡因时敛志，侍父眕隐居不出，以终其身。

2.4 南朝陈世系（长城世系）

南朝陈世系，又称长城世系，据《陈书》及《唐表》等书，考订世系如下：

1 达→ 2 康→ 3 英→ 4 公弼→ 5 鼎→ 6 高→ 7 咏→ 8 猛→ 9 道巨→ 10 文赞→ 11 霸先、谈先→ 12 蒨、顼→ 13 叔宝、叔明。

一世：陈达（原名世达，因唐人讳"世"改），陈匡之子，字大义。西晋时期人，魏齐王（曹芳）正始八年丁卯（247）生；娶仲氏，生子康、于。时八王混战，匈奴、羯起兵反晋，当黄河流域陷入大混乱之时，江南还是较安静之地，中原士族纷纷渡江避难。晋怀帝永嘉元年（307）七月，以琅琊王司马睿为镇东将军，都督扬、江、湘、交、广五州诸军事，驻建邺（今南京）。建兴四年（316），湣帝被俘，西晋亡。次年南方官僚与南逃士族，拥立司马睿为晋王，是为元帝，建都建康，史称东晋。南迁时，陈达以丞相掾，历太子洗马，出任长城令（今浙江长兴县）。悦其山水，遂家下若里。尝谓所亲曰："此地山川秀丽，当有王才晃悠，二百年后，吾子孙必钟斯运"，后来果如所言。东晋成帝咸和四年（329）十月卒。

陈逵，字赤松，陈眕之子。少有才干，为人文雅而有风采，以清纯敏睿知名。东晋成帝咸康七年（341）为给事中黄门侍郎。穆帝永和五年（349）为西中郎将，领梁、淮南二郡太守。大将军褚裒北伐，逵进据寿春。八年（352）中军将军殷浩再度北伐，进军许昌、洛阳，陈逵担任前锋。有誉江左，时人比于谢安、谢弈。尝与部下诸人至牛渚会，人欲共言折，逵以如意挂颊，望鸡笼山叹曰："孙伯符志业不遂！"于是满座的人都谈不下去了。善行草，有羲、献之风。袭封广陵公，淮南太守，西中郎将，卒后追赠卫将军。

二世：陈康，字永宁，达之长子。东晋时期人，西晋武帝泰世三年（267）生。娶徐氏，又汪氏，生子二：英、雄。晋元帝初至江南，利用北方士族武装力量和重用北方士人，稳固政权。因此，陈康继为丞相掾，名声昭然。

三世：陈英，字时亨，康之长子。西晋惠帝元康六年（296）生，娶欧阳氏，生子公弼。仕晋，为盱眙（今江苏盱眙县）太守，政声洋溢。卒于官。

四世：陈公弼，字伯辅，英之长子，东晋元帝大兴三年（320）生。仕晋，官至尚书郎。协修法制，揆明典章，江右偏隅，稍至小康。娶唐氏，生子鼎。安帝元兴三年（404）七月卒。

五世：陈鼎，字符用，公弼之子，东晋穆帝永和元年（345）生。仕晋，官为步兵校尉。状貌魁梧，议论英伟，才智俱优，时称贤宰辅。娶刘氏，又高氏，生子三：安、定、宁。

六世：陈安，鼎之长子，字世仲，南朝宋时人。东晋安帝隆安二年（398）生。为散骑侍郎。娶湛氏，生子咏。

七世：陈咏，字可久，安之子，南朝宋时人。宋武帝永初三年（422）生。仕齐，任怀安令（一作淮安令）。勤于民事，桑麻布野，德政俱佳。卒于南齐和帝中兴元年（501）。娶沈氏，生子二：猛、伯先。

八世：陈猛，字仲戒，咏之长子，南朝宋文帝元嘉二十二年（445）生。仕梁，任安城太守（今广西宾阳东），一说为新安太守。据传，有术士于徽州绩溪修文乡，见一吉地有王气。后过吴，陈猛待之殊厚且多其德，遂献其他，历三世。陈猛卒于南齐武帝永明三年（485），引舟逆行新安江数百里葬于其地。今墓道堂封尚存，当地人称"天子墓"。娶唐氏，又胡氏、马氏，生子二：道巨、道卿。

伯先，咏之次子。官明城（今广东佛山市）太守。娶赵氏，生子峤。

九世：道巨，字绍虞，讳蘷，猛之长子。南朝宋孝武帝大明八年（464）生。仕梁，官至太常卿。娶陆氏，又于氏，生子文赞。墓葬长兴下箬寺后，后尊为陵。

道卿，猛之次子；仕梁，官至太守。娶曹氏，生子二：文辅、文英。文英玄孙为隋司徒杲仁。

十世：文赞，字师锡，道巨之子。南齐高帝建元二年（480）生。娶湛氏，又魏氏、蒋氏，生子三：谈先、霸先、休先。文赞终身不仕，家道趋贫。卒葬长城县西北五里地。梁敬帝太平二年（557），陈霸先受梁禅，追封为景皇帝，庙号太祖，墓号瑞陵。

十一世：谈先，字兴治，文赞长子。南齐东昏侯元年（499）生。娶丁氏，生子二：蒨（《唐表》作昙蒨，蒨同蒨）、顼（《唐表》作昙顼）。仕梁，官至东宫直阁将军。葬长城县西北五里地，墓号明陵。

陈霸先（503—559），字兴国，小名法生，梁武帝天监二年（503）生。文赞次子。南朝陈创建者，公元557—559年在位。霸先身长七尺五寸，少倜傥有大志，及长，涉猎史籍，好读兵书，多武艺，明达果断，时人推服。太平元年（556）九月，任梁丞相、录尚书事、镇书大将军、扬州牧，晋封义兴郡公。次年九月，为梁相国，封陈公；十月进封陈王；同月，迫梁敬帝萧方智禅位自立，仍都建康，以姓为国号，史称南朝陈，改元永定，降封梁敬帝为江阴王（后被害）。霸先在位三年，任贤使能，为政宽简，使南方经济稍有恢复，江南局势渐趋稳定。永定三年（559）六月，病死于建康璇玑殿，葬万安陵（今南京石马冲）。谥武皇帝，庙号高祖。霸先娶章氏，生子四：克、昌、立、权。其兄谈先长子陈蒨继位，即陈文帝。

陈休先，字兴康，文赞之三子。梁文德主帅。后封昭杰王，改南康忠壮王。娶尤氏，又余氏、沈氏，生子五：昙朗、拟、袞、晃、戾。

十二世：陈蒨，字子华，谈先长子。公元559—566年在位，为文帝，是陈朝第二位皇帝。梁武帝普通三年（522）生。少时沉敏有识量，留意经史，武帝甚爱之，常称为吾家英秀。太平二年（557），封临川王，后即帝位七年，改元天嘉。在位期间，击败湖州刺史王琳与北齐永嘉王萧庄联军，收复江、郢二州，又平定福建陈宝应等割据势力，进一步稳定和巩固了陈朝政权。天康元年（566）卒，年45岁。葬永宁陵（今南京郊）。有男十三。长子伯宗，先封临海王，后即帝位二年多被废，史称废帝，是为南朝陈第三任皇帝。其余俱封王，各镇其地。

宣帝陈顼，字绍世，谈先次子，陈文帝蒨之弟。公元569—582年在位，陈朝第四任国君，为高宗孝宣皇帝。梁武帝大通二年（528）七月生。为人宽宏大度，渊敏轩豁，多智略，有勇力，善骑射。梁元帝时为直阁将军，入侍江陵为中书侍郎。承圣三年（554），西魏攻梁陷江陵，被俘入关右。陈代梁，武帝永定元年（此年十月之前还是梁太平二年），遥袭封始兴郡王。文帝即位，改封安成王。天嘉三年（562），顼自北周还，授侍中、中书监、中卫将军、迁使持节、都督中外诸军事。光大二年（568），进位太傅，加殊礼。次年，因废帝年幼仕弱，遂以宣太后的名义称文帝遗志废其为临海王，自立为帝，改元太建。在位期间，与北周通好，联合进攻北齐。太建五年（573），令吴明率兵北伐，攻占北齐数十城。但在收复淮南失地之后却滞兵不进，坐失统一中原之良机。九年（577），北周灭北齐，统一北方。次年，与北周战于彭城，大败，淮南之地复失。十四年（582）正月卒，年53岁，葬显宁陵（今江苏南京江宁区牛头山）。谥宣帝，庙号高宗。有男四十二，长子叔宝，六子叔明。

十三世：叔宝（553—604），南朝陈第五任国君。名元秀，小字黄奴，宣帝陈顼长子，母柳皇后，梁承圣二年（553）生于江陵。次年，江陵陷，高宗顼迁关右，留后主于穰城（今河南邓州市）。天嘉三年（562），陈顼自北周归京师，立为安成王世子。天康元年（566），授宁远将军，置佐史。废帝光大二年（568），为太子中庶子，迁侍中。太建元年正月，立为皇太子。十四年（582）正月，高宗崩。始兴王叔陵欲夺帝位谋杀叔宝，未果，伏诛。遂即帝位于太极前殿。次年改元至德，后又改元祯明。在位时大建宫室，生活奢侈，日与嫔妃、文臣游宴，制作艳词，如《玉树后庭花》《临春乐》等。隋军南下时，恃长江天险，不以为意。祯明三年（589），隋将韩擒虎自采石渡江，贺若弼自广陵渡江，两路进逼建康。城破，与张丽华、孔贵人匿于枯井中，为隋军所俘，时值正月下旬。陈朝亡，押往长安，后迁洛阳。隋文帝仁寿四年（604）十一月，病故洛阳，享年52岁。追封长城县公，葬洛阳之芒山，史称陈后主。善诗文，为"宫体诗之集大成者"，今存诗九十余首，原有集，已佚，明人辑有《陈后主集》。生男二十二，其四子陈深迁于西川新都县（今四川成都新都区）东门，为西川新都陈氏之始祖。

2.5 西昌陈氏上源世系

陈晖徙居西昌，开创一门两派，即庐陵西昌陈氏清溪派和柳溪派，晖公被族人尊为西昌陈氏始祖。考证西昌陈氏上源世系如下：

1世叔明→2世志能→3世定→4世球→5世兼→6世京→7世褒→8世瓘→9世镛→10世伯党→11世元史→12世晖→13世承进、承逸。

一世：叔明，字子昭，吴兴长城（今浙江长兴）人。宣帝陈顼第六子，母何淑仪，是长沙王叔坚同母弟。陈文帝天嘉三年（562）生，太建五年（573）册封宜都王，时年十二。公，体貌魁梧，仪容俊美，襟怀坦荡，举止宽和，敦尚名节，谨遵法度。其子孙一脉相承，孝义相传。娶万氏、到氏，生子五：志能、志龙、志熙、志静、志范。

二世：志能，娶金氏，生子三：定、宏、宣（宏，为《唐表》所载，官邢州刺史，"姓纂"作荆州，后嗣不详。宣，后人散居今湖南麻阳、沅陵、慈利等县）。

三世：定，唐会稽郡司马，生子球，其余不详。

四世：球，唐晋陵司空参军。生子二：长子秉，后嗣不详。次子兼。

五世：兼，字不器，行二，时人呼之"陈二"。生于唐武朝神功元年丁酉（697），开元十二年因进士落第，寓居江州德化蓝桥坂。开元十六年初官江州，开元二十一年应制科试又无成，并以文辞入选翰林待诏。开元二十四年（736）春，受张九龄丞相提携转任封丘县丞。开元二十八年辞封丘县丞。天宝七年（748），途中遇阔别十年后的高适。天宝九年（750），为颍川长葛陈实陵园撰"陈太丘祖德碑"。天宝十一年（752）十月，为陈留郡文宣王庙堂落成撰碑记。天宝十二年（753）十月，应征入京为右补阙，时年57岁。乾元元年（758），贬为清江县丞。上元二年（761），改任武陵县丞。制书未到，与李华相约游墨山。李华候陈兼不至，遂作《云母泉诗序》，怀念陈兼。宝应元年（762），卒于武陵任上，赠秘书少监。

公娶骆氏生子四：当、苌、京、归。有一女嫁西昌罗氏宏元为妻。

六世：京，字庆复，陈兼第三子，籍颍川。陈京善属文辞，大历年间始来京师长安，寓居万年县贵胄里。大历六年（771）进士，德宗朝官至博士补缺尚书郎给事中二十年。柳宗元曾为陈京门下属员、集贤殿正字，在《先君石表阴先友记》中称陈京："有内行，文多诂训；性刚毅，当仁不让；不喜交往，唯师事父友独孤及。"德宗十分器重陈京，谓有宰相之才，贞元二十年（804）冬，欲用之，正值陈京病重，遂罢，再迁给事中（《新唐书·卷二〇〇·列传·儒学下》）。贞元二十一年（805）四月二十五日殁。殁后五十四日杨氏殁。公"妻党之室无子"，以长兄赞善大夫陈当之子陈褒为嗣。（长兄当、次兄苌、四弟归之世系，另叙）

陈京在历史上的贡献主要在礼仪上，大体庙制之论，影响后世。今存陈京奏疏三篇、墓志铭一篇、诗一首。其他详见《新唐书·卷二〇〇·陈京传》及柳宗元《唐故秘书少监陈公行状》等文。

七世：褒，字德言，生于开元庚辰年（740），京之继子。仕唐，官至盐官令。娶李氏、冷氏，生子灌，晚年自婺州金华迁居江西武宁蒿港，殁葬蒿港石枧埚，后迁葬分宁庙岭乡龙峰洞之蜈蚣钳。

八世：灌，字治圃，号寿川。生于唐上元庚子年（760），唐大历乙卯年（775）自婺州金华随父陈褒迁居江西武宁县蒿港。配黄氏生子二，长曰镛，次曰锽。唐贞元间（785—805）以孝廉举为江西高安县丞，心清政简，豪猾畏惧。在任四年，与夫人黄氏同殁于高安官舍。次子锽扶柩择葬分宁庙岭乡龙峰洞之八公楼下。

九世：镛，建中元年（780）生，灌公长子，武宁蒿溪人。其父为官高安丞被害，时年24岁，为父报仇灭了豪猾全家，外逃仙游避难。晚年携伯宣游庐山，遂隐居圣治峰前龙潭窝注《史记》。殁葬庐山南麓（今庐山市）。咸通时赠著作郎。生有子：伯宣、伯党等。

第十世：伯党，灌之子，徙金陵。

第十一世：名讳失载，字元史，事迹不详，生子晖。

第十二世：晖（《唐表》作徽），元史之子。唐昭宗大顺二年（891）受司户参军，大理评事。后因避杨行密案，于唐昭宗天祐元年（904）由金陵徙居西昌（即庐陵泰和），易徽为晖。生子二，曰承进、承逸。

第十三世：承进，晖公长子，清溪派基祖，荫仕唐大理评事。生子齐。

承逸，晖公次子，柳溪派基祖，唐末随父徙居泰和。同光元年（923），被推举并任命为都干（知县）。生子五：勇、羽、尧、用（崇）、恭（遂）。

附注：（一）晖公上源有一传说，十一世元史生诏，诏公生二子，长徽（晖），次衢（曜）。也就是说，晖公有弟曜公。字允迪，号师道，生于后唐长兴四年癸巳。后周广顺年间群寇争雄，溷乱不已，乃与兄大理评事晖，改原名衢为曜。随父由金陵避居泰和柳溪坡下。越宋乾德三年乙丑，公始援例奉敕勤王，以功拜招讨使，授虔州尹，封朝仪大夫。太平兴国八年癸未，偕子启明遂家虔之东南乡吉圹，卜上宅而定居焉，即尊为吉圹始祖。这一说法，查遍柳溪新旧老谱，均未见记载。清溪方面也是在入义门陈后，修谱时有所提及。为慎重起见，本书没有将诏公及曜公列入上源世系。待日后查核并证据确凿后，再列也不迟。

（二）柳溪十一修谱《柳溪庚续》记，晖公上源九世镛公下还有十世壤公，即镛生壤，壤生伯党、伯宣等。但据义门广信庄乾隆丁未谱载，二十八世祖陈镛，二十九世陈阔（字伯宣），伯党与伯宣为同一世系，明确了陈镛生伯党、伯宣等兄弟。这与修水龙峰陈氏谱及《吴兴源流派衍齿录》的记载一致，宋黄庭坚《龙峰凤山义井序》亦载。广信庄修谱从宋代至清代乾隆丁未年，未曾间断，传承有序。由此可见，"灌子镛"，并无孙"壤"之说。

2.6 简析西昌陈氏两派前期世系

西昌陈氏早期分清溪派和柳溪派。经查，两派前期世系如下：

一、清溪陈氏世系（1—10世）

1世晖→2世承进→3世齐→4世胜（度、简、十三郎、年掳）→5世机（期、薬）→6世亿（迈）→7世清正（清隐、清隆、清陪）→8世朝英（朝芳、十六郎）→9世邦→10世云端、云衢。

始祖：陈晖

晖公，又名徽，乃伯党之孙，元史之子。唐昭宗末年登第，授司户参军、大理评事。为避杨行密乱，举家由金陵迁徙江西庐陵西昌，匿迹泰和，为后人敬之西昌陈氏始祖。妣梁氏合葬于四十七都铁溪江边（现万合乡黄坑），渔翁撒网形，丑山艮向。生二子，长承进，次承逸。

一世：承进

随父避乱来西昌，博洽宏通，举乡贡，荫父职，筑室城东清溪，自号清溪逸士，种花灌园，诗酒自娱。娶彭氏，合葬于四十六都沙湖玄，鲤鱼形。

生子一：齐。

二世：齐

齐公，字致贤，承进之子，后周提举。葬赤冈岭，狮形，乾亥向。生五子：胜、度、简、十三郎、年掳。

三世：胜、度、简、十三郎、年掳

胜公，齐长子。娶匡氏，合葬龙州尾，鲤鱼形，末山丁向。生三子：期、机、藁。

度公，齐次子。生子一：达。

简公，齐三子。生子一：暄。

十三郎，齐四子，止。

年掳，齐五子，止。

四世：期、机、藁、达、暄

期公，胜长子，娶沈氏合葬叔后，止。

机公，胜次子，字明先。娶尹氏合葬龙溪，生子二：亿、迈。

藁公，胜公三子，止。

达公，度公之子，生二子：五郎、六郎。

暄公，简公之子，止。

五世：亿、迈

亿公，机公长子，生子一：清正。

迈公，机公次子，生子三：清隐、清隆、清陪。

六世：清正、清隐、清隆、清陪

清正，亿公之子，生一子：朝英。

清隐，迈公长子，生子三：朝兰、朝茂、朝蕙。

清隆，迈公次子，生一子：朝祚。

清陪，迈公三子，生一子：朝禘。

七世：朝英

朝英，清正之子，生一子：邦。

八世：邦、郁、郊

邦公，朝英之子，生二子：云端、云衢。

郁公，拜登乾道丙戌进士；郁兴明经四传，官达以文学举，授临川教授，生七子。

郊公生三子：云龙、云庆、云麟。

九世：云端、云衢

云端生子一：汉。

云衢生子三：治、济、淮。

二、柳溪陈氏世系（1—9世）

1世晖→2世承逸→3世勇、羽、尧→4世隆、积→5世则→6世说→7世恕→8世积中→9世轼、轵。

始祖：晖公，生平见前文。

一世：承逸

承逸乃晖（徽）公次子，病世乱，不就官。后会泰和缺令长，合邑耆倪以公素行，长者邑贤济皆出其下，乃并疏其才以献使府。使府累闻其才，特以名上承。后唐同光年间。州命为都干领邑事。县志记载，同光元年陈承逸为泰和县知县。官其后终，首祀名宦，为柳溪陈氏基祖。葬于四十八都荷叶铺官路下旗形，寅甲向。娶萧氏，生五子：勇、羽、尧、用、恭，其后裔发展为柳溪陈氏十三派。

二世：勇、羽、尧

勇公乃承逸公之长子也，性谦和甚率，其兄弟处闾田，民众怡若群昆，泯辈亦忘其为贵胄也。素负干局父领邑政，凡敝汰烦绥定恬辑，多其咨度勤勖为，贤家督为。配郭氏，生二子：长名隆，次名积，俱葬母左右。后裔分棠梨山、世源、凤翔三支派。

羽公乃承逸次子，朴茂耿悫，端好行德，遇贫介类割己以赡之。邑有停疑死狱，密向其父力挽其事，得释未尝露已，致父益增哲誉，人称其有太邱遗范。其后终，葬于本县五十七都楮原虎形寅甲向，配黄氏。附葬龙门父坟左右。生四子：裕、华、招、魁。后裔分株林、大东塘、南冈市三支派。

尧公乃承逸公之三子也。父兄笃信，闾里称其孝恭，常做四从兄竞，所为歙世无分异矣。父顾邑政，绝县东入公府，尤慷慨喜施。每叹曰："吾上世以大斗量于民，而以小斗量收，吾岂可坠祖规，一时害好徒胥。"终后葬于五十八都龙门独家坑豆源唐。配郭氏，葬于六十一都水坑下舍冯家村对面尖心岗，卒酉向，生三子：崇、遂、盈。后裔分黄塘、穰柔、后街、冈南、条坑、小塔下、下舍七支派。

三世：隆、积

隆为勇公长子，传七代而止。积乃勇公次子，葬于龙门祖坟之下，配周氏葬于二十九都西塘寒牛出洞形，生三子：则、济、旦。

四世：则

则为积公之长子，配王氏，生三子：说、谅、诰。

五世：说

说为则公长子，生四子：宿、寘、恕、绛。

六世：恕

恕为说公三子，配王氏，生四子：黄中、允中、积中、时中。

七世：积中

积中乃恕公三子，为江西省泰和县柳溪古井巷人。配欧阳氏，生二子：轼、轵。后裔子孙遍布赣、粤、桂大地。

八世：轼、轵

轼为积中长子，字彦安，举迪功郎，迁翁源令，为江右棠梨山派先祖。因侬智高之乱，率三子贵英、四子贵章、五子贵明、六子贵成由南雄保昌县沙水村珠玑巷徙居番禺慕德里司小塘村开基。后裔分布禀边、雅湖、花县松园朱村、仙贝、仙阁，广东省城双井街、清潭等地。生一子：梦良。

轵乃积中次子，字彦约，号八府君。宋仁宗天圣年间任南雄府教谕、保昌县尉，曾讲学保昌，德高望重，人们敬称他为保昌尉，又号保昌公。娶曾氏，生三子：晦叔、宏叔、华叔。续吴氏，生四子：世宁、世清、世昌、世盛。轵公任满后，仰慕岭南风光，想携妻儿入南粤，妻曾氏不愿意，遂带长子晦叔与次子宏叔回归江西泰和，守护宗祀。轵公则携吴氏及其五子往广东番禺等地游览，发现番禺凤翔（现在广州市九佛）民风淳朴，于是卜居凤翔，享寿六十二岁，葬于番禺流溪保鹤头红寅甲向。曾氏归葬江西泰和县五十八都，土名牛冈口。轵公创立广州凤翔陈氏，并被敬为广东凤翔派入粤始祖。后裔聚居南海、增城、番禺、东莞、龙门、从化各县，现达百万之众。

2.7 西昌陈氏始祖陈晖开清溪柳溪两门派

西昌即现江西省吉安市泰和县，历史悠久。东汉末置西昌县，隋朝因"地产嘉禾，和气所生"而得名泰和。千年前，西昌陈氏始祖陈晖看中这块宝地，由千里之外的金陵迁徙而来，定居这里。陈晖系南朝陈国皇室宜都王叔明12世孙。其祖父伯常与伯宣幼时避难福建仙游，伯宣后隐居庐山；伯常为唐著作郎，生子元史，元史生晖，徙居金陵。

陈晖原名陈徽，生卒年代不明。谱载，唐昭宗二年（891）徽登进士，后授温州司户参军、大理评事（掌刑法之官）。天祐元年（904），为避杨行密之乱，从金陵徙居江西泰和，改徽为晖，从此隐匿西昌而终。

陈晖的人生活跃时期正处后唐乱世。唐朝末年，盗贼四起，流民纷纷，黄巢起义，藩镇割据，天下大乱。寿春人王绪与其妹婿刘行全聚众据寿州，取光州，劫豪杰置军中。陈徽于中和四年（884）与堂兄陈固一起，被王绪胁迫南行。绪为人气窄，不能善待随军人才，使之朝不保夕，人人自危。后绪为王潮设计所擒，惭而自杀。徽与堂兄固奔浙江，投吴王杨行密入仕。杨行密，合肥人，初为盗，后应募为州兵。起兵作乱据庐州，唐昭宗拜为淮南节度使，建立吴国，定都扬州，自称吴王。光化二年（899）浙地睦州、婺州、衢州尽归吴国。吴控地盘扩大，控制江苏、安徽、江西及浙江和湖北部分地区。其部将郑璠在攻豫章（江西南昌）战役中使用"飞火"，为火药用于军事战争之始。杨行密有如此武将之后，开始寻觅与之匹配的文官，闻徽公有经略之才欲逼公仕之，公畏"燕巢幕上"，遂匿迹避之。天祐元年四月十一日夜，梁太祖朱温弑昭宗于椒殿，后朱温于天祐四年（907）逼哀帝禅位，自立梁朝，史称后梁。朱、杨为生死政敌，天祐元年杨行密作乱，因重病而逝。始祖徽携全家自金陵迁徙江西泰和，易徽为晖，以匿其迹。晖公生二子承进、承逸开基清溪、柳溪陈氏两派，尊晖公为西昌陈氏始祖。

晖公为何选择江西庐陵西昌（泰和）隐居，可以从投亲靠友角度考虑。一是祖父辈伯觉、伯宣老家在江西德安、武宁一带，家族已形成一定规模。堂兄弟陈旺等有一定名望，被族人称之为义门陈开基祖。宋朝仕宗天圣四年（1026）追封陈旺为晋国公。德安与泰和两地相距300公里左右，水陆交通方便，相互好照应。二是始祖陈晖与宗亲陈伯万是同一时代的同龄人，为同源共祖的宗亲兄弟。陈伯万（855—947），字顶一，号金锋，生长于唐末乱世。据传他是宣帝第六子、宜都王陈叔明第11世孙；而陈晖为陈叔明第12世孙。伯万公世居江西泰和，佐李克用屡建军功。伯万公当年在泰和有深厚的社会基础，陈晖可能因此投亲靠友选择了泰和。后唐庄宗同光二年（924），伯万公以七十高龄，奉旨任武军节度使兼湖广都招讨宣抚防御使，率子孙四代离泰赴湘平定南蛮。遂亲劈荆棘，定居湖南新化鹅塘。陈伯万一生戎马生涯，号称"陈无敌"。

晖公隐居泰和后，默默无闻几十年，逝于泰和，与梁氏合葬四十七都铁溪江边（今万合乡黄坑）。生二子，长子承进，次子承逸，后均发达。因居处不同，分别形成清溪、柳溪陈氏两个门派，长子承进公住在丞相益国周公读书的清溪河畔，是为清溪派；次子承逸公住邑西的柳溪村古井巷，是为柳溪派。

西昌陈氏经过一千一百多年的不断繁衍壮大，继承发展，由晖公始，至今已传四十二世。仅柳溪陈氏就由最初的柳溪村民逐渐散居至县内、外县、外省、外国，遍布世界各地，枝繁叶茂。后裔主要分布在江西、广东、湖南、广西、贵州、云南、四川、重庆等省市，宗亲人口达200万之多。

清溪旧谱《晖公传》记："晖公原名徽，三十六承事、高安丞元史公之子。早负经略才，为时所重。唐昭宗末年，登进士第，初授温州司户参军，转大理寺评事。官绩甚著，奏疏侃忾切直，期致君于尧舜，上甚嘉。赖之因杨行密乱，据江淮杨越，国号吴。闻公贤，欲逼致之。公与燕巢于幕之叹，乃携二子自金陵避徙西昌，易徽名晖，以匿迹生平。他务实学崇修行，待人以诚，处己以恭，享高年以疾卒。二百余载后，为宋建炎己酉帝幸国子监，夜就宿梦公搢笏垂绅，自述其官与名，奏以当法尧舜治道。上异其事，命礼臣查史部奏，允符，乃诏九世孙正位奉真图引见义，皇宫御制像，赞敕领归。祀家庙永奉烝，尝至今玺书犹存。"

清溪旧谱记载，宋高宗建炎元年（1127）赐晖公像赞。

"忆昔幸国监。夕梦评事陈晖，语朕法尧舜汤武治业，晨与朝臣白详。史知晖为唐大理评事，甚异之，方使工绘容，秉赞缅成。周封虞后胡满于陈，因国为氏。如陈评事辅先唐多历年，所秀钟川岳，精英胸潜洙，泗源流壮也。蒙恩观光，上国报主，庇民惟一。评事切于已事焯，匕冰蘖介操，夷险不移，当其时也。临大节，决大谋，众或娇婀难色，卿独体裁。颍川泥丸工，佐仪型耶。宜六加其象，服承三锡之宠章。"

2.8 关于西昌陈氏先祖的两篇重要谱序欣赏

2.8.1 太邱公碑文（汉·蔡邕）

先生讳实，字仲弓，颍川许人也。含元精之和，应期运六数兼资九德，总修百行，于乡党，则恂恂焉，彬彬焉。善诱善导，仁而爱人，使夫少长咸安怀之。其为道也，用行舍藏，进退可度，不徼许以干时，不迁贰以临下。四为郡公曹，五辟豫州，六辟三府，再辟大将军。宰闻喜半岁，太丘一年德务中庸，教敦不肃，政以礼成，化行有谧。会遭党事，禁锢二十年，乐天知命，澹然自逸，交不谄上，爱不渎下，见几而作，不俟终日。及文书赦宥，时年已七十，遂隐丘山，悬车干老，四门备礼，闲心静居。大将军何公、司徒袁公，前后招辟，使人晓喻云："欲特表，便可入践常伯，超补三事，行佩金紫，光国垂勋。"先生曰："绝望已久，饰巾待期而已。"皆遂不至。宏农杨公，东海陈公，每在衮职，群僚贺之，皆举手曰："颍川郡陈君，绝世超伦，大位未跻，惭于藏文，窃位之负，故时人高其德，重乎公相之位也"。年八十有三，中平三年八月丙午，遭疾而终。临殁顾命留葬所，卒时服素，棺椁财周榇，丧事唯约用，过乎俭。群公百僚，莫不咨嗟！岩薮知名，失声挥涕。大将军吊祠，锡以嘉谥曰："徵士陈君，禀岳渎之精，苞灵曜之纯，天不愁遗老俾屏我王，梁崩哲萎，于时靡宪缙绅儒林，论德谋迹，谥曰'文范先生'。"传曰："郁郁乎文哉！"书曰："洪范九畴舞伦攸叙。文为德表，范为士则，存诲没号，不亦宜乎？"三公遣令史祭以中牢，刺史敬吊。太守南阳曹府君，命官作诔，曰："赫矣！陈君命世，是生含光，醇德为士作程，资始既正，守终，又令奉祀，终没休矣！"清声遣官属掾吏，前后赴会，刊石作铭。府丞与比县会葬，荀慈明、韩元长等五百余人，缌麻设位，哀以送之，远近会葬千人以上。河南尹种府君，临郡追叹功行，述录高行，以为远近鲜能及之。重部大掾以成时铭，斯可谓存荣没哀，死而不朽者也。乃作铭曰："峨峨崇岳，吐符降神；于皇先生，抱宝怀珍。如何昊穹？既丧斯文。微言圮绝，来者昌闻？交交黄鸟，而非此爰集于棘，命不可赎，哀何有极！"时大汉初平元年，左中郎将蔡邕伯喈撰。

2.8.2 秘书公行状（唐·柳宗元）

五代祖叔明陈宜都王

曾祖定皇会稽郡司马

祖球皇晋陵郡司功参军

父兼皇右补阙翰林学士赠秘书少监

唐秘书少监公京

公姓陈氏，自颍川来隶京兆，万年胄贵里。讳京，既冠，字曰庆复。举进士，为太子正字、咸阳尉、太常博士、左补阙尚书膳部考功员外郎、司封郎中给事中、秘书少监。自考功以来，凡肆命为集贤学士。德宗登遐公病痼，与曳就位，备哀敬之节，由是滋甚，遂以所居官致仕。贞元二十一年，四月二十五日，终于安邑里。妻党之室无子，以仲兄大理评事苌次子褒为后。伯兄御史当摄公文行诞告，所堂吏于公者，使辞而陈之。大历中公始来京师。中书常舍人衮、杨舍人炎读其文，惊以相视，曰："子云之徒也！"常以兄之子妻公，由是名闻。游太原，太原尹喜曰："重客至矣！"授馆，致饩厚，以泉布献焉。公曰："非是为也！"某尝为"北都赋",未就,愿即而就焉。其宫室城郭之大,河山之富,关干之壮,与其土疆之所出,风谷之所安,王业之所由兴,苟得闻而睹之足矣。若曰受大利,是以利来盖异前志也。吾不能敢辞!遂逆大河,逾北山,仿徉而归,赋成,果传天下。为咸阳尉留府廷,主文章,决大事,得其道为博士。举疵礼,修附典,合于大中者众焉。泾人作难,公徒行以出奔,问官守段忠烈之死,上议罢朝七日。宰相曰:"不可!方居行宫,无以安天下。"公进曰:"是非宰相之言,天子褒大节,哀大臣,天下所以安也。况其特异者乎!"上用之。其劳勤侍从谋议可否?时之所赖者,大巡狩告至上行罪己之道焉。曰:"凡我执事之臣,无所任罪。予惟不谨于理而有是也。将复前之为相者。"公曰:"天子加惠群臣,而引惹焉,德至厚也。而为相者复,是无以大警于后,且示天下,率其党争之上变于色,在列者咸凶而退。"公大呼曰:"赵需等勿退。"遂进,而尽其辞焉。不果,复上迎访太后。间数岁,外颇怠其礼,公密疏发之,天子感悦焉。初礼部试士有与亲戚者,则附于考功,莫不阴受其旨意而为进退者。及公则否,卓然有司之道,不可犯也。太庙阙东向之礼且久矣,公自为博士补阙尚书郎给事中,凡二十年。勤以为请殷,祭之不附,系公之忠恳是赖,故有赤绂银鱼之报焉。昭陵,山峻而高,寝宫在其上,内官惩其上,下之勤挽汲之艰也。谒于上,请更之,上下其议,宰相承而讽之,召官属使如其请。公曰:"斯太宗之志也,其俭足以为法,其严足以有奉,吾敢顾其私容而替之也。"奏议不可上,又下其议,凡是公者六七人,其余皆曰更之。便上独断焉,曰京议得矣,从之。在集贤奏秘书官六员,隶殿内,而刊校益理,纳资为膏,而仕者罢之,求遗书。凡增缮者,乃作"艺文新志"。制为之名曰"贞元御府群书新录"。始御府有食本钱,月权其嬴以为膳有余,则学士与校理官颁分之,学士常受三倍,由公而杀其二。书史之始,至入礼币钱六十缗,亦皆分焉。公悉致之官,以理府署,广群官之堂,不取于将作少府,而用大足居门下。

简武官议典礼上，以为能益器之与信，臣议且致相位。遇公有惑疾，使视之，疾甚，不能知人，遂不用。用郑吏部高大常为相，而以秘书命公，所以示优之也。公有文章若干卷，深茂古老。慕司马相如、杨雄之辞，而其诂训多尚书、尔雅之说，纪事朴实不苟，悦于人世，得以传其稿。其学自圣人之书，以至百家诸子之言。推黄炎之事，涉历代洎国朝之故，实钩引贯穿，举大苞小。若太仓之蓄，崇山之载，浩浩乎不可知也！岂扬子所谓仲尼驾说者耶夫？其忠烈之褒也，相府之有诫也，太庙之东向也，昭陵之不更其故也，官守之不可夺也，立言之不可诬也，利之不苟就也，害之不苟去也。其忠类朱云，其孝类颍考叔、谦类公仪，休而又文，以文之学以辅之。而天子以为之知，既得其道又得其时，而不为公卿者，病也。故议者咸惜其始，而哀其终焉。公之丧凡五十四日，而夫人又没毁也。夫人之父曰偕，司农卿祖曰某，赠太子太保。某故集贤吏也，得公之遗事于其家，书而授公之友，以志公之墓。谨状。时永贞元年八月五日，尚书礼部员外郎柳宗元撰。

第三章 西昌陈氏各派溯源及修谱简述

3.1 清溪陈氏五房溯源

据宋度宗十年清溪谱载，西昌陈氏始祖陈晖生二子，长子承进，字玄，传至玄孙亿赘南安王氏，以明经举为教授。生子七人，各业箕裘，晚归故里。卜宅清溪之上，则清溪祖也。亿公长子清正，生朝英、朝祠、朝科。朝英生子三，曰邦、郁、郊。邦登乾道丙戌进士；郁举明经四传，至官达以文学举，授临川教授。邦子云端，孙济，曾孙叔荣，玄孙解，皆登科第。解生明淑、贤淑。明淑公居城东，为城东派祖。贤淑公居渣溪，为渣溪派祖。邦公曾孙叔贵生津，津生允淑，允淑生伯通、伯达，孙仲友，居四十都高城，是为高城派祖。清正公二子郁生七子；其三子佳公生谟，谟生丙三、丙寿；丙三生官达，官达居邑之信宝乡泽溪，是为泽溪派祖。清正公三子郊生云龙、云庆、云麟三子，长子云龙生泰，徙万安西溪；传至九世思济公，复居六十三都龙溪，是为龙溪派祖。清溪陈氏宗族五房（五派）由此衍生。清乾隆二十六年（1761），二十七世孙显元公所作《清溪陈氏本宗分徙序》，对五房源流均有详述。全文如下：

"谱之作也，纪族而志迁，重宗祖也。考之礼别子为祖，继别为宗；继祢者为小宗，始封始官始迁者，别子也。嫡子继别，支子继祢，继祢者，五世而庙迁，其百世不迁者，继别者也。始封有国，始官有邑，始迁者有故而他居者也。无安土者，重其迁父母之邦，桑梓惟恭去而远托。丘墓谁扫？迁必非得已也。自宗法废而族无纪，赖有谱以纪之。不谱则居以频迁，而失族，失族则失宗，而祖益邈乎其不可知，故谱重。而谱于所迁为尤重古也。迁以国志，如吾敬仲迁齐者，是及秦易国，为郡县后又有道省府州之名。汉封颍川郡侯，惟轸公嗣，是而频迁者，未易更仆，数南朝陈与金陵是都。至唐则江州义门陈，为著数传至徽公，为杨行密乱，值自金陵徙西昌家焉。乃易名晖以避之，夫晖推而远之，如纪南寮之出自叔宝，而不及江州之同出褒公。举此遗彼，挂一漏三，宁有当哉。今吾宗支谱，略所疏而独详，其所亲纪所可知，而缺其所不可知一。遵明淑公兄弟之谱之，旧征特南寮之近，而疏江州之亲，而远从略也，即同祖晖公而早已分祠之。

　　柳溪我先世谱，经三修亦悉因。宋谱之所未纪而弗看详之者，五世而庙已迁，继祢者各为宗，亦各为谱也，且吾宗别家。清溪者，始自晖祖六世孙南安教授亿公，生子七，惟长清正、次清贵、永兹、流庆、余五公或一传数传而止，或远徙之他而后裔莫考。贵公六世孙万乡迁郡城南上营前。十一世孙迁邑高行乡沙溪营前，子姓式微，户仅三五，望以谱之，自修为难。特为之仍刊其旧，并采其近代世系，而纪其所知于谱。盖恐愈久，而他迁者失其源流也。若沙溪继宗公派，彼自以各修为辞，又非营前可比，故听其自为支谱。若吾正公子朝英，朝英子三，曰邦、曰郁、曰郊。邦别宅坊，郊子二：曰云端、云衢。匕生治济淮，匕生叔富、叔盛、叔荣、叔贵。荣生解、鲜、洋；解生明淑、贤淑。明淑公仍居城东，是为城东派祖。贤淑公分居渣溪，是为渣溪派祖。叔贵生津，匕生允淑，允淑生伯通、伯达。匕生仲友，匕公居四十都高城，是为高城派祖。郁公子七，云道、云达、云佳、云作、云佐、云修、云俊；佳公生谟，谟生丙三、丙寿；丙三生官达，官达公居邑之信宝乡泽溪，是为泽溪派祖。郊公子三，曰云龙、云庆、云麟；龙生泰，徙万安西溪，传至九世思济公，复居六十三都之龙溪，是为龙溪派祖。此五派者皆出自正公谱。于所亲尤，必详于所迁，故其中更有从所居处复迁之他，知无不志，志无不悉，间有旧谱未注止，并未注迁者，悉缺之。如旧以传信且谱首表，晖公下则五世一提，由是亲疏别而族属之。等杀明支干分，而宗法之大小，寓纪其分迁远近之时与地。而吾祖一脉之源流不失，其所自与，其所之庶，几式昭累，叶之绪萃者，无渙比者无瞵，而所以尊祖敬宗收族义胥。于是乎，赖后之人，其亦念斯谱之嘉。惠来兹者，固如是其重也哉。乾隆二十六年（1761）岁次辛巳菊月，谷旦二十七世孙显元谨职。"

附注：清溪五房现存资料详述高城房，抄录如下。

"高城始祖仲友公出，清溪陈氏十六世孙，名琪，字三溢，号碧峰。元统甲戌举文学，授修职部，赴京就官，闻父病驰归。未几父卒，丁艰毕，遂以母老不欲仕进。初居城东钟楼下寿祠房。元季时，循迹僻土上壤，晚年归里。屋被兵焚，乃涉江之南，拓基白口高城居焉，更其号为"祖城"。祖城古堞四匝、东北临江，下有澄潭，西南控洲跨岭，更重绕其半。城上远望，墩阜甚多，累累若贾珠，古所称三千七百墩者，是岭树多松，近接天柱岗。转山阁，过竹林间有寺，公题寺门为'八景山'。八景者，曰'山门霞''柱岗云''松上鹤''洲前鸥''潭底月''竹间风''连珠阜''临江阁'。公居于此，雅善音律，常鼓琴吟诗，襟怀洒落，向出尘表。国朝定，天下或以公犹矍铄，欲为王阳荐，出浩歌自若，曰：'吾故元土也，今且老矣，何以爵为？'遂卒于隐。

公生至元甲午三月十三，殁洪武癸亥十月初二，寿年九十一考终。配南富王氏。合葬大柏园虎形，酉山庚向。子五：福依、福儒、福仙、福仕、福伍。依、仙、伍传有后，共九房支系。长子福依衍：世德堂及经纶堂。三子福仙衍：和乐堂及观德堂。五子福伍衍：宝善堂、文奕堂、孝思堂、圳上承德堂、万安梅溪翰庆堂。"

3.2 西昌陈氏清溪派前期世系繁衍图

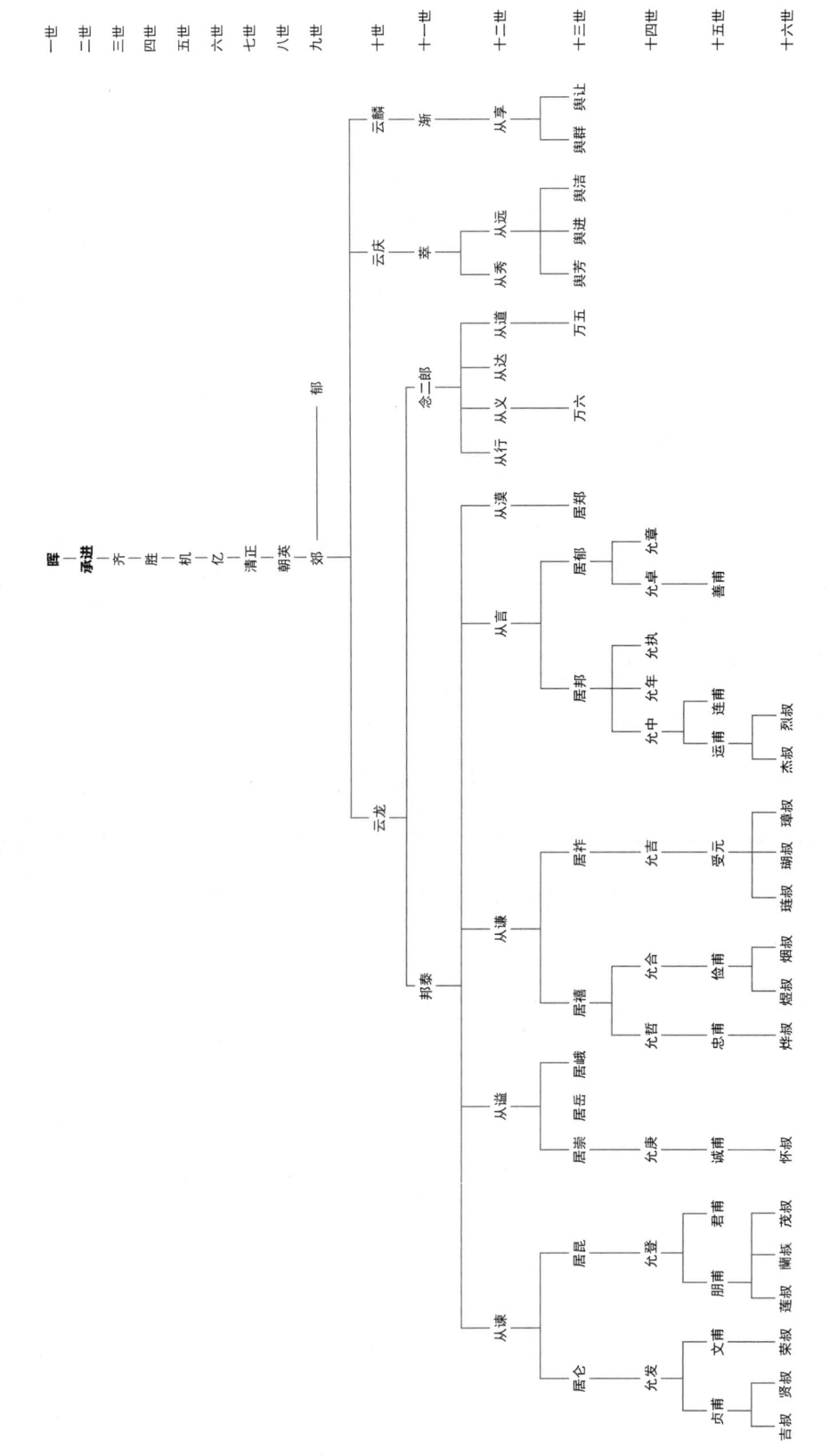

一世 晖
二世 承进
三世 齐一
四世 胜一
五世 机
六世 亿
七世 清正
八世 朝英
九世 郊
十世 郁
十一世 云龙 / 云庆 / 云麟
十二世 邦素；萃（云庆子）；渐（云麟子）
十三世 从溢、从谦、从谏（邦素支）；从秀、从远（萃支）；从享（渐支）；念二郎；从言、从谊、从道、从义、从达、从遣
十四世 居昆、居仑、居崇、居岳、居峨、居哲、居禧、居祚、居郡、居郁、万六、万五、舆芳、舆进、舆洁、舆群、舆享
十五世 允登、允发、允庚、诚甫、允哲、允合、允吉、允中、允年、允执、允卓、允章
十六世 君甫、朋甫、文甫、贞甫、怀叔、忠甫、烨叔、煜叔、炼叔、受元、运甫、善甫、茂叔、阑叔、连叔、荣叔、贤叔、吉叔、谢叔、璋叔、烟叔、俭甫、连甫、杰叔、烈叔

图 3.2-1 清溪陈氏前期世系繁衍图

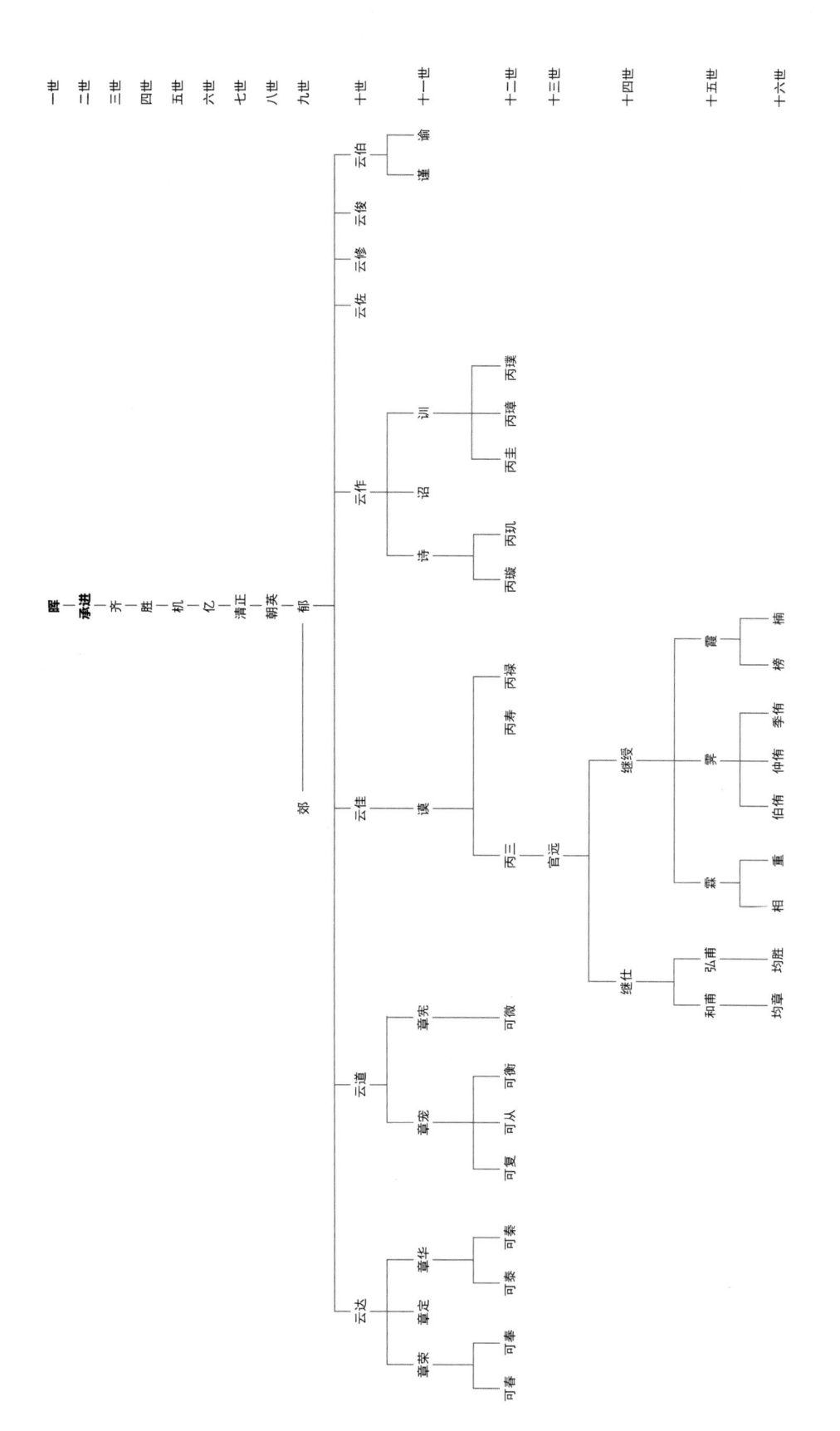

图 3.2-2　清溪陈氏前期世系繁衍图

图 3.2-3 清溪陈氏前期世系繁衍图

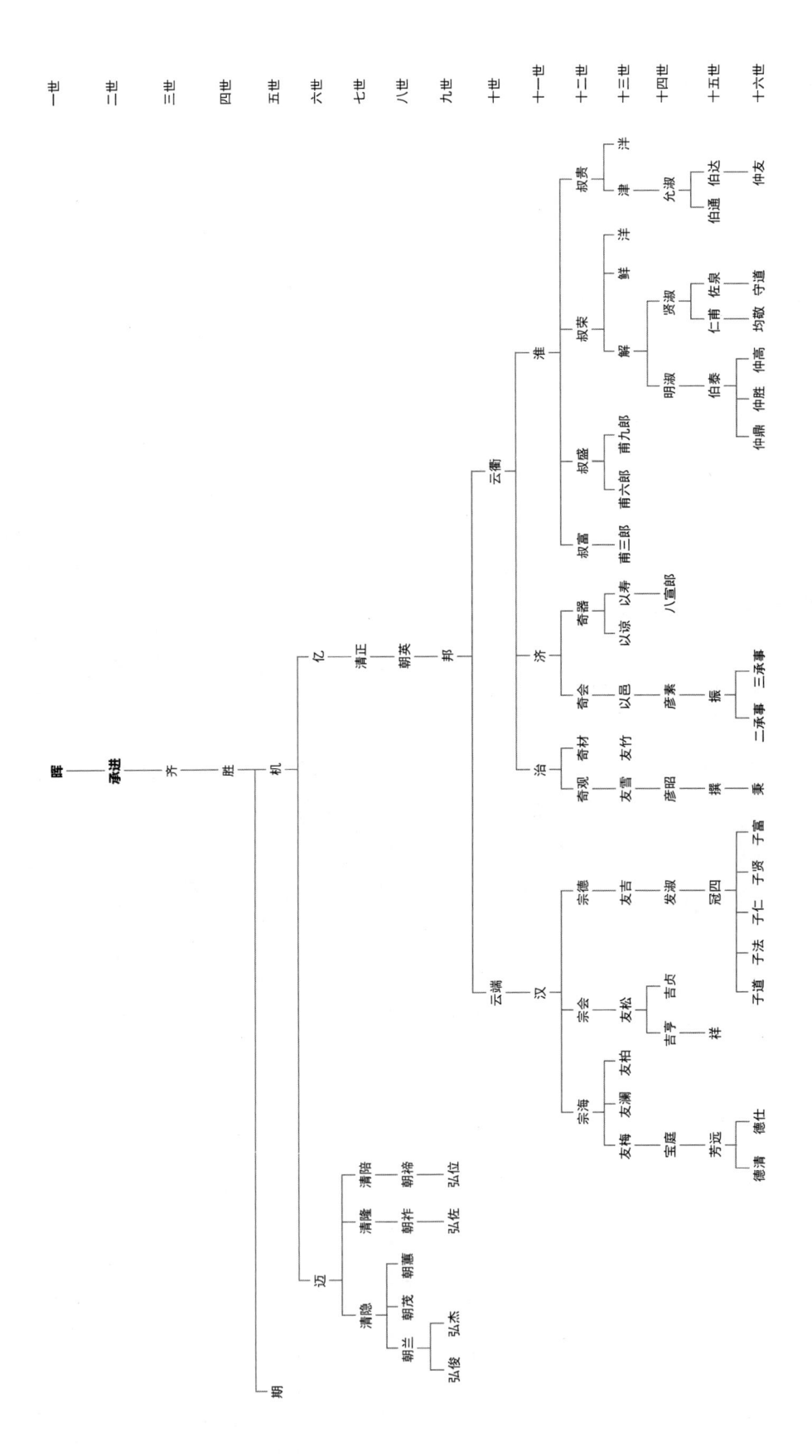

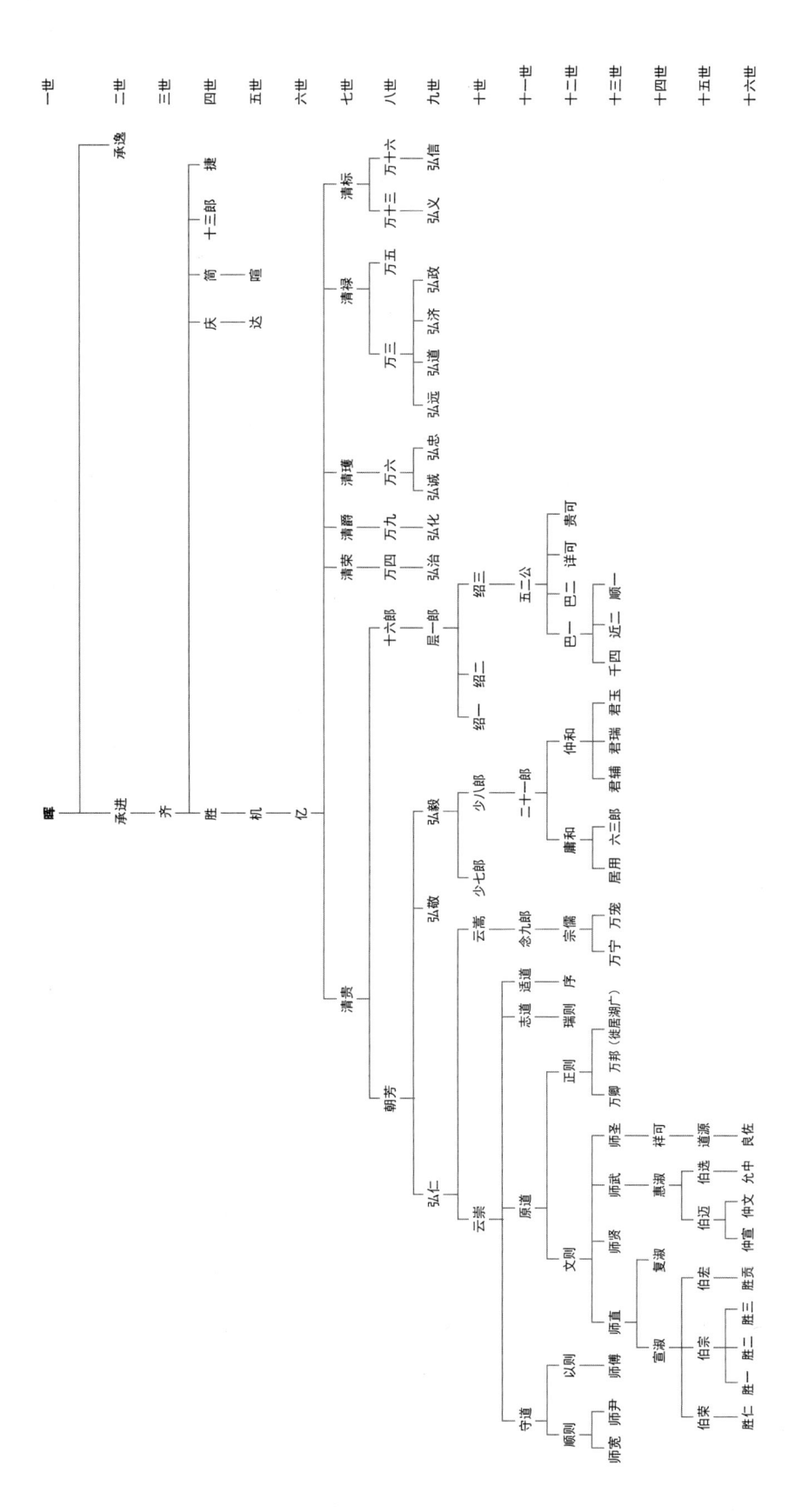

图 3.2-4 清溪陈氏前期世系繁衍图

3.3　柳溪陈氏十三派源流考

柳溪陈氏，庐陵西昌（泰和）名宗巨族也。始祖晖公由金陵（南京）徙泰后，生二子，次子承逸为柳溪开基祖。初居泰和柳溪古井巷，上下植经，席儒为生。族大后建和会堂，堂旁设和会仓四堵，岁储粟以备赡给。凡婚嫁葬奠，各颁如规，仕而有禄者弗与。每朔望，老长辄率众合食一堂，无一人敢涣慵卒语。邑中号为孝睦世胄，厥后世远齿繁，适徙不一。千余年来，柳溪陈氏宗族不断繁衍壮大，继继承承，子孙绵绵，迄今已传四十一世。

一、柳溪陈氏十三支派的衍生

柳溪基祖承逸公生五子：勇、羽、尧、用、恭。除四子用、五子恭止传外，其余三子发展为三房十三支派，分布如下：

①长房勇公后裔分棠梨山、泗源、凤翔三支派；

②次房羽公后裔分珠林、南冈、大东塘三支派；

③三房尧公后裔分穰柔、冈南、下舍、黄塘、后街、条坑、小塔下七派。

（一）长房各派分支情况

长房棠梨、泗源、凤翔三派，皆为勇公次子积公后裔。

1. 积中公长子轼公，系勇公七世孙，由柳溪徙居信实乡五十一都棠梨山。至长房十五世震公分棠梨山派。

2. 长房十二世孙士恭公分泗源派。轼公长子之孙名谨，系勇公十代孙，由柳溪徙居万安县十六都泗源。至十二世孙士恭分泗源派。

3. 积公次子、长房七世孙轵公分凤翔派。积中公次子轵公，字彦约，称八府君，曾赴广东南雄仕教谕、保昌县尉，后率除长、次子外的五子卜居广州府番禺县凤翔。其长、次子随母曾氏返泰和居柳溪。长晦叔传孙士恭，徙万安县泗源。次宏叔传曾孙止。

（二）二房各派分支情况

二房珠林、南冈、大东塘三派，皆为羽公长子裕公后裔。

1. 世修公，系羽公十一世孙，名岐凤，号瑞山，元朝至正年间，以习易举文学，授瑞金训道，由柳溪徙居三十七都株林江口。至十四世孙元瑞、文瑞分珠林派。

2. 世修公次子毕公，系羽公十五代孙，字伯庸，由柳溪徙居庐陵县十四都大东塘。二房十七世孙惟庸公分大东塘派。

3. 二房十一世正辅公与世修公同行，系羽公九代孙，举文学授司书，由柳溪徙居信实乡五十三都南冈市。正辅公分南冈派。

（三）三房各派分支情况

1. 三房南塘、穰柔、后街三派，皆为尧公次子遂公后裔。尧公七代孙亿年公，由柳溪徙居信实乡四十九都黄塘，至九世孙作式公分黄塘派。

2. 亿年公曾孙志行公，系尧公十四代孙，有硕德，由黄塘徙居穰柔。至三房十六世观颐公分穰柔派。

3. 三房十四世学礼公分后街派。学礼为作式公次子松年公之元孙，系尧公十二代孙，字季立，号梅村，元由征荐官至赣州路推官，祀乡贤。宦迹详列传于柳溪古井巷上下，为三房祖基。后公之孙敬则公，分徙三十二陇陂花芜。

4. 三房九世孙孝先公分冈南派。冈南、筱坑、小塔下、下舍四派，皆为尧公第三子盈公后裔。盈公系尧公七代孙。字念祖，号石峰，宋解元。携弟行先公徙居立冈南。

5. 三房十七世孙重庆公分小（筱）坑派。按谱载，重庆公，字叔度，尧公十五代孙。三房十二世中公六代孙重庆公子材，兄弟分居，重庆公居小（筱）坑。

6. 三房十七世孟京公分小塔下派。按谱载，三房十三世孙书友公元孙，孟谨公、孟京公、孟通公兄弟分居，孟京公居小塔下。

7. 三房十二世浩公分下舍派。浩公，字大可，系尧公十代孙。由柳溪徙居六十一都下舍。

以上十三支派中，系公元1572年柳溪陈氏六修谱时新分。各支派分有小派，载列柳溪谱牒，未及详述，谨溯其源如此。

目前，十三派中发展最为强大的是徙居广东的凤翔派，后裔人口达百万之众，分布在广东珠江三角洲一带的二十多个市区县。本书已列专文对凤翔派进行介绍。

二、柳溪陈氏十三支派后裔分布

（一）长房勇公后裔分布

1. 棠梨山支派，新谱仅联系上泰和县境内棠梨山支派的大门口村。

2. 泗源支派，新谱联系上泰和县境内二支，店前村、长田村。

3. 凤翔支派，由勇公八世孙彦约公徙居广东番禺后，繁衍于广州市、东莞市、佛山市、深圳市等珠江三角洲各地，分布地点本书有专文详述。

（二）二房羽公后裔分布

1. 珠林支派：龙溪村、东溪村、新龙尾村、老龙尾村、大守江口村、黄塘村、亨塘村、龙口村（长房）、龙口村（二房）、龙口村（三房）、洲头村、栗芫村、铜陵村、东晓江口村。

2. 南冈支派：螺溪田心村、禾市东图川村、禾市永睦岭村（古竹村）、螺溪搓江、碧溪黄潭村、山搓田南村。

3. 大东塘派：横江大东塘村、敦厚盈上村、横江渡街园村、敦厚官塘村。

（三）三房尧公后裔分布

1. 穰柔支派：穰柔村。

2. 冈南支派：马市仙桥村。

3. 下舍村支派：上圮村。

4.黄塘支派（A）：禾市陈瓦村、石山中居村、桥头茶园村、桥头刀坑村、登笼白毛坑村、碧溪南源村、碧溪欧里村、永阳朗石村、上居村。

黄塘支派（B）：上居村南头房、上居村龙田房、上居村老屋房、上居村巷头房、圳头栎头、大沙村、紫阳石坡村、永阳后街陈瓦村、潭下村、横江大洲陈家村、横江南泡前村、紫阳西偏村、紫阳燕山村、紫阳株木村、紫阳江北村、塘州陈家洲（本洲）村、南康市邱边村、万安涧田上陈村。

黄塘支派（C）：明清后徙居云南、贵州、四川、广西各省的后裔不少，主要集中在云南镇雄、威信，贵州毕节、仁怀、大定、黔西等地。

5.后街支派：枫林屋村、文江村、麓口村、仙溪村、鸡山村、录竹村、石鼓坑村、下龙门村、杨芽村、螺园村、下螺湖村等。

6.条坑支派：十修族谱载，条坑，为三房十七世孙重庆公及其后裔居地，以地为派，是为条坑派。据《条坑支谱》载，十七世祖孟坚公，由祖籍泰和徙居兴国县衣锦乡，而后裔又从兴国衣锦乡迁居瑞金邑智分，分居里坑、心田庄、中斜、彭公坑、龙头等村。

7.小塔下支派：三房十七世孙孟京公住小塔下，以地为派，是为小塔下派。十修、十一修族谱未联系上该支派，详情不清。

3.4 西昌陈氏柳溪派前期世系繁衍图

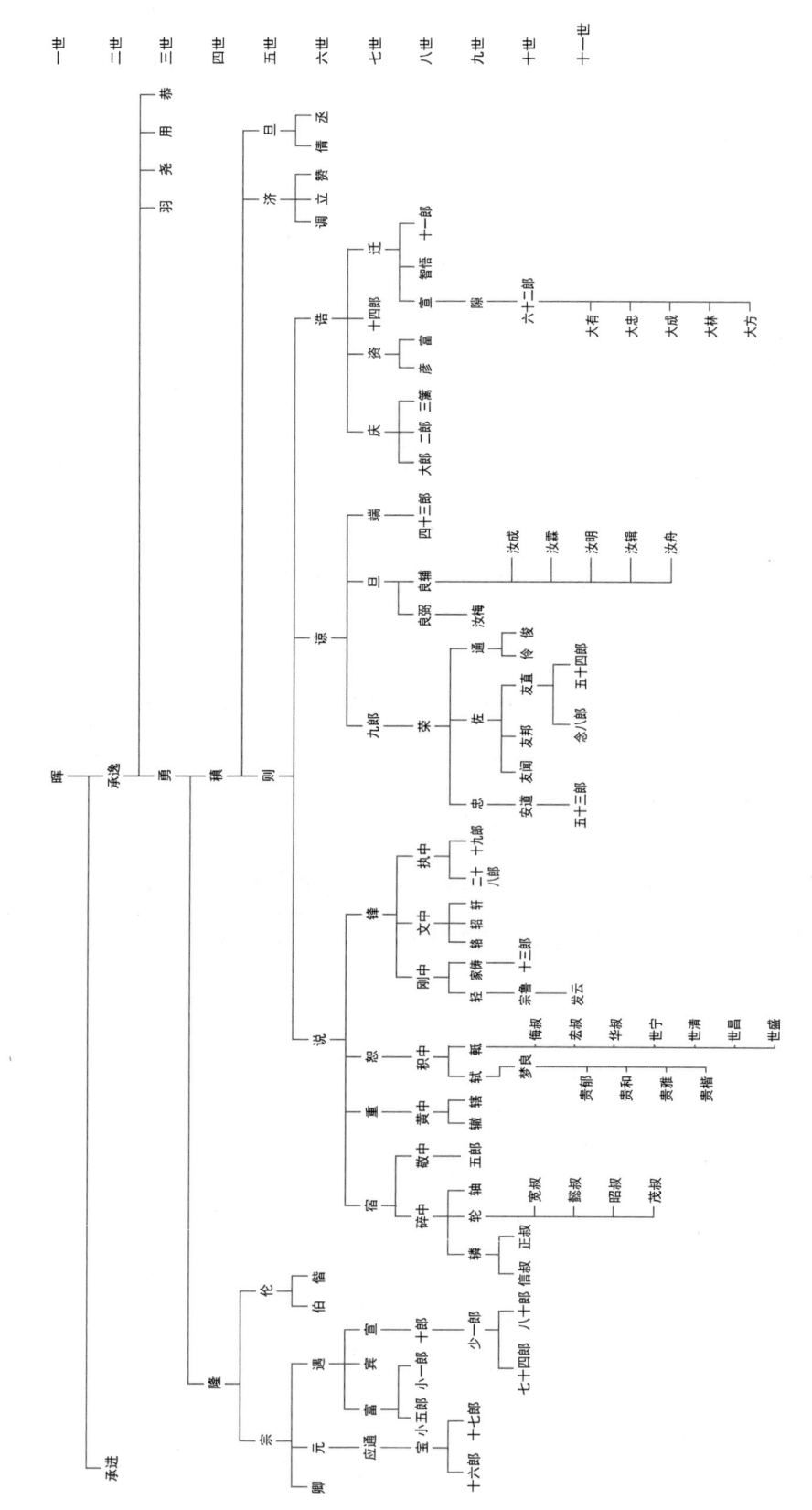

图 3.4-1 柳溪陈氏长房前期世系繁衍图

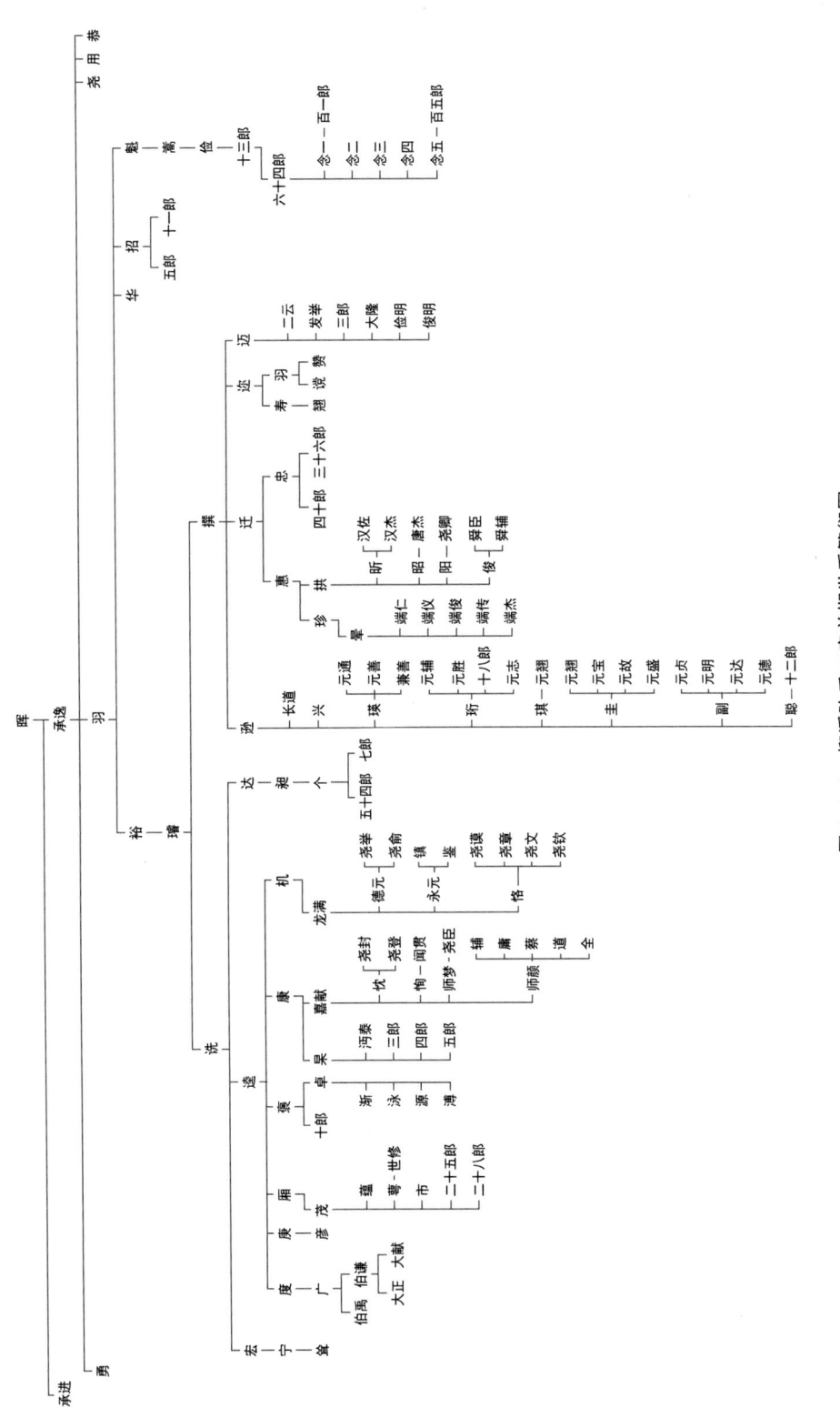

图 3.4-2 柳溪陈氏二房前期世系繁衍图

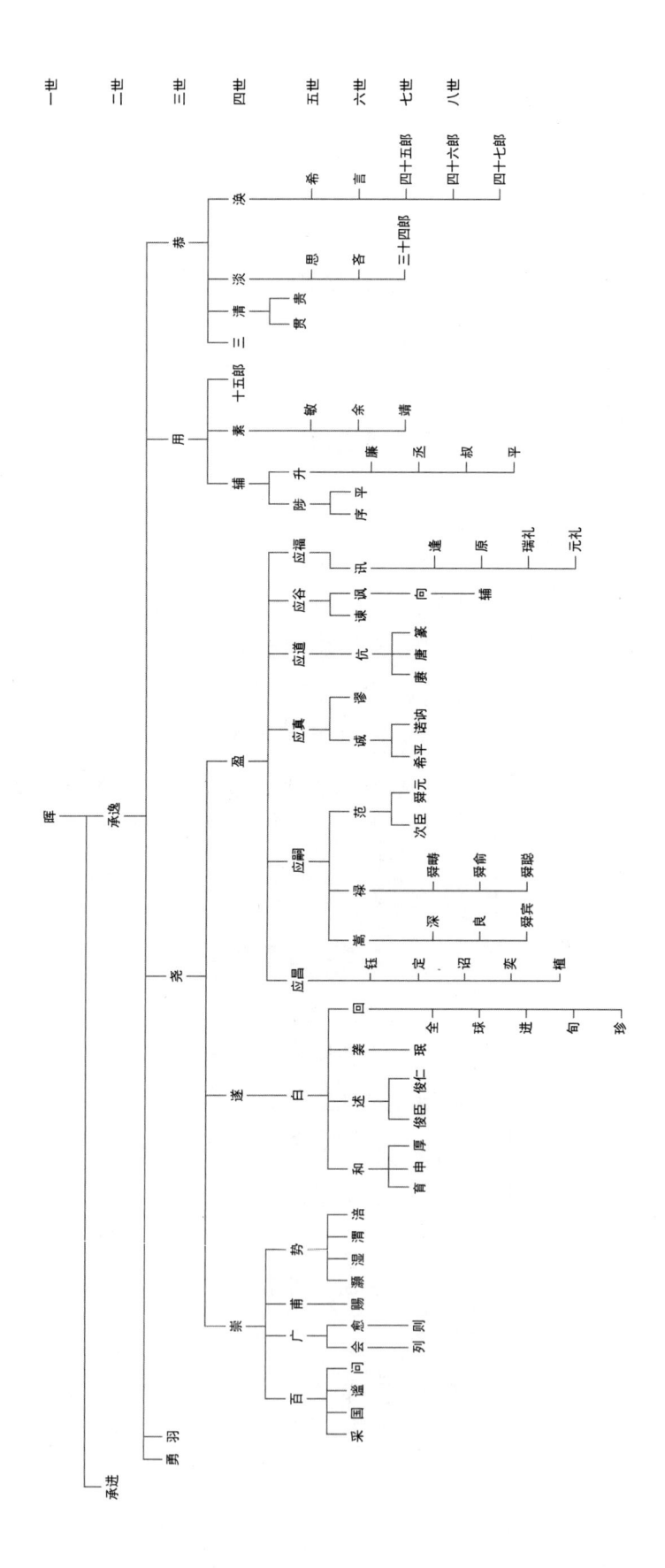

图 3.4-3 柳溪陈氏三房等前期世系繁衍图

3.5 广东凤翔陈氏七房溯源

广东凤翔陈氏入粤始迁祖陈彦约，原籍江西泰和县城西柳溪古井巷人士，生于宋真宗景德元年甲辰（1004），为西昌陈氏始祖陈晖九世孙。溯源则为人文始祖黄帝一百一十五世孙，陈姓始祖胡满公七十四世孙。上溯西昌陈氏世系依次为：晖→承逸→勇→积→则→说→恕→积中→轼（彦约）。轼公为积中次子，字彦约，称八府君。

北宋天圣年间癸亥（1023）年，轼公讲学南雄，任广东南雄教谕，守臣以经明行修荐授保昌尉（相当现公安局局长），因政治昌明又号保昌公。配曾氏生三子：晦叔、宏叔、华叔；又娶吴氏生四子：世宁、世清、世昌、世盛；共七子。彦约公致仕后，长子晦叔、次子宏叔奉嫡母曾氏回到江西老家。晦叔后徙居江西万安县世源乡，后裔陈昴入粤，官惠州龙川县，卜居东莞。宏叔传曾孙止。三子华叔（世华）、四子世宁、五子世清、六子世昌、七子世盛奉彦约公及庶母同居广东番禺流溪都凤翔社，后裔分居广州各属地。经过千年的繁衍生息，广东凤翔陈氏七房后裔人口现已达百万之众。

凤翔陈氏居粤七房有千年历史，各房初始世系如下：

长房前期世系：轼→晦叔→云伯→谨→慈文、慈明→庄→鼎翁、景德→茂可、祥可、仪可→兴文、朝可、朝举→复清、复亨、魁春、魁中→如林、如琰、如壁、锡。

二房前期世系：轼→宏叔→伯益→永年→达甫→福。

三房前期世系：轼→世华（叔）→丹一、丹二、丹三→孟山、仲山、季山（联山、念山、斗山、牛山）→元通、尚谟、尚诰、遗庆、郭亮（仕杰、观祐、石全、石新、道昌、成）。

四房前期世系：轼→世宁→从奇、从豪、从广→元禹、富禄→维新、维政、维庆、时四、季四。

五房前期世系：軧→世清→日长、日成、日茂→是、禄九、始兴、永广→宪、九七、九八、国璋、耀希、永全、永良。

六房前期世系：軧→世昌→雄、威→嵩、达明、达道→宣义、文通。

七房前期世系：軧→世盛→合、吉→宇、宪、定→京九、道、德、就。

各房传承有序，瓜绵椒衍，硕大且庶，繁荣昌盛，成为南粤陈姓名门望族。

3.6 广东凤翔陈氏前期世系繁衍图

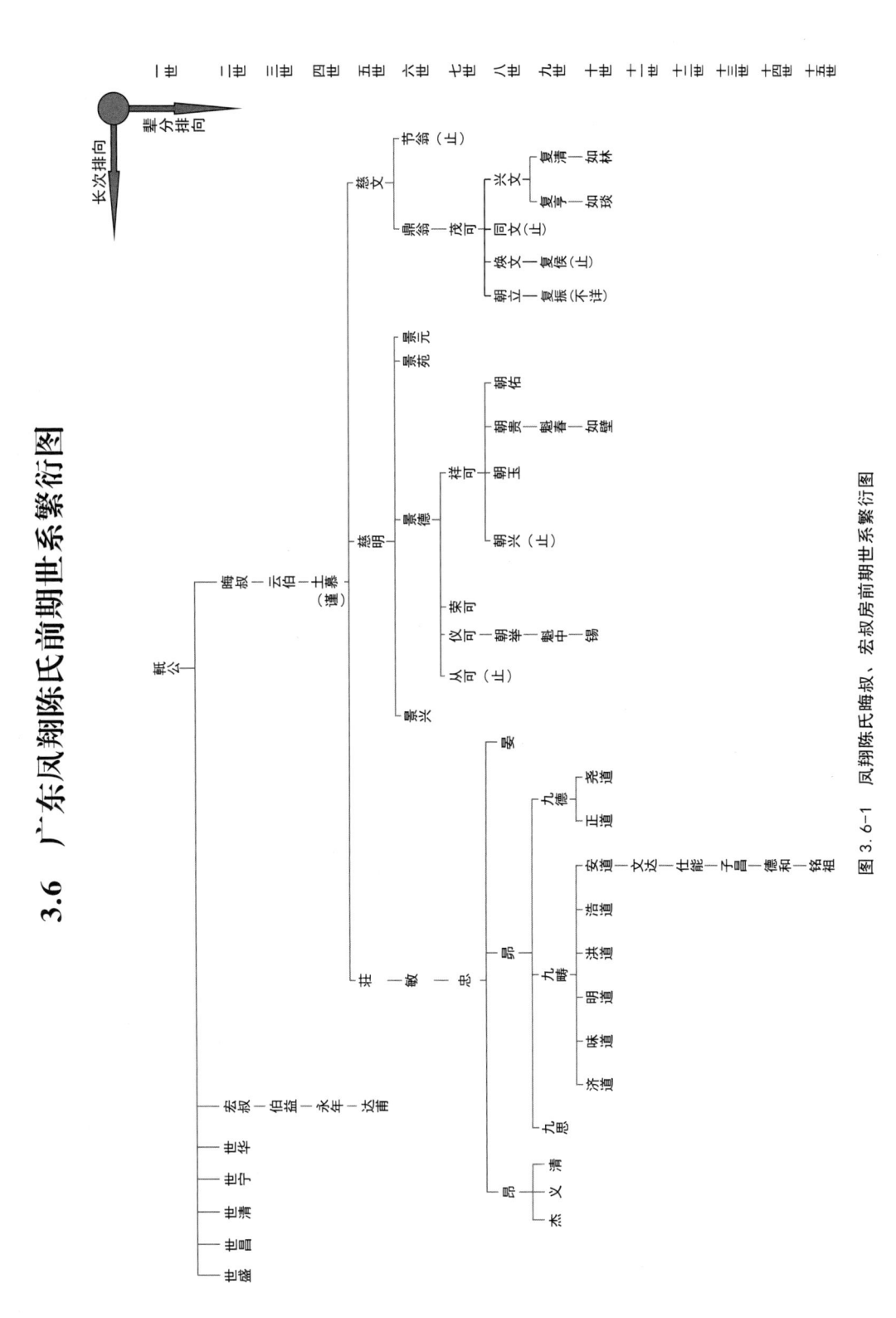

一世 二世 三世 四世 五世 六世 七世 八世 九世 十世 十一世 十二世 十三世 十四世 十五世

长次排向 / 辈分排向

轼公
├─ 晦叔 ─ 云伯 ─ 士纂(谨)
│   ├─ 慈文
│   │   ├─ 节翁(止)
│   │   └─ 鼎翁 ─ 茂司
│   │   ├─ 同文(止)
│   │   ├─ 兴文
│   │   │   ├─ 复清 ─ 如林
│   │   │   └─ 复亨 ─ 如琰
│   │   ├─ 焕文 ─ 复侯(止)
│   │   └─ 朝立 ─ 复振(不详)
│   └─ 慈明
│   ├─ 景元
│   ├─ 景苑
│   ├─ 景德
│   │   ├─ 祥司
│   │   │   ├─ 朝佑
│   │   │   ├─ 朝贵 ─ 魁春 ─ 如壁
│   │   │   ├─ 朝玉
│   │   │   └─ 朝兴(止)
│   │   ├─ 荣司
│   │   ├─ 仪司 ─ 朝举 ─ 魁中 ─ 锡
│   │   └─ 从司(止)
│   └─ 景兴
├─ 宏叔 ─ 伯益 ─ 永年 ─ 达甫
│   └─ 注 ─ 敏 ─ 忠
│   ├─ 晏
│   ├─ 昴
│   │   ├─ 九德
│   │   │   ├─ 尧道
│   │   │   └─ 正道
│   │   ├─ 安道 ─ 文达 ─ 仕能 ─ 子昌 ─ 德和 ─ 铭祖
│   │   ├─ 九畴
│   │   │   ├─ 浩道
│   │   │   ├─ 洪道
│   │   │   ├─ 明道
│   │   │   └─ 咏道
│   │   └─ 九思
│   │   └─ 济道
│   └─ 昂
│   ├─ 清
│   ├─ 义
│   └─ 杰
├─ 世华
├─ 世宁
├─ 世清
├─ 世昌
└─ 世盛

图 3.6-1 凤翔陈氏晦叔、宏叔房前期世系繁衍图

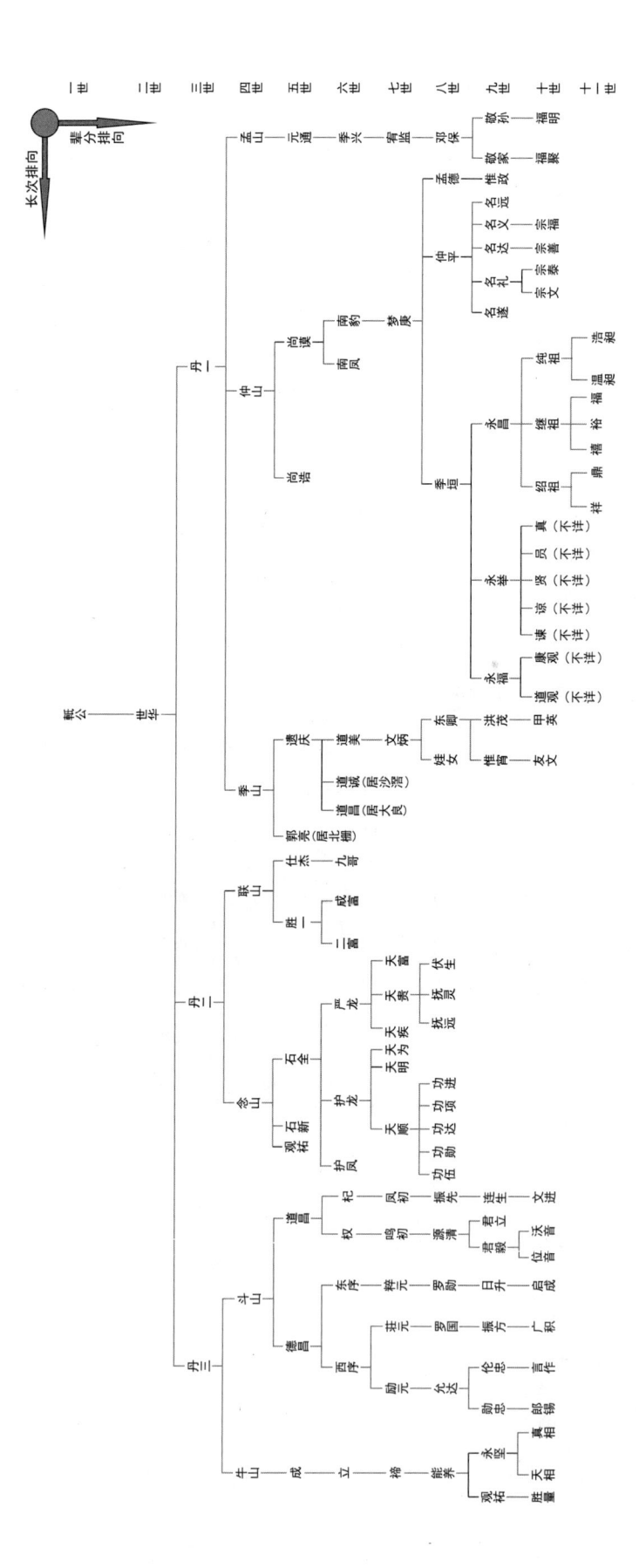

图 3.6-2 凤翔陈氏世华房前期世系繁衍图

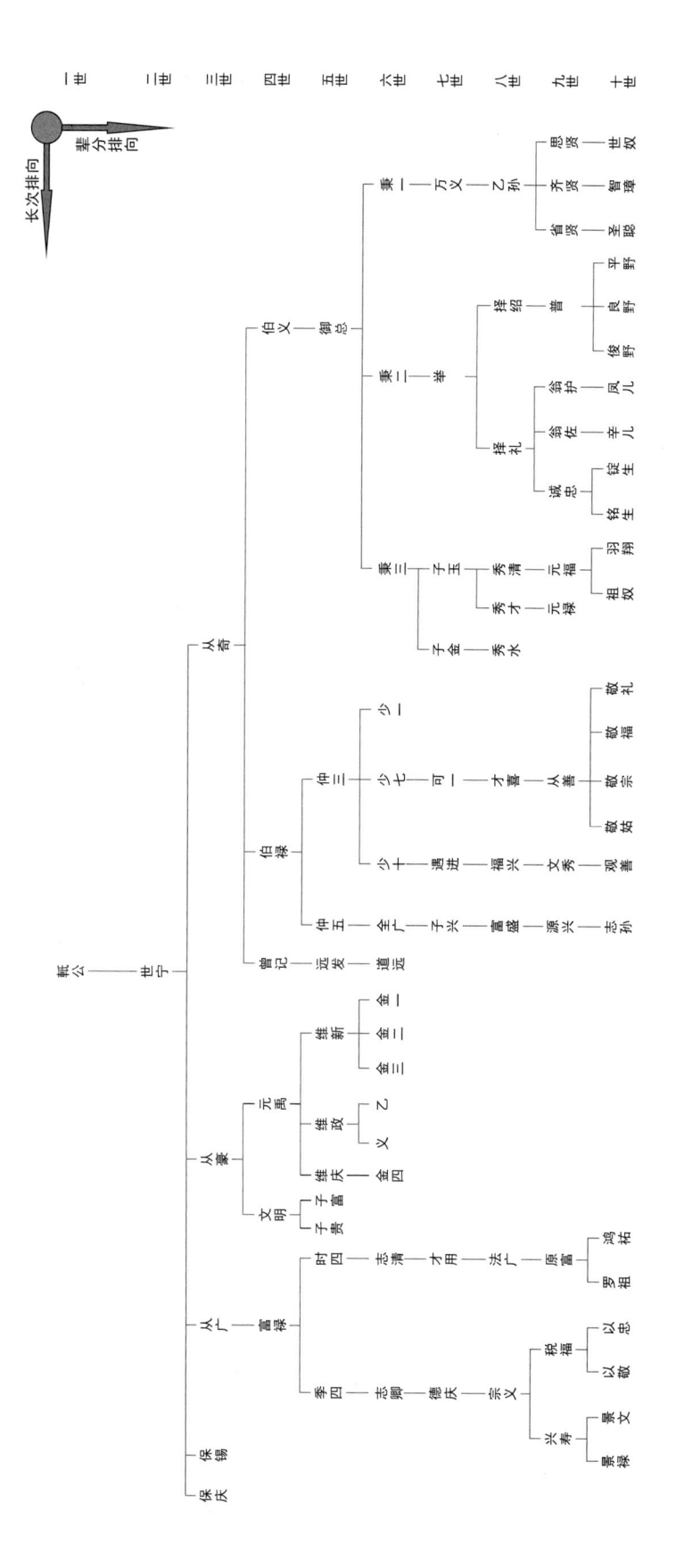

图 3.6-3 凤翔陈氏世宁房前期世系繁衍图

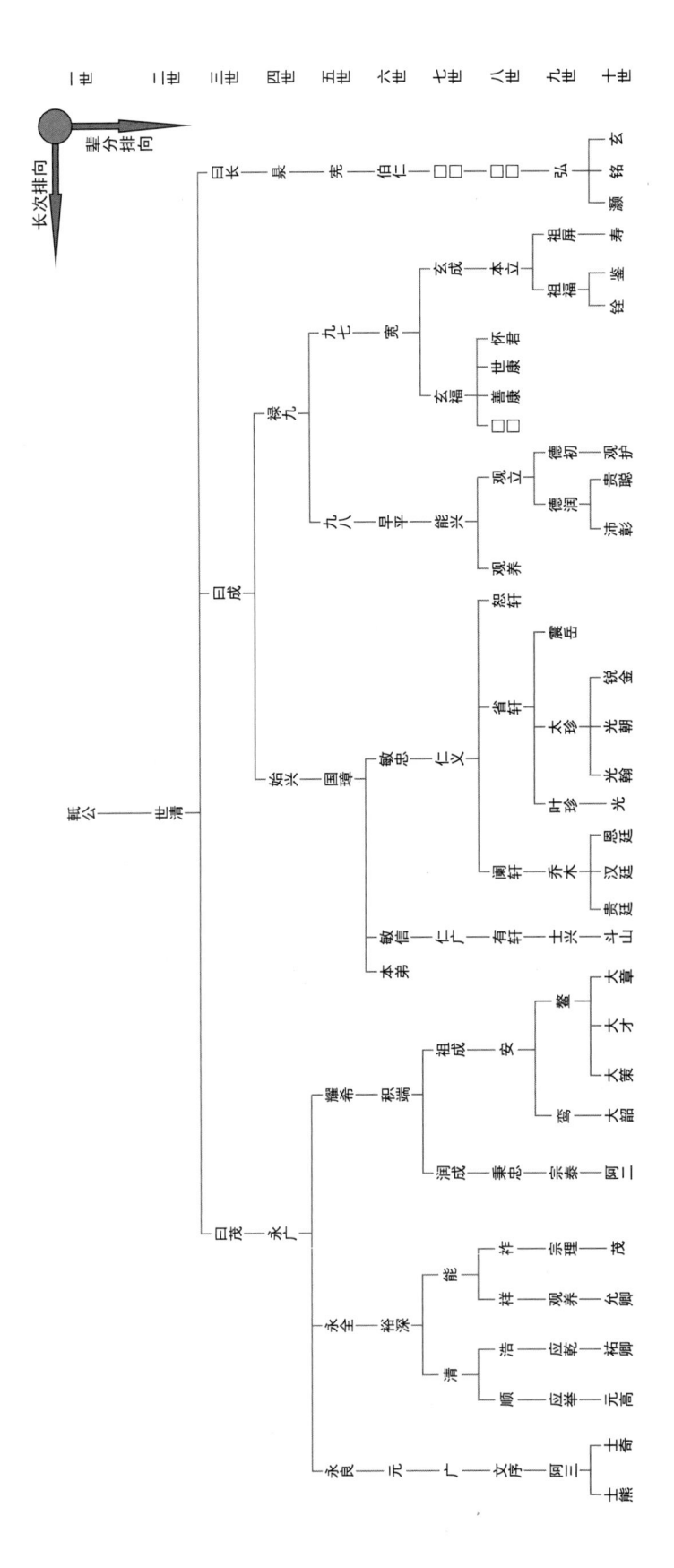

图 3.6-4　凤翔陈氏世清房前期世系繁衍图

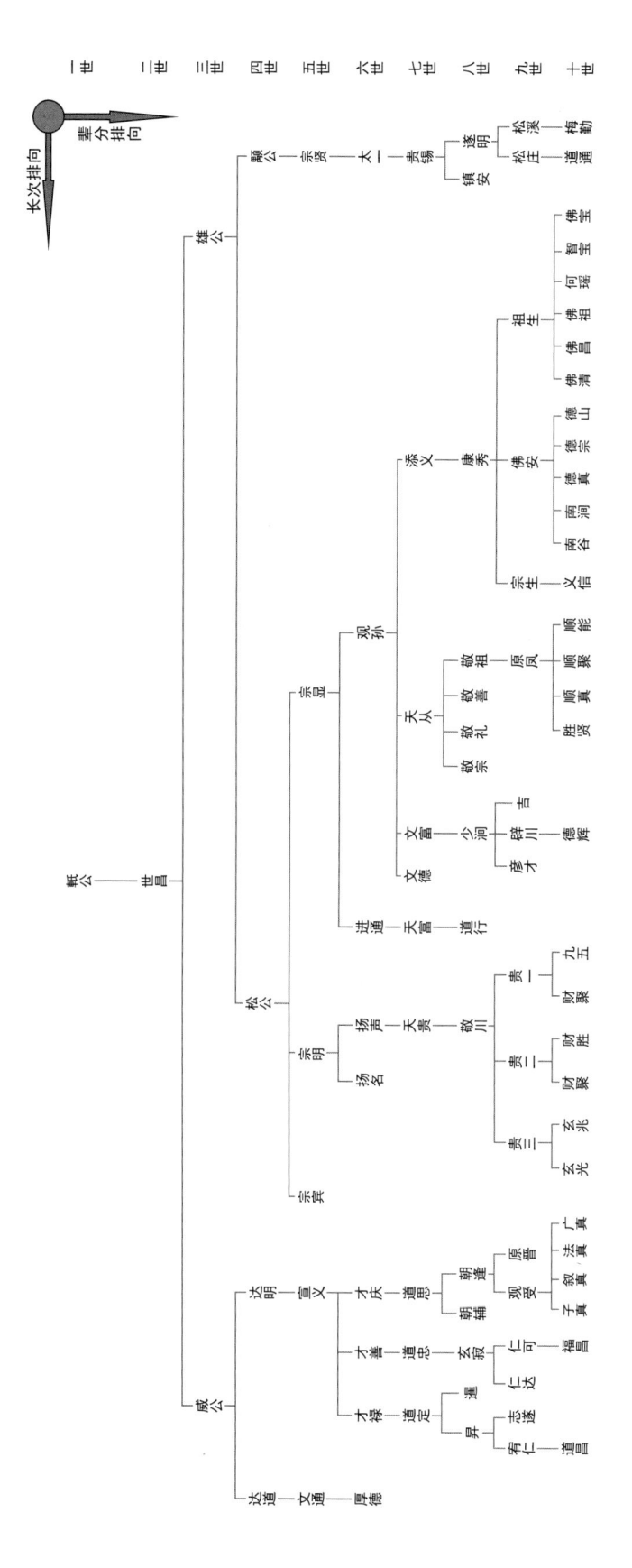

图 3.6-5 凤翔陈氏世昌房前期世系繁衍图

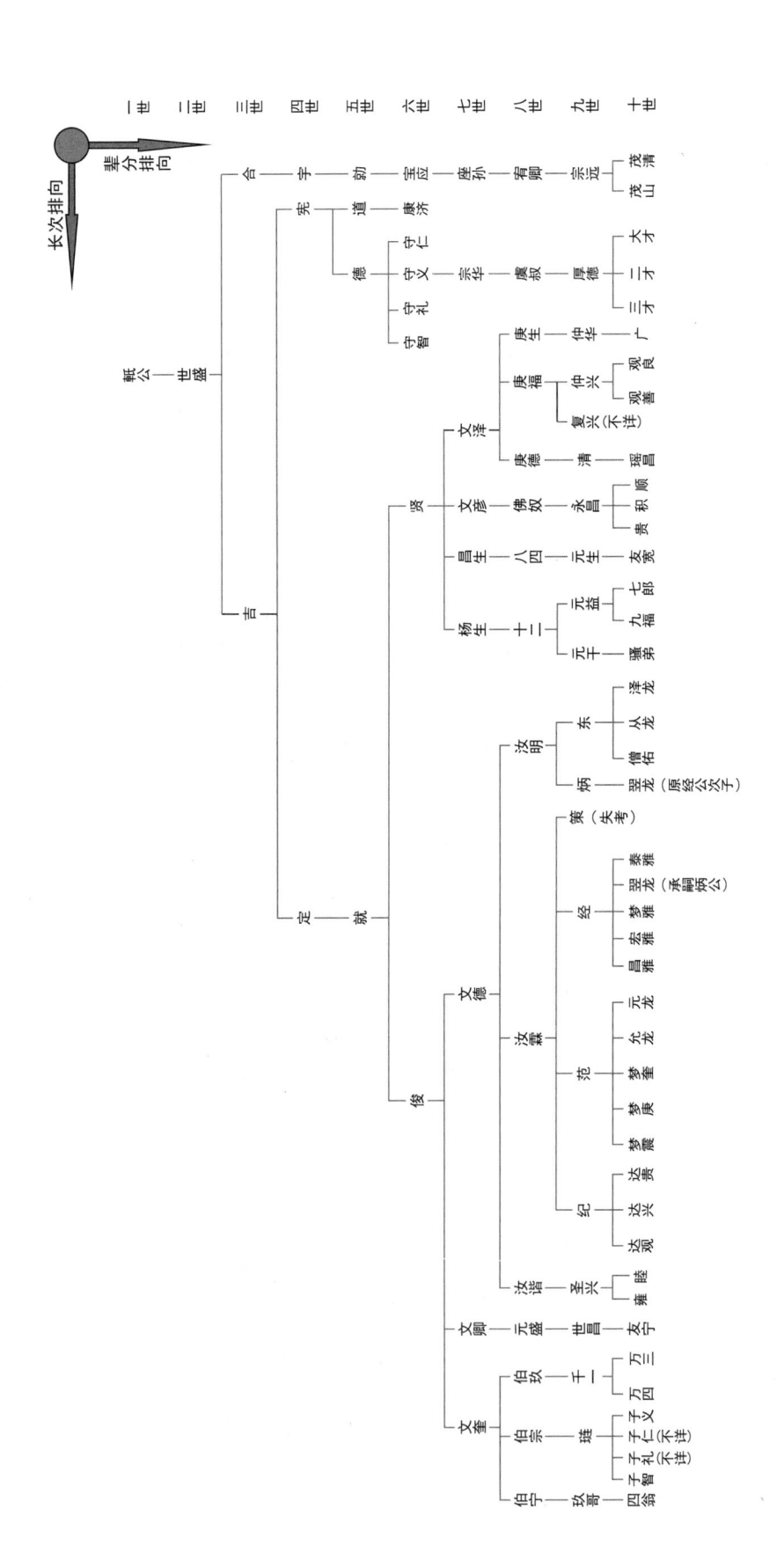

图 3.6-6　凤翔陈氏世盛房前期世系繁衍图

3.7 柳溪广东兴宁赘公陈氏上源考

赘公，字五十一郎，原籍江西泰和柳溪村。元朝天历二年（1329）官授循州训导，致仕时逢红巾军烽起，道路受阻不能回乡。遂寓居兴宁，后开基于兴宁城南聚星第，被后人敬为齐昌陈氏开基始祖。历经六百余年的繁衍发展，目前，已联系上的赘公后裔多达百万之众，仅在兴宁的赘公后裔就有六万人之多，居兴宁陈氏十三派之首。

赘公宗谱早期被纳入义门陈系列，也有部分记载为叔达公系，而柳溪谱亦有赘公明确记载。因此赘公之上源可谓是扑朔迷离，不易分辨。但有两点是不争的事实，一是赘公宗谱明白无误地记载赘公出生于泰和柳溪村。二是明确记载赘公生于1295年，1329年官授循州训导。致仕时逢乱世难归，遂寓居兴宁，开基于兴宁城南聚星第。

纵观元末赣粤历史，至正十八年（1358），农民起义军首领陈友谅战死江西。余部南下粤东，分驻于龙川鳌山扎寨，滋扰循州各地。1365年末常遇春攻下泰和，此时的赣粤两地均处于战乱之中。赘公因世乱致仕回乡，途中受阻，寓居于兴宁，这符合史实。同时因乱世与泰和柳溪族人中断联系；加上明朝建国不久，又逢周三官之乱，至世道平静时，泰和祖地早已物是人非。之后，赘公后裔又误投门庭（义门陈）。几层缘故重叠，造成赘公陈氏上源世系混乱，迷惑族人几百年，遂成为族人难以解开的死结。

结合柳溪陈氏族史及世系年代推测，赘公应为晖公14—17世孙时代之人。据柳溪谱序记载："吾陈自十四世以后，群从以徙居者著。近之，有四源、黄塘、下舍、株林、南冈、穰柔、条坑、龙陂、大东塘、棠梨山、冈南等；远之，有汴、楚、冀、吴、闽、广之系殊疆。其经乱流离，寥落无稽者又复何限？以故环居柳溪子姓，在十二世视九世十世，则缩十之二，十三四世，又缩十之三，代毛迭耗，深可悼矣。"从中可知，乱世过后，还在柳溪村居住的族人，十二世的人口，比乱世前九世、十世的人口要少十分之二；十三、十四世的人口更是少了十分之三。可见当时这场乱世，造成了大量的柳溪族人外出避乱，以至于很多流落在外的族人都不知道去向，也许赘公就是其中一位。近年来，很多赘公后裔通过大量的考证研究，对柳溪有了很高的认可，也有很多赘公后裔回到泰和柳溪认祖归宗，这是一种很好的现象。

根据兴宁赘公陈氏旧谱记载，赘公及其父亲元佐公系江西省吉安府泰和县柳溪村分支陈姓人士。柳溪村有陈氏大宗祠，祠前竖着三大牌坊。中牌坊上书：世大司马；左牌坊上书：乡藩翰院台谏；右牌坊上书：五经科第魁元进士；头门牌匾上书：大师第；其庭联云：历世登庸一代儒冠三勒命，唐文宗献五经科第四传胪。小书：三勒命者，一勒广东巡抚，二勒广东收蝗，三勒御沟救太子。牌坊所记的人和事与柳溪历史高度吻合。由此可以判定，赘公及其先辈均从泰和柳溪村移居广东兴宁。

赘公后裔、广州人士陈汉民先生对先祖源流研究近二十余年，曾多次深入泰和祖籍地走访调研，从各地收集了大量相关资料。他认为《柳溪赓续》所载的赘公祖父彦辅（长房八世）有误，他出生在宋朝中叶，不是元末明初人士，年代差距较大。二房十三世的应辅则可能是赘公祖辈，文天祥序对应辅公有记载，两人有交集，处于宋末元初，年代符合。同辈中有仁则、成则、明则及仁则生君仁、君凤、君会。君凤又称阳凤（二房十四世），吉州乡试第一，戊午登霍希贤榜进士，授分宜尹，再任广州烧钞库大使。赘公父亲汝舟（元佐）与阳凤为堂兄弟。各种资料表明，从唐末至清初，柳溪村住柳溪陈氏，二房世次可考。宋末柳溪村陈氏已经到了十四、十五世，赘公生于1295年，为二房十五世，世次准确，并非虚构。赘公为五十一郎，从二房辈次看，十三世为千，十四世为百，赘公五十一郎，正好是十五世。至宋末，很多陈氏迁出，柳溪村父老少之又少，赘公祖父为应辅公，比较可靠。如果推论成立，赟公上源可溯：晖—承逸—羽—裕—睿—洗—逵—萼—世修—毕—应辅—汝舟—赟公（二房十五世）。世系年代正好与元末乱世相符，比较切近事实真相。在此抛出这一推论，仅供族人参考，起个抛砖引玉的作用。日后如果发现确凿证据，可以纠正传承错误，弥补上源缺失。

日前，有云南族人陈雁文收集到明成化十二年赟公六世孙陈怀作的一个谱序和明嘉靖戊申年赟公八世孙陈友兰好友刘臣为之作的一个族谱序。现将两谱序全文转载于下：

陈氏族谱原序（一）

予陈氏之族谱所以谱于陈氏之族者，予祖讳赟始居于兴宁。赟以上世籍江西柳溪，泰和县前为柳溪陈云。赟公由元天历中仕于循州，值红巾贼起，解印还乡，乃居于兴宁。缘此为兴宁始祖。二世祖讳祖文，三世祖讳容，四世祖兄弟四人。国朝洪武初，遇周三官乱，伯祖玉新居小洋下，维新居土坑，吾祖景新、叔祖德新乱后卜居于溪尾。及吾先考祥生予等四人，继此为传矣。不亦生齿愈繁也耶？然尝慨夫宗法未举，不能如古人笃亲之道久矣。予祖以儒业起家，数十世而幸夫箕裘不坠者，曾非延庆之余绪欤！怀也叨沐泽致有今日，于是断自赟公以下，参互考订以谱，其源非敢信笔也，其有未详者姑阙之，以俟后世，盖亦不敢自用自专之意云耳。后之人其亦果能知予之独抱苦心焉否？

时皇明成化十二年（1476）丙申春月之吉，邑庠生六世孙怀顿首拜书

陈怀序简明扼要地向读者叙述了家族的历史来源、世系传承及家族现状，并语重心长地告诉后人不要随意去猜测上源，那些没能弄明白的，就暂且空着，考证清楚了再填补上去，即使永远也考证不清楚，也宁愿一直空缺下去。

陈氏族谱原序（二）

溪游闽粤间十年，所友者众，求其亲贤而好士，崇文而尚礼，如友兰陈君不易得也。遂与论交，而深知其为人也。尊祖敬宗，亲亲而睦族，不乐士进惟莘莘为善。建学延师，训厥后昆，见世人为族者，多鲜礼让。乃怅然叹曰：兴伦之无叙，由礼教之不兴，礼教之不兴，由谱牒之不作，遂慨然出其谱，乃沙池公所修，嘱臣序之。

按其谱其先与臣同邑人也，元有讳赟者训导循州，致仕还乡时山寇克斥，暂住兴宁以俟兵戈之息。因为兴宁人，赟生祖文，祖武；文生容，容生玉新，维新，景新，德新；景新为友兰高祖，生祥；祥为友兰曾祖，生玉，谅，宽，怀。玉生延辅，延周，延举，延佐；谅生延纪，延纲，延经，延纶；宽生延俊。怀为友兰祖生延善，延吉，吉生友兰；则脉八世矣。友兰以下则总十世历二百余年，子孙振振，可谓盛且大矣。苟无谱□□（两字字迹不清）之，则族非族，宜友兰惓惓于谱牒而用心也。忆旧谱自赟公以上存于柳溪者，世远派疏，邈不可考。迨沙池公修之，未见厥成，陈氏之胤何幸友兰之贤。以沙池所编者，而续修之，远接柳溪之派，下开兴宁之源，则是谱之垂亦远且微也，友兰承启之功岂浅浅哉，臣故敢揽其略，以告夫后之贤者。

时嘉靖戊申（公元1548年）冬月之朔，泰和邑庠生沙溪刘臣敬序

刘臣是江西泰和人，陈怀的孙子陈友兰的好友。应陈友兰邀请为赟公陈氏写序。其序文如大多数谱序一样，主要介绍写序原因、历史源流、世系传承情况等。该序对赟公源流的描述，也是耐人寻味的，"忆旧谱自赟公以上存于柳溪者，远世派疏，邈不可考。"其意思是说，赟公以上在柳溪村生活的族亲，因为时间较久，相隔世代较多，已经无法考证或寻访得到。柳溪陈氏六修谱之前没有赟公记载，直到清光绪谱才对接简记。刘臣序在明嘉靖戊申年就说"世远派疏,邈不可考",可见早在475年前就无法考证,实为难题。

两谱序文分别作于明朝成化十二年（1476）、嘉靖戊申年（1548）,距贽公在兴宁城南聚星第开基之年（1364）仅112年、184年。辈分相隔6—8代。如此短的时间内,先辈世系混乱不清,必有缘故。后裔没有在柳溪陈氏接头上谱,误入当时当地势力强大的义门陈,上源先祖对接错误,导致近600年世系及先祖不明,传承缺失,成为历史疑点和悬案,且难以解决,还有待后人去探索研判。

3.8 广东兴宁赟公陈氏后裔繁衍简介

江西泰和柳溪陈氏族人陈赟于元天历二年（1329），官授循州训导入粤。致仕时逢红巾军烽起，世乱路阻，难以还乡，遂寓居兴宁。后在兴宁南郊聚星第开基创业，为兴宁柳溪赟公陈氏始祖。历经六百余年的繁衍发展，赟公陈氏族群发达昌盛，子孙后代枝茂叶繁，瓜瓞绵绵，硕大且庶。目前已下传26代，能联系上的赟公后裔达百万之众，分布于广东、广西、四川等地和东南亚各国及世界各地。广东兴宁赟公陈氏是中华陈氏大家族中的名门巨族，也是广东客家陈氏旺族之一。

陈赟生文、武、斌、贤四子。长子文公为元朝举人，乡饮大宾。长房文公前期世系：文生子容；容生四子：玉新、维新、景新、德新。玉新生子四：玑（移居五华大岭背，其后有10个分支返迁兴宁）、质（移居五华青溪）、弘（初移居五华大岭背，后返兴宁）、宁（移居和平）。维新生二子，祯、祉。祯生五子，碧、瑄、溶、均、圣。祉生三子，法荣、法行、法敬。景新生三子，坤甫、坤明、坤相（祥）。德新生二子：裕、炫。

二房武公前期世系：武公，念八郎，号盈行，妣熊氏王氏生子宜，宜公生日新，日新公生善（永乐九年登乡荐，任浙江布政司照磨，擢紫薇堂印，升南京镇江府通判）。善公生二子：克宽、克敏（先迁坭陂王村，后迁五华油田），另一说善公生六子：克恭、克宽、克信、克敏、克惠、克仁。

三房斌公前期世系：未见宗谱，情况不明。

四房贤公前期世系：贤生契寿，契寿生彰受，彰受生三子，颙、富、端。

另外，赟公后裔迁五华支系中，大多数于乾隆年间"湖广填四川"，转迁到资阳、简阳、华阳、成都、重庆、万县、宜昌等地区。

附注：图3.8-1、3.8-2为广东柳溪赟公陈氏前期世系繁衍图。

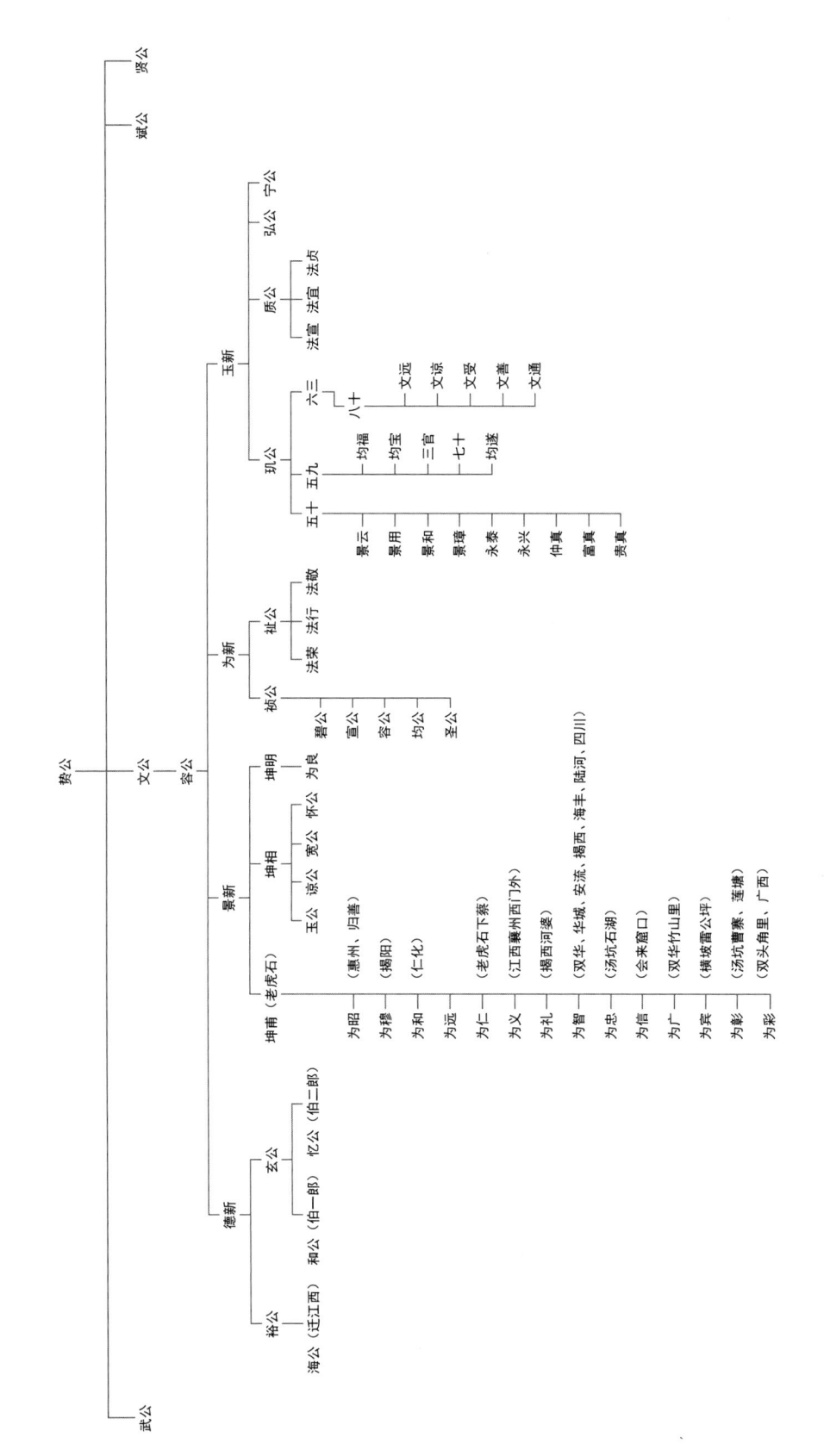

图 3.8-1　广东柳溪蛰公陈氏前期世系繁衍图

图 3.8-2　广东柳溪贽公陈氏前期世系繁衍图

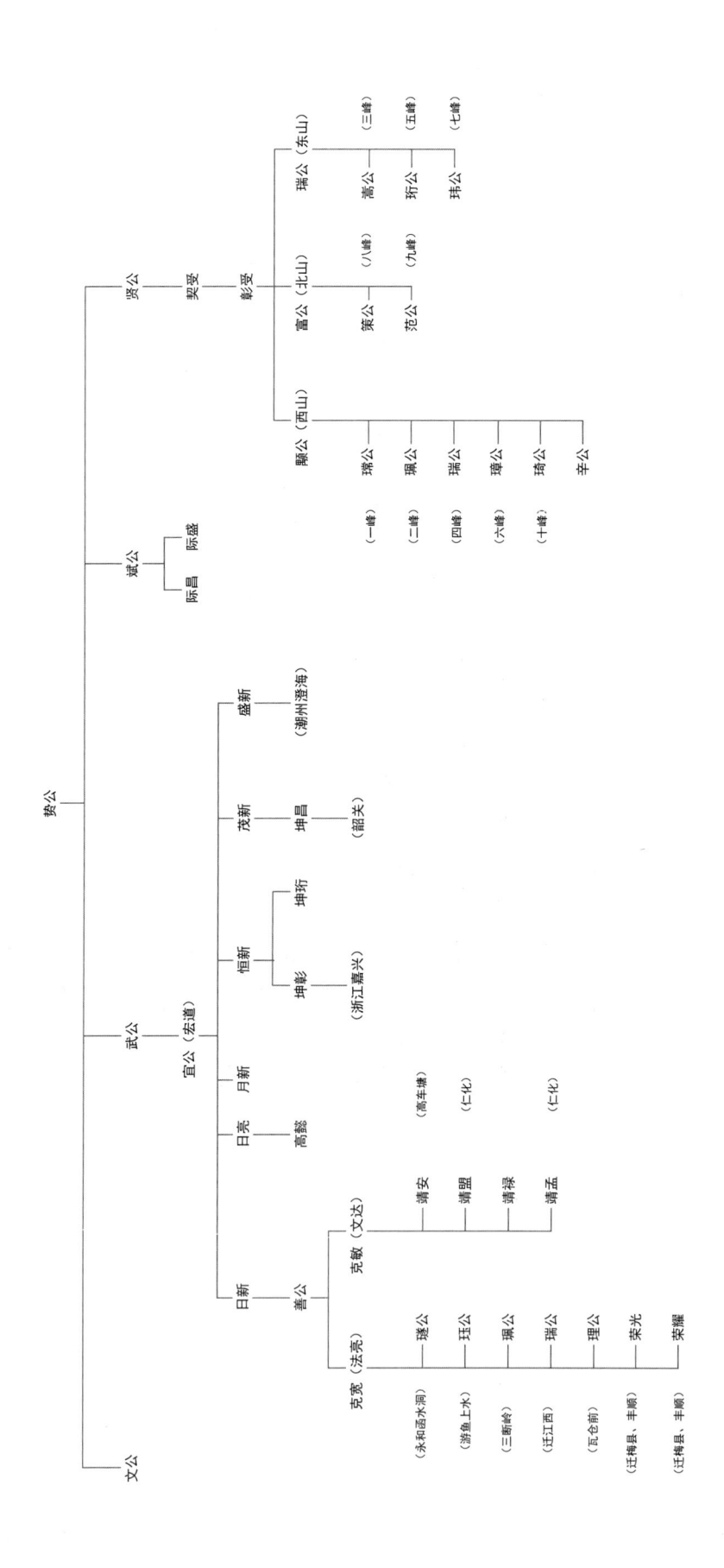

3.9 清溪陈氏宗谱修编简述

先祖陈晖为避杨行密乱，于后唐904年举家自金陵徙庐陵西昌（江西泰和）。迁居此地后，子孙发达，人丁兴旺，迄今已聚居繁衍至四十八代。自六世起衍生清溪、柳溪两派。之前，宋明两派宗谱统称为庐陵西昌陈氏，均奉陈晖为西昌陈氏始祖。

清溪陈氏宗谱初修始于宋咸淳十年（1274），截至2023年，其间较大规模有记载的修谱有七次。自广州司户参军明淑公第一次修谱以后，较大范围的修谱先后有五次。而第六次，民国二十八年（1939）修谱，才是清溪陈氏宗谱的第一次统修。在第一次统修后，各支系曾各自做过修谱，而第七次，2016年修谱，即为清溪陈氏的第二次统修。经查阅，主持参与清溪陈氏宗谱各次编修的主要宗亲及相关情况如下：

1. 一修谱于宋咸淳十年（1274）修成，由广州司户参军、十四世孙明淑公与允淑公兄弟主修，赐进士及第奎章阁大学士知经筵太史院广州张锦孙作序。

明淑公在《清溪陈氏族谱源流略》中记载："徽避杨行密之变，直至金陵潜行徙泰邑西改名晖，吾泰和之初迁祖也。"接着他又提及，"本宗旧谱遭兵燹焚，仅遗有垂线一图，速宜编葺成谱。庶无失水木本源之绪，无忘祖宗功德之泽……"当时正处南宋时，元兵来袭，兵荒马乱之时先祖对修谱念念不忘。并提及，"恐负重委，随与弟允淑校录一册稿；犹未就值赴咸淳乙丑（1265年）会试，后随应参军之任，窃禄广州；而弟亦于戊辰（1268年）登弟官泉州通判。"其后兄弟俩在公事之余曾频繁书信来往商量，并请人督促加订付刊，于1274年成编，此次修谱前后近十年。

另附：景泰二年（1451），绍休堂续修支谱，循谨主事。（详见6.11文）

2. 二修谱于弘治丁巳年（1497）修成，由迪功郎二十世孙幼拜主修。弘治戊午年（1498）十月，奉政大夫同知四川马湖府事眷弟廖森作序。

3. 三修谱于万历二十七年（1599）修成，由二十二世孙世用主修。同年间，由嘉靖四十三年（1564）二月敕命任四川按察司副使的二十一世孙嘉谟作序。

此次修谱是世用提议，其叔嘉谟首肯。世用召集众宗亲历时两年修成，嘉谟年事已高，也全稿审核，确保无误。

另附：续录支谱崇祯十二年仲秋，由二十三世孙应桂主事。康熙癸酉年（约1693），高城房续修本宗支谱，邑姻王锡策撰文。

4. 四修谱于乾隆十九年至二十一年（1754—1757）间修成，由二十七世孙丹凤主事。赐进士出身、翰林院编修、掌制江南道监察御史事、庚辰广东乡试主考、前日讲起居注官、詹事府右春坊右赞善、辛未会试礼闱同考试官，年家眷弟罗暹春作序。

赐进士及第、奉政大夫、翰林院检讨、前陕西道御史，协理江南、山西、浙江、山东诸道稽查各部院事，辛酉顺天武闱监试、戊午广西乡试主考、己未殿试掌管官、原兵科给事中、巡视西域掌福建道监察御史加二级纪录五次，邑姻静园胡定作序。

赐进士出身，奉直大夫、知贵州独山州事加三级纪录八次，年家眷弟解韬撰文。

另附：乾隆二十六年（1761），二十七世孙显元主事清溪陈氏本宗分徙。

5. 五修谱于宣统元年（1909）年间修成，三十四世孙锡藩主事。同年仲秋，礼部进士、诰授奉政大夫、拣选知县，大挑二等，历署清江县教谕，南康府教授加五级，邑姻孙振濂作序。

6. 六修谱于民国二十八年（1939）间修成，为清溪第一次统修宗谱，历时一年多。由三十三世孙治冈魁宇主事，协纂：绍彝。省政府委员兼秘书长刘某乾题词；省政府委员兼教育厅长程时烺题词；东吴大学法学士、省政府秘书处第一科科长、常熟汤宗威作序；前任铅山县知事，吉林、山西省公署秘书，冠朝郭志仁、林庵撰文。

7. 七修谱于 2016—2017 年间修成，为清溪第二次统修宗谱。在体例、格式、规制等方面，遵照第一次统修谱的样式，进行续接。即对原谱前十一卷进行扫描、翻印，作数据保存；第十二卷，则从三十三世开始编修续接。谱局设在高城永思堂。首事：国华、久尊、福新、贯一、咸松、明初、伏兴、和金、其祥、和平。主编：福新。副主编：咸绅、贯一、明初。下有责任编校 28 人。资料收集的截止时间为 2016 年 1 月 30 日。各参与编修者尽心尽责，终于完成修纂任务。

3.10　柳溪陈氏宗谱修编简述

柳溪陈氏宗谱初修始于宋绍兴十二年（1142），至今（2022 年）已过去 980 年，其间共编修十一次。其中宋绍兴戊寅（1158）至明洪武己巳年（1389）二修庆源图重刊，第二次修谱与初修相隔时间长达 231 年。清康熙二十二年（1683）的七修与光绪六年（1880）的八修，间隔 197 年。十修完成于 1996 年，与 2004 年底完成的十一修《柳溪赓续》，间隔仅 8 年。

经查阅，参与主持各次编修的宗亲如下：

（一）柳溪族谱修撰主持人：首修千龄公；二修百龄公；三修进德公；四修公宜公；五修廷魁公；六修昌积公；七修邦祥公；八修庚公；九修明启公；十修彦文公；十一修听怀公。

（二）成谱时间及作谱序的亲友依次如下：

1. 初修

①首修谱成于宋绍兴十二年（1142），由赐进士及第的左迪功郎、虔州司法参军、八世孙千龄公作序。

②绍兴十四年（1144）十二月朔，由前进士迪功郎、南安仪曹参军、楞严

居士刘申、岳秀作柳溪陈氏庆源图后序。

2. 二修

①二修谱始成于宋绍兴戊寅年（1158）春，由前进士，九世孙百龄公作序。

②宋绍兴戊寅年（1158）中和节，由九世孙陈导拜作二修谱图后序。

③宋咸淳九年（1273），二十一世孙德鸣、日旦作柳溪陈氏支谱序。

④宋咸淳九年（1273）正月望日，同郡文天祥作谱序。

⑤元至正十八年（1358）春正月，乡进士、姻生刘楚作陈氏本宗谱图序。

⑥元至正庚子（1360年）秋八月望日，乡贡进士安城刘霖、云章作陈氏本宗谱后序。

⑦明洪武己巳（1389年）春，广东道监察御史、十七世孙仲述作陈氏庆源图序。

3. 三修

①明建文三年（1401），十五世孙进德作三修庆源图序。

②明建文三年（1401）正月上浣，柳溪陈氏外孙杨士奇作三修庆源图后序。

③明宣德三年（1428）十一月，赐进士出身、中宪大夫、云南临安府知府、十八世孙正言作陈氏谱图考异引。

4. 四修

①四修谱成于景泰六年（1455）春，由光禄大夫、少傅兼太子师、吏部尚书、前国史总裁，邑姻王直作柳溪陈氏四修族谱序。

②景泰七年（1456）十月望日，由赐进士及第、中宪大夫、兵部左侍郎、前应天府掌科给事中、十八世孙陈宜作柳溪陈氏四修族谱后序。

5. 五修

①五修谱成于明正德四年（1509）十月，由二十世孙廷魁题家谱后。

②明正德五年（1510），姻生欧阳云作五修族谱序。

6. 六修

①六修谱成于明隆庆六年（1572），由二十一世孙昌积分两次作《西昌陈氏大宗谱六修纂述志》和《柳溪陈氏六修宗谱世系志》。

②明万历五年（1577）春，由前赐进士及第、嘉议大夫、礼部右侍郎、翰林院侍读学士、经筵讲官、会典副总裁、前两京国子监祭酒、章浦林士章作谱序。

7. 七修

①七修谱成于清康熙二十五年（1686）仲春谷旦，由赐进士出身、翰林院庶吉士、姻生梁弓作七修谱序。

②谱书由二十五世孙邦祥、章、光国等二十几位宗亲于清康熙二十二年（1683）秋月纂辑而成。

8. 八修

八修谱成于光绪六年（1880），由浙江永嘉宗亲、吉州知府陈天植作西昌陈氏八修家谱序。同年冬月，姻生肖鹤龄作柳溪陈氏八修谱序。

9. 九修

九修谱成于民国三十三年（1944），由时任江西省政府主席的曹浩森和国民党江西省党部主任委员、赣皖监察使、浦阳宗亲陈肇英分别作谱序。族人启明、少苏、亚苏、焕琛、振镛、泰际等为九修谱编撰出钱出力，贡献颇大。

10. 十修

十修谱成于公元1996年元旦（农历乙亥年冬月）。由三十三世孙陈重仁（泰和中学原校长）率为茂、听校、听征、文灿、焕琦等宗亲纂辑而成。

11. 十一修

十修谱由于缺乏外省、外地资料，加之印刷质量较差，整体质量不高。徙居贵州的听怀公从1998年着手主编《柳溪赓续》谱书，于2005年完稿，交付香港天马出版有限公司出版，族人称之为十一修。但从内容及时效来说，《柳溪赓续》仍属十修谱书范畴，只是质量方面上升了一个层次。

第四章 西昌陈氏各派谱序欣赏

4.1 清溪陈氏谱序欣赏

4.1.1 清溪陈氏族谱源流略 （宋·陈明淑）

粤自有熊氏九传至有虞舜，舜子商均而下史难，可考有讳。于父者传称商均三十一世孙，为周陶正武王，以元女大姬妻其子满，而封之陈，后因以为姓。是时列国分争，迁徙靡常，更氏非一。满公二十五世孙齐王建，建子升、桓、轸。升为秦灭，桓另称王氏，轸徙居颍川，为楚相，封颍川侯，此吾颍川始封祖也。轸公十世孙讳实，世居颍川许县，汉桓帝时为太丘长，长子纪，次子谌，皆有贤德，以动星象并著高，名太丘公，谥文范先生。传至十八世孙谈先、霸先，谈先为东宫值阁将军，封始兴郡王。霸先为梁丞相，受梁禅，称武帝。敦睦宗族，又从而迁之建康。谈先之子蒨、顼。蒨嗣位，为文帝，其子伯宗废顼，嗣兄为宣帝。宣帝第五子宜都王叔明，传至十五世承事徽，仕至温州司户参军、大理评事。避杨行密之变，直自金陵潜行，徙泰邑西，改名晖，此吾泰和之初迁祖也。子二，承进、承逸。进亦官评事，至玄孙亿赘南安王氏，以明经举为教授。生子七人，各业箕裘，晚归故里。卜宅清溪之上，则清溪祖也。长子清正，生朝英、举词、朝科。朝英子三，曰邦、郁、郊。邦登乾道丙戌进士；郁举明经四传，至官达以文学举，授临川教授。邦子云端，孙济，曾孙叔荣，玄孙解，皆登科第。解余先府君也，尝谓余曰，本宗旧谱遭兵燹遗有垂线一图，速宜编葺成谱。庶无失水木本源之绪，无忘祖宗功德之泽，无使昭穆世次之紊，无令远近亲疏之间，无没前休之显迹，无泯潜德之幽光。尔曹宜深识之不肖，受命唯谨夙夜，孜孜恐负重委，随与弟允淑校录一册。稿犹未就，值赴咸淳乙丑会试，得隽后随麾参军之任，窃禄广州。而弟亦于戊辰登第，官泉州通判，咸殚心公务未遑也。兹幸吾兄弟休致归，乃得加订付刊，成编以诏后来。俾世守而作法焉，展帙之余即能推原，其所自皆本。于一人之身，互相亲睦不至，视同支如路人，致失吾祖宗之心，则余兄弟所深望于孝慈之子。姓者也，其敬念之庶，斯谱永有光哉。

宋度宗咸淳十年（1274）甲戌孟冬朔日，广州司户参军十四世孙明淑拜手谨志。

4.1.2　清溪陈氏重修族谱序　（明·陈纫）

醴泉何源，芝草何种，特立者贵耳。奚矜所自出哉，然周自后稷至于文武千二百年，而史仅载十五王。我祖胡满公，上溯商均三十四世，而见诸传者，亦惟虞、箕伯、直柄、虞遂、伯戏及虞于父六人而已。一脉之传求其源流，而名氏且莫能举，抑亦仁人孝子所不忍，言者然则由前之说，只以鼓励后进云耳。若夫本宗递衍之序，欲其秩然可考，则固崛起之英，极不忘情者也。吾清溪族谱，先世宋进士明淑、允淑二公编次成帙。未几以遭乱，族皆分崩，谱多兵燹。惟二公相戒以珍藏，惟切得保无恙。因并嘱子孙，世守而续编之。虽元季复荡析离，居而卒，有能保之勿失者。若碧峰、斗亭、静斋、云斋、质菴、绪先、正嗣，是科第接武，代有其人。凡皆笃念本宗，访其散者收之，取其残者补之。俾千百年之人之事，朗若列眉，而族得赖以不失焉，功岂不钜哉。曩（襄）先、府君又虑往迹之轶，因以续刊之。任嘱余兄弟，兄已先判江州，而余时年方强仕，力求所以为前人光顾，数阻卞泣。晚始得以明经宰建阳，亦割鸡试耳。抑又念古循吏治，如单父琴巴东，柏河阳花不其虎，皆炳耀国史，至今人其邑，父老犹能言之。而余又敢小建阳哉，爰是薄刑，宥钦课农劝学。任兹邑者十余年，而民谚若有所感，虽以较之宓寇、潘童诸公相去霄壤。而所以为民者，于心差可无憾无何，年未六十而余鬓已皓然白，且兄在署，达以书曰，余病革矣。先君子所遗命，尝每饭不忘。今已矣，弟早图之，不幸讣音随至，于是力乞罢归。搜箧中旧牒，亟加详订续，录成编。凡阅寒暑者二，乃克锥诸梓，既峻备小牢，率族人致告于绍休堂。列祖之灵，且申之曰，我诸父昆弟亦念斯谱，之所以克成者乎，今固原原本本，条分缕晰不至。如周之前千二百年，与我胡公之上三十三世者，之缺有间矣。而岂可忘畴，昔之几费心力者哉。今而后须深秘，惜使祖宗之神，恒有所属。族之洽比，永无胥远可也。至于为人后者，虽家道式微，亦当克自树立。以求为泉之醴、草之芝，则有志者之勃兴，固然无事，再三读者也。

大明弘治丁巳年（1497）八月朔后二日，迪功郎二十世孙幼拜书于绍休堂。

4.1.3　清溪陈氏重修族谱跋　（明·陈嘉谟）

人必崇其所本，而末乃可徐图本之。不崇而徒，博引远掇；炫人闻见，如镜采作；花叶虽艳，亦奚以为所贵。自植立者荣，耳贾充之先；屡世行德，觇者以为有；充闾之庆已，而生充其父，遂以名之。且字之曰，公闾而充，虽显不克符父，愿卢奕身死。王事大节，炳然及杞。承其后镔缘人阁貌丑而心毒，至今人疾其奸宄。吾家仲举，书室不扫，秽郡守薛，公候之。其父闻而出迎，守曰：闻足下有不凡子，非为卿也。由是观之，即令有行义之，祖而孙乃为充有忠。盖之父而子反为祀，则何如？先人之以其贤子孙重，如吾仲举氏也者。余鼻祖晖，避乱潜徙西昌城西，生子承进、承逸。进传至教授亿公，基城东。清溪其后登贤书者，有若用光、舟之、耀先、首吉、公珮、以正、仲旦、中正，诸先子登黄甲者。有若晓堂、拙愚、清轩、静斋、樸庵，诸先子继此而怀珍。孕玉、抱义、戴仁或嗣一经之传衣染芹香；或司广文之铎，庭萱草绿；或长才短驭，屈身蓝田一尉；或辞辟却征永矢，槃涧弗谖至。其由制科而升也，出作屏藩，万姓仰一路之福星。入任谏恒群僚凛，九秋之霜，隼分符河阳。继潘桃而耀彩，掞藻木天嗣，苏湖以扬波。此其硕德重望，接迹比翼，虽以是韩家维纬，崔氏瑶璠又何多让为。

吾固知，吾祖宗之足以庇荫其后。昆早为之奠，苞桑于永固，而为之后者，亦岂容舍其根株而弗培，而必引掇彩花锦叶，以相诧异哉。谟不敏，虽幸联鸾翅，窃禄左参，每愧不能。为魏之誉王之献，以嗣前人休，然而夙夜惟动，老不敢倦。在官则尽瘁，非以千夫主。知在家则自励，只以求吾本初，诚恐此志稍颓，即不免近于贾卢，将自累以累我先人也。一日侄世用偕侄孙卿，谒余告曰，吾宗谱牒之修，虽自大冲公晚年继宋谱而葺之，然传记散轶，所遗缺者不少。今族佥议续修，请叔主其事，可乎？余曰：是。余心也然，今老矣无能为当命所蕴，从侄等戮力共为之。俟稿成，余将跋其后，及两阅秋，侄以全稿呈余览。余虽艰于作字，爰强操弧，为跋之如此。噫，后之读余文者，其亦可以知余志之所存，且皆以求免于贻先人。累者为殷殷，则幸甚幸甚。侄其以是问诸族，长者如以余言为然也，尚为假诸剞劂氏。以永其传。

明万历庚子年（1600）菊月之吉，二十一世孙嘉谟沐手敬撰

4.1.4 续修清溪陈氏重修宗谱序 （明·陈世用）

余家谱肇自宋进士明淑公兄弟，于景炎丙子年，奉父叔之命而修葺之。前有垂线一图，后仿欧例首表。始迁祖评事晖公，其下凡五世，则提亲疏远近，尊卑少长，秩比有序。乃至生卒之徙，葬隐显之行，实靡不毕著嗣是。虽其丽不亿可续而志也，明淑公兄弟之为，功于族大矣哉。夫族人吾一体也，故始祖曰鼻祖，良以人生胎自鼻，而由鼻而首领，而心腹手足，百骸亦犹。其有子孙曾玄，以至来晜，仍云累易厥，称而无有穷者也。苟为不谱，则以一体之分，而或数传而后上之，忘其高曾，名氏下之涂人。视其族子，宁不足为贤裔，累乎。是以吾家之珍，先子所遗，编如珍琬琰经。宋季元末兵燹，祠宇故宅荡然无存。而斯谱犹有，若朝用翁、三益翁皆能存之颠沛之。余者，真守之，贵者矣。迄我国朝太祖静斋公暨讷庵、诸先、正亦，

莫不留心修葺，仁孝惟切。我叔祖明经太冲公，晚年谢建阳任归，亟以刊修，成其先志。其谱例世次记载，明确悉从其旧而考核。参订则踵事而弥，加详益两经霜露，乃哑然，其各正匪。日前有先导，而循涂守辙，直易易事也。

顾谱不可以三世不修，我历朝先达咸。于是乎，忧而余独何心忍，不忧其忧也。第余不才，承书香燕贻，仅忝为青衿中人，即屡踬场屋。余志未颓，期有以步先达后尘而卒。未之能亦无，如数之屯何耳。虽然吾支大冲公谱，于成化八年，间距今凡百廿余年。吾支之显者，寥寥晨星，所羡道德文章之赫奕。独今房叔蒙山以进士第，仕历给事。藩宪既乃恬退，潜心理学，都人士推为儒宗，此则其崛起最著者，余皆长才。屈于短驭羽仪，甘为冥鸿前哲之。不偶类有然者，而况不才，如用哉曩者。余尝与修邑志矣，每恨前志多所遗失，大抵皆莫为之。后虽盛弗传，因念余既忧前人之忧，而任斯谱莫为之续。致族长者，咎余之舍其田而芸人田，则余滋戚矣。余安得不以是为，汲汲兹幸，谱成付梓。披阅之下，源源委委，朗若观火，要皆如太冲公之谱一。惟宋明淑公兄弟旧所编者是法，且令子姓之后我而生者，世世续而志之，无致忘其祖。涂人其族斯以质，诸先达之为，功于族者，其亦可以告无罪也。夫余故序之以明余区区之怀云。

明万历二十七年（1599）盛冬之吉，二十二世孙世用谨识。

4.1.5　西昌清溪陈氏宗谱序　（清·罗暹春）

玉也而蕴于石，金也而生于沙，夫沙与石岂人间希奇物哉。乃其精华之所凝结，岁时之所积累，遂能使连城之宝。三品之贵，皆资之而成。以树奇于宇宙，则由是以思贤人君子之托，以降于世，其亦有所由然矣。余年兄陈君梅岩氏，素为士林所推重。每有著作得之，辄相与佩吟殆，所谓咳唾珠玉掷地金声也者。余自幼闻其名，思从之游，不果。迨乾隆之六年辛酉得联翅秋高同，受知于张少宗伯、彭少家家宰二夫子。以此相契洽，缔结岁几二十载，称莫逆交。今年且延之，家传经诸从子，风晨月夕时，相与杯酒谈心。当夫情意之适，每不觉尘思顿净。时七月，余方鳌正县志，而其族显元偕族等家为乘之修葺，欲亟专使达以。书云，昔者党太尉位列上卿，询以所出，而莫举其祖之名。左军帅职隆，专闻例当赇，封而竟忘其母之氏。若及今不修家乘，乌知后之人不与党左二公同贻诮乎。幅末遂并嘱以问序于予，乩虽钝拙，亦向能于此已。

夫物之相投，未有不于其相嗜者也。即如玉之连城、金之三品，宁非世之所甚实贵者。然使非其人之所嗜，虽强而投之，而其心有所不属，则抱之而泣，宁且去而之他。今夫贤人君子之降于世，虽不择地而生，然精英内蕴，其光焰足以照耀四国，使其得志。器而使之，则可为瑚琏荐馨香而羞鬼神。镕而铸之，则可为龙泉，致风霆而作霖雨，其可宝贵。又有甚焉者矣，顾或不思其蕴蓄之不易，不知其可珍，且当其后见夫接迹而起者。若玉积于椟，金集于帑，遂妄意以为家之常物，而视之不甚惜。庸讵知即此不甚惜之心，已早为天之所窥。而今之盛，后将有不可保者，何也？窥情意已漓，而其精神所凭不足以留之也。兹余阅，余年兄谱，彼其教授亿公，前三世稍微耳。及其奕冀之发皇速，而且宏祖孙、父子、昆弟、叔侄或并世而同出，或间世而诞生，驰骤词垣固多。吐凤之彦鞭策，皇路不乏踏云之英至。若揖翼鸟群藏鳞蛟窟，或屈志于末吏，或效秩于散曹举。

凡理学文章，忠孝节义，争日月光者，皆绳匕振匕昭然可考。披览之下，恍若坐我于玉山金坞，但觉宝气精采交相辉映，非复寻常耳目观也。而可谓其得之积累者，仅且墓间事哉。往者余在馆检校宋史，见有丁头者，初不知书而闻人，有其简辄重价售之，遂巢集至八千卷。曰吾积书多矣，吾子孙必有好学者。巳而生子，逢吉孙度果，皆相继以经术显。余先大夫生平，无他嗜好，而唯于读书之士，倍见加礼。今余兄弟虽无能，为人后然，亦皆得忝科第。继先大夫备位官，常于此，益信所可宝贵者之。显于世端非偶然，而其先之精神，所凭不可诬也。不然一卷之石，一撮之沙，其根本已薄，而欲使希世之珍，皆胎质于其中不可得矣。陈氏之后昆，尚其念诸。

乾隆丙子仲冬之吉，赐进士出身，翰林院编修、掌制江南道监察御史事、庚辰广东乡试主考、前日讲起居注官、詹事府右春坊右赞善、辛未会试礼闱同考试官，年家眷弟罗暹春拜撰。

4.1.6 清溪陈氏重修族谱序 （清·孙振濂）

古今之世变不一，而纲常名教之赖以不坠者，其惟自亲匕之道。始乎孟子曰，亲匕而仁民，仁民而爱物，明夫一本之亲，固与民物大有差等者也。自欧风东被，新学争鸣，嚣张之徒动称海内为同胞，联团体集社会，以侈为鼓噪争竞之事。而于三纲五常之大，亲匕长匕之懿，反鄙为常谈。而不屑道，其甚者，且创为家庭革命之说，以簧鼓一时喜新而厌故，舍本而逐末，讵非风俗人心之忧哉。吾尝持此论，以维当世迩来承，乏学堂于科学之中，尤必以伦理修身为最要，嚣张之风为之稍敛。陈君搏九、玉田二茂才敦笃士也，一日持其宗谱而来，请曰吾宗自太理评事晖公，避杨行密之乱，由金陵徙泰邑西，是为泰和始迁祖。晖公子承进、承逸，逸为柳溪派。进亦官评事，至元孙亿以明经为教授，卜居清溪之上，是为清溪分派祖。柳溪宗祠在城西，清溪宗祠则在城东。咸丰初年毁于兵燹，屡谋修复未遑也。宗族繁衍，迁徙靡常道远暌违岁，鲜聚处不有谱牒，奚以别亲疏明一本哉。

谱牒之修，始于宋明淑公兄弟，以垂线图编葺而成，详矣。自宋而降再修于前明弘治；三修于万历；四修于国朝乾隆。由乾隆至于今，又百四十余年矣。历时已久，前者不免剥蚀，后者不免遗脱。生等恐愈久而愈或湮也，爰谋所以续葺之，今幸将告竣矣。敢乞一言，以弁其端予，曰善哉。二君之急于务本也，昔武王克商封舜之后于陈，此陈受姓之始，大孝之裔，由来远矣。厥后大邱硕望、美济二难、江州义门同居、九世孝友之风，甲于他姓。他如前明静斋、蒙山诸先生，理学文章，后先辉映，彪炳史册，不可枚举。君等诚能知所先，务以收族者敬宗。以敬宗者法祖，处新学争竞之秋，不为风潮所激，习气所移，而独能敦亲。亲之道探一本之原，匪惟有功于一族，即人心风俗之藉以维持者，为不少也。今虽科举既废，而所以承先启后日进文明者，方未有艾，又岂第宋之科第，联四世明之科第，利三庚。以是为相夸耀而已哉，是为序。

龙飞宣统元年己酉仲秋之月谷旦，礼部进士、诰授奉政大夫、拣选知县、大挑二等，历署清江县教谕、南康府教授加五级，邑姻孙振濂顿首拜撰。

4.1.7 清溪陈氏宗谱序 （民国·陈魁宇）

自欧苏谱兴以来，世家巨族莫不有谱。以谱其宗，非以此为炫耀也。盖本源不可以不明支流；不可以不清昭穆之叙亲竦之别；以及忠臣孝子、义士节妇、科甲显达、才德艺能，皆不可以不表显于后世，为子孙之楷模。是谱者，人性中所不能已也。吾族陈氏出大舜之裔，至遏父，为周陶正。武王赖其利器，以元女太姬妻，其子满封于陈，是为胡公。以国为氏，至敬仲避祸奔齐，辞卿为工正，生子积食采于田至和得命，为诸侯，史称田齐。至齐王建三子升称田氏桓，称王氏轸，徙颍川为楚相，封颍川侯，仍称陈氏。至汉太丘长，讳实谥文范先生，贤德特著，子元方、季方并著高名。季方传十六世霸先，受梁禅为高祖，武皇帝。兄子顼字，绍世以安成王，缵武帝大统。第六子叔明，封宜都王，孝义相传，事载于史。四传至兼公，官右补阙、翰林学士、赠秘书少监，积德累仁，庆衍义门。厥后十三世同居世，称江州义门。兼公三传高安丞灌，匕子伯宣伯党。宣隐庐山，居江州。党徙金陵，子元史，元史生徽，为温州司户参军转大理评事。及杨行密乱，据江淮扬越，国号吴。闻公负经略才逼致之，公兴燕巢于幕之叹，不从。遂避地由金陵徙泰和。易徽名晖，为泰和陈氏之鼻祖。子二承进承逸，匕任都干，领泰邑事，居城西之柳溪，为柳溪派祖。进举乡贡，荫大理评事，居城东之清溪，为予清溪派祖。三传曰机，生二子，曰迈，授儒林郎；曰亿，任南安教授。迈生三子，亿生七子，合符天地生成之数，生生不已，枝叶繁昌。或居城乡之区，或分州府之内，或远徙于他省，或宦宅于四方，星罗棋布，未易究极。其居治冈、石子岭、瑞金、贵州者，迈公子清隐之裔也。其居桐井、坤塘、城东、㳇湖、塘、渣溪、高城、洲头、圳上、泽溪、彭瓦、龙溪、西溪及遂川之山田，吉水之三曲滩、赣州之石城、会昌之下霸、兴国之鳌源者，亿公子清正之裔也。其居高坪、阙城、南原、下塘、漆洲、霞溪、严壮、棠居、湛溪及吉水之金滩、吉安之营前、清塘、牧冈、南溪者，亿公子清贵之裔也。其居吉水之城门山者，则又亿公子清爵之裔也。迈公子尚有清隆、清陪，复居金陵。亿公子尚有清荣、清护、清禄、清标，其裔远徙，前谱未详，则难考之矣。

　　就其可知者，其间人文之盛，史志具详。如忠王事，则有提督显达公之死战。议皇储，则有户部主事善方公之直言。科甲之显，则有晓堂愚翁诸公之特著。藩屏之寄，则有凤梧、玉书受涟之嘉绩。理学名臣，则蒙山公讳嘉谟，尤翘匕也。至若孝子尽人伦之行，义士捐报国之粟，坤贞金石，节傲冰霜。褒旌累匕，数难缕匕，他如蒙山公谱序。所谓怀珍孕玉，负义行仁，或嗣经书之传衣染芹香；或司郡邑之铎，庭紫草绿；或分符河阳，继潘花而耀采；或振藻木天嗣，苏湖以扬波；硕德重望，接踵比翼。以视韩家维纬崔氏，瑶璠何多逊焉者，诚非夸也。光宏有自文献，足徵能不详谱。垂后冀子孙嗣徽于前人也哉。此先正所以咸重其谱，或亲亲而自修；或地邻而联合，莫不昭穆有叙，源流皆清，无愧世家巨族矣。惟木将所知各支完全共谱，揆诸同源一本，之义犹属缺然。前岁春吾宗各支协议，建祠以隆，祀典修谱，以通血脉。祠幸寝成，谱未可缓，乃命魁宇等董成其事，将所知各支完全合修，以成清溪陈氏宗谱，举诚美矣，责綦重焉。

魁宇自愧学浅才疏，稽古无获，弗克绳式，于前哲人何敢任此重任，为前人所未为者。韩昌黎云，不为之前，虽美弗彰莫为之。后虽盛弗传，先正于谱，为之前矣。安敢不为之，后以传我先人之美乎，承先启后，责实难辞，协助多贤。谨唯众命乃设局祠中，集支派各谱而从事焉。合众流以溯其源，寻本根而达其枝，夙兴夜寐莫敢，或遑自春徂冬已周一岁。窃幸源清流晰，昭穆咸叙，脉联血贯，细大皆通。区区之心于焉，稍慰是役也。协纂则桐井绍彝弟力任其劳；缮校则桐井嵩文兄、泽溪承渤弟能尽其心；会计则高城瑞麟君，司理尽善。而城东文缘叔身任中学职员，虽未驻局，就协纂之职，然经营奔走，维持于成厥功非浅。又得子鑫、诒谷诸族彦极力赞助，故能告厥成功。魁宇以孱弱书生，尸位其间，咎则未免，力何有焉。兹喜谱牒告成，特缕端委大概志诸谱中，深愧谱学未明，莛钟虚撞，恐错讹之难，无冀諟正，于来哲光远长耀，希望无穷。是为序。

民国二十八年岁在己卯春月谷旦，三十三世嗣孙治冈魁宇谨撰。

4.2 柳溪陈氏谱序欣赏

4.2.1 初修柳溪陈氏庆源图序 （宋·陈千龄）

春秋左氏传曰："先王建德，因生以赐姓，胙之土而命之氏"。陈氏之先，出自虞舜，武王定周，下车而求舜后，得妫满而封之陈，故其后世子孙，以国为姓。系汉以还，代不乏人，勋隆于国。有若丞相公平，声茂于时。有若太丘公实，公颖川许人也。六世孙达仕晋，为吴兴长城令，因家长城焉。陈武之得政于梁也，敦叙宗族，后而迁之建康。至吾八世祖登唐昭宗末年进士，仕至大理评事。公退居乡里，躬俭约，语默必时言多奇中，知几之士，许有达识。既属唐之叔世，中原失驭，江淮绪州，悉为杨氏有，号称吴国，于时据假窃所在相桯。公惧祸及，语所亲曰："丁世屯辣，不为之计是犹燕巢于幕倾覆，跬可待也，岂保身全家哉"？未几，携其老稚，奋然来徙，遂为西昌人焉。岁在癸未，吾七世祖都干公，举进士，资禀明强，遇事辄断，邦人高其能，推领邑事。于是耆老相率闻于使府，使府亦知公贤，遂命曰都干。俾率强之众，皆欣然慰惬，归以谒公。公牢辞弗获，不得已而后视事。然兹邑猥号丛剧，听断惟艰，异时职抚字者，或以废弛蒙累。至公则披阅案牍，剖判以时，尤多暇日，既而革蠹弊，简烦苛，还定绥辑，靡所不至。观其施设有方，抑无愧于素宦。是岁，乃吴顺义三年，即后唐同光元年也。都干而下，世有隐德，支胄扶疏，甲于他族。国朝熙丰以来，天子崇尚儒学，吾宗业儒者，日以滋多。迨建炎戊申，千龄始登进士第，初授韶州曲江簿。盖韶以舜乐得名，则吾祖之德荫乃今见之。昔陈敬仲出于懿氏也，懿氏卜之占曰："有妫之后，将育于姜，五世其昌"。并于正卿八世之后，英之与京，卒之其言皆验。天祚陈氏，其亦八世之后复兴于比乎？史赵有言，盛德必百世祀，虞之世数未也，兹又岂易量哉？千龄辄以祖宗传叙，至于今日，其支流派别，环而图之，名曰"庆源"。非特以为吾祖宗永久之传也，亦便览是图者，习知谱系，而插尊少长毋犯公云。时绍兴十二年壬戌仲春（1142年）望日，赐进士左迪功郎虔州司法参军八世孙千龄谨序。

4.2.2 柳溪陈氏二修谱图序 （宋·陈百龄）

叙曰：太昊之墟，轩辕为有熊氏。陈氏之兴，自有熊传四十二世而封公。自胡满公，至于建历二十五世而兴王。自建至霸先，又二十八世而为帝。其间，户牖而下，多者至八、九传，少者亦五、七世，殊勋硕德，位将相方伯者，非一、二数。求之忠臣，若蘧容而录尚书，奉使而斩郅支者。求之孝子，若食焦饭而感亲，饮葡萄而思母者。求之志士，若孺子而宰天下，丈夫而扫天下者。求之文人，若德而聚星檄而愈风者。鸿鹄有志则大楚可轻；羔雁成群，则颍滨为冠。高而挂璧，廉而送金，门多长者之车，井有贤人之辖。言德行则足以训导风俗，论信义则足以维持民心，经武纬文，史不绝笔。虽世本之书屡废，小史之职不传，惟兹令闻，亦叶不替。盖自五帝而下，以迄于今，继继承承，世谱可考，较之他族，实惟有光。百龄捃摭前修，类成谱牒，然而世远，子孙众多，官爵功行，不可胜纪。宜有远近亲疏之限，远而疏者略之，近而亲者详之。乃效欧阳文忠公谱图，断其义例。至玄孙别自为世，各详其所亲，各承其所自出，以相参考。使详者不烦，而略者不遗。故历黄帝而下，至唐宋三千六百余年，凡一百有八世，其经史可考而不绝者，为内谱。其或既以别自为宗，而世次相续，有可稽考，未忍遽废者，为外谱。自金陵府君徽传至于今者，为本宗谱。五世而别，示亲疏之等差；列行而书，示本支之蕃衍；系以爵位，显族望之弥隆；记以名讳，使后人之知避。此作图之本意不可不书。时绍兴戊寅（1158年）春，前进士八世孙百龄谨序。

4.2.3 泰和柳溪陈氏宗谱序 （宋·文天祥）

古之圣王，建邦立都，设官分中，各有攸属，故立宗法以维持之。三代以降，列国纷争，氏姓众多散乱，族无统纪。至于嬴秦焚书坑儒，殆有甚焉！方秦之未得志也，设有一大儒，如孔孟者出俾之行仕义，传千百世而不泯，岂止帝二世而已。此无他，诗书之道废，仕义之行乖也。于戏！人化之不明，何足怪哉？汉唐以来，未有盛于今日，世臣故家，各自为族，重以谱牒，是以昭穆叙，人伦正治化隆也。泰和陈氏，自其始祖评事徽，由金陵徙来，于今历世十二、三矣。其先流风余韵，巨绩伟烈，宛然想见当时之盛，不无俯仰感。慨之怀，其后有曰毕先生，登嘉熙戊戌进士，拜国子监簿。予窃第时先生，实典文衡，予今致仕家居，其子应辅君见过，手其宗谱一帙求序。予披阅之，深嘉应辅君之能睦族也。盖应辅君明经博学，尝举于乡有志世用。是谱之作，虽为陈氏立，实有关于风化，垂世教之大端也。皇朝开国，致治家有牒，人有士行，诗书浃洽于天下，仕义相孚于四海。将见陈氏一家，孝弟之风兴，诗书之泽长；簪缨鱼贯，联芳接武，则维持之法相传于无穷矣。宗谱之功岂小补哉？诗曰："无念尔祖，聿修厥德。"陈氏之子孙尚懋之，予故不辞序，以望于他日。时咸淳癸酉正月望日，同郡世弟文天祥拜书。

4.2.4 柳溪陈氏三修庆源图后序 （明·杨士奇）

陈氏《庆源图》之作，逮今二百七十余年矣。其十五世孙进德增旧规重刊之。自同光癸未至洪武辛巳，仅五百年，历世十九，柯条敷衍，业诗书，登科第。自宋夏卿而下，三十七人，抉第奏名者又十九人。阳凤于延佑戊午，士瞻于洪武壬子，仲述于洪武乙丑，皆由科第抉显官，通六十余人焉。于戏！何陈氏之多贤若是哉？贤而众多，信其祖积庆之深，故源流之长也。进德念祖之心至矣，事成告祭，众咸称进德曰："虽业儒而生计不厚，非有重禄余资乃能若是，一难也；有女非男，老而自养，下而睦族，上而敬宗，二难也；勤访详问非类，虽富贵者必拒，同宗而绝远者毕书，三难也。有此三难，君子韪之"。且谓士奇，陈氏外孙也，领荐之翰林，宜为言以纪之。按龟年作图时，属其女兄之子刘獬为文，獬名进士犹谢生晚，不能知外家上世事，不敢为，请伯父仪曹刘公代序之。顾士奇何人，敢僭冒哉？然谊不可辞。夫作图之法重刊之意，前人之述及公之序详矣。"无念尔祖，聿修厥德"。立显扬之志者，诗书之后嗣，固所自勉者也。故书三难之事使兴考弟之感者，知公之心哉！时洪武建文三年春正月上浣日，外孙杨士奇敬书。

4.2.5 陈氏庆源图序 （明·陈仲述）

吾陈氏由始祖评事府君，登唐昭宗末年进士，自金陵徙西昌。次子承逸府君，庄宗同光元年，继以易学，举进士，领邑政有功，号曰"都干"，嗣是族日显大。宋宣和二年，八世祖九龄府君，复以进士起家。建炎二年，千龄府君继之；绍兴十四年百龄府君又继之。绍兴壬戌，千龄始编谱成图。又五年丁卯，九龄始以图入梓，图环如旋规。总之，凡千百七人，计十有一世。然二府君上距评事八世耳。而图刻以及十一世意亦后嗣所增入，故十世以上则详，十世以下则略者。殆二府君编图之时，所访收入而后嗣所增入者随其所欲附，故不必皆备。丧乱来，举族无有藏本者，我曾祖推官梅村得之，装潢成轴，岁时设堂上，子孙皆罗拜于前。元至正庚子，先庐被兵燹，先世文字片纸不可后见。我先人有庆府君，携斯图自随，若获拱璧。先父见背，我叔父敬则府君函宝藏之。洪武丁卯先叔出斯图，以示族祖心吾、族父白石二府君，视之。慨然曰："陈氏自金陵府君，暨今四百四十年，族大以伙，非有谱图，则必忘其所自出。今天幸遗斯图，若不举其将坠，何以启后来？乃取斯图本谱，右内谱、"积庆图"等，详求博考，将编次以绣于梓。心吾府君，又从而序之。文君之孙，善极意继承。家弟泰先又取二府君手泽，重加编次，将锓梓以垂久远。乃以心吾府君叙文来京师，俾序次于后。予读泣下，其文实府君绝笔。语虽不次，然家世源流，因是可考。予故不撰，辄因其文序之如上。呜呼！后来者尚心前人尊祖敬宗之心，引而费替哉！时洪武己巳（1389）春，广东监察御史十七世孙仲述谨序。

4.2.6 柳溪陈氏图谱考异引 （明·陈正言）

吾始祖大理评事，当唐季世，由金陵徙泰和。庄宗同光癸未，二世祖承逸，以易举进士，命为"都干"，领泰和邑事。久而族大，科目仕进益盛。宋绍兴壬戌，八世祖虔州司法参军千龄，会评事公而下凡十一世，作为"庆源环图"。

丁卯其伯兄九龄，从而刊之。戊寅仲兄百龄又效欧阳文忠公谱例，断自五世，各详其所亲，各承其所出，名曰"本宗谱"，俾得互相参考。自是二百十七年，我大父萍翁，重辑于至正戊戌间，未及梓传。迨今洪武辛巳，垂二百七十余年。十五世祖进德，掇拾元季兵火之遗，重修续刊，通十九世，千九百人。呜呼！难矣哉！今考二图之中，稍自违异。图曰某二子，谱则曰某三子。图于某下缺系，谱于某下则系之。或以弟为子，以子为侄；或本一人。而误以字为子，而分为二世，或实二世。而误以子为字，而总为一人。凡若是者，往往不能无疑于其间焉。窃叹进德翁暮年强力之犹难也。正言："仰遵二图，参详考订，上之十世，据以绍兴为定本。下之九世，多凭辛巳所录，脱者必续，遗者必系。错误者厘而正之，繁注者要而节之，其有不可考不可知者仍从旧例。缺其下方，而皆详见之于考异"。名曰："重编陈氏本宗谱"。庶几，世次名行，相亲相承，统为一体而无同异。彼此之间，则夫所谓欧阳公之例，斯为近矣。虽然，辛巳及今，子行孙行，岂仍十九世而止，容编谨言慎行乡邑。苟有可自知者，宜无不增录也。至旧录，自黄帝至唐宋，三千六百余年，经史可考者为内谱。别自为宗，世次相续，未忍遽废者为外谱。由科第仕进者七十余人，汇为"积庆图"。文字举用者五十余人，为"续积庆图"。集先世遗文曰："先德录"，坟墓所在曰"砧基籍"。然则，通为一帙，切恐繁重难于易见。故又附录各项序引于谱之前后，则诸旧籍不敢少置，所以俟观者，因略以求详，逆流而源可知也。时宣德戊申（1428）十一月甲子，赐进士出身、中宪大夫、云南临安府知府，十八世孙正言识。

4.2.7 柳溪陈氏四修族谱序 （明·王直）

应天府丞陈公宜，重修其族谱，既成书矣，因予子积来北京，属为序。陈之苗裔，盖本于有熊，而蔓衍于天下。其金陵徙居泰和者，由唐大理评事晖始，至今二十一世，将六百余年。子孙散处邑中，盖绳绳蛰蛰，他族罕能及之。自古大家世族必有宗法，以属其子孙，使悠久而不紊。迨宗法废而族无所统，于是有谱牒以正其本，联其支，此尊祖睦族之大者也。尊祖仁也，睦族义也、尊祖睦族而仁义之道行焉。陈氏作谱屡矣，而族属之多，生息之繁，往过来续，有莫可胜纪者。不详究而备书，则将有若涂人之吧，此公宜之谱，所以不可不作也。陈氏之族盛矣！自祖宗视之，其初本一人之身，正伦理，笃恩义，当何如其至也。则凡同出于一源者，虽有尊卑、贵贱、贫富之殊，岂可略而不书？略而不书，非祖宗之心，仕义之道也。昔之作谱，盖有略者矣。公宜其加意于是哉？予尝观之陈氏之前辈，长者多以宦叶著。而自科目显者尤多，至于六七十人而未已，此诗书之泽，仕义之效也。予二族，世有连其所以期望者，盖远且大。晋范宣子自谓保姓受氏，历虞、夏、商、周之世，既久而益显，自以为不朽矣。而鲁叔孙豹谓之世禄，非所谓不朽。所谓不朽者，在乎立德、立功、立言。立者卓然，示法于天下，后世而不可泯者也。公宜为此谱，其尊祖睦族之心厚矣。尚亦勉其所立哉！苟陈氏之子孙而皆勉之，则此谱传之百世有耀矣，故为序诸其首。时景泰六年乙亥春，光禄大夫、少傅兼太子太师、吏部尚书、前国史总裁，邑姻王直谨撰。

4.2.8 柳溪陈氏四修族谱后序 （明·陈宜）

宗之有谱，所以纪世系序长少，而为尊祖睦族之大端，所系甚重焉。吾陈氏谱图，肇修于八世祖宋乡贡进士百龄。处州司户千龄又著为环图，名曰"庆源"，以便观览。至十世祖衡州司户参军汉孙，复以族之由科甲起者，录于环图下，方更名曰"积庆图"。三图之成，极订考之详，昭隐显之徽，叙族尚贤之法，密且备矣。迨于国朝十五世叔祖三难翁，重修"庆源图"，并增科第之名于"积庆图"之末，刊印以授诸族。而伯父硕望先生又以自宋、元迄今，凡以他歧仕进者、类为"续积庆图"。临安太守正言则编集谱图，将成，而遽殁于官，俱未锓梓以传。夫自三难翁洪武辛巳重修"庆源积庆图"，迄今又六十年，族属之从，仕进之盛，日益繁茂。弗有联属，则穷达未异，尊卑或紊，不甚乖于尊祖睦族之道也欤？宜捃摭前修，谨用启蒙访凡同宗而昔遗者毕录，无稽而冒入者不容。环图则支衍名殷，窘于布置，乃以"普图"并"积太""续积庆"三图，仍旧规类增绣梓，命工于是岁十月既望，告成于明年三月庚午。盖所以成前人未成之志，亦冀以馨尊祖睦族之万一。尚期我族后人，咸克奋励，务笃孝敬，以厚本源，力诗书以绍世业，俾无忝厥先，而于祖宗永远有光。则三图之传，将续之无穷，岂直宜今日之续而已也。时景泰七年丙子（1456年）十月望日，赐进士第中宪大夫、兵部左侍郎、前应天府承掌科给事中、十八世孙公宜谨序。

4.2.9 五修陈氏家谱序　（明·陈廷魁）

吾陈自后唐三十六评事晖，由金陵徙家泰和柳溪，迄今二十世，垂七百年，谱凡四修，而法益备。先是宁乡公千龄作环图，派系虽明，然字名而已。贡士公百龄易为方图，自评事而下，家柳溪者，为本宗谱。评事而上，杂见传记，世次可稽者，为内谱。别自为宗，不忍异视者，为外谱。自后三难翁进德一修，取环图增其后出。兵侍公一修，则因方图续其世次，此皆主收族而作也。是外，取科名显者为"积庆图"，由辟举著者"积庆续图"。先世事实，采名公惠赠文字为"先德录"；远近坟墓合订为"丰基集"。此又为激劝慎守而作也，旧或一刻一遗，且并且分。子孙庋存之家求其图集全备，几于不能一有，余窃病之久矣。乃有先得我心，急欲重编者，诸父和所也。于是偕弟廷显、时望就谋，翁乃口授大凡序引，居一世系次之三谱，仍旧各自为图，不强贯接。积庆诸编，以次而列，包罗搜叙。则事虽因于前人，法实备于今修。全于疑疑信信，慎防附丽之失；见见闻闻，参取异同之辨，是又严而公矣。俟编既成，令予识其末。因思我评事避乱来徙，再传，而都干公起为国捍一邑之民命，其庆积非浅矣。奕叶诗书相望，家声早有，自来即今。视后则柯干既远，枝叶益繁，不可复齐者，势也。由流沂源，则形体虽分，而气脉修通，不容以相癸者，情也。以不可复齐之势，矢以不容相睽之情，我后能不加勉？勉之如何？善则相成，恶则相规，扩一本之念，相好而不相睽，犹如西铭所云者。庶其弱立顽，廉业方功崇，无愧斯谱，无忝所出。否则，轮辕虽饰，亦虚车耳！于亲爱何益？于族人何望？时正德四年（1509年）己巳十月哉生明，嗣孙廷魁谨跋。

4.2.10 柳溪陈氏七修家谱序 （清·陈邦祥）

瞻庙貌而思祖功，览谱牒而求缵述，此仁孝之心，不俟鼓舞而油然自生者。谱至三世不修，将有等骨肉于途人，询高曾而茫然。兹盖贤者之责，何能不凛凛于不孝之讥也？己未冬，丞祭既举，昭穆由序，献酬礼竣，乃合耆英而宴饮。时有进余而言曰："宗谱自尚宝两湖先生纂修后，迄今百年，兵燹常加，子姓散处，不有绍述以纪之，大瞿久而易淆，真伪莫辨，洵足为家世忧矣。"惠吾宗君隼俊南宫修谱，不可不急急也，邦祥闻命悚然。念余小子，名不足副合族之望，文不足发潜德之光，顾责任有属，安敢固辞？乃诹吉告庙，偕诸耆英，约法数章。原刻蔡中郎碑文，柳州行状及序文，凡若干篇，悉登纪载。盖自二龄肇修，中更六纂，前吉之劳瘁，钜公之鸿篇，安可泯也？其编次义例，仍五世一提，使各详其所亲，各承其所自出，惟图法是效也。"文献题名""坟茔丰基"二集，无逸、斗斋两先实劳心力。谱多遗载，今悉为增注，补前人所未备也。廿一世而下，人思表慕用是重巽申命，止书生卒娶葬。其岸然杰出，惟书甲科辟贡吏监文学，而著述品行，未许自志，防虚饰也。方事之殷也，各派子姓应响云集，其于分徙冀、汴、吴、楚、闽、粤诸远族未及致详。惟粤东凤翔一派，闻风景慕，不远千里而至，则揆以一本率亲之爱，允宜编载，补旧谱所未逮，心迹固可共谅也。校订始于庚申年午月（1680年5月），至辛酉（1681）年秋，乃克成纪，于是冬就，各派而锓梓焉。十七世以上及诸序卷，祠备刊资，其于资用不给，邦祥敢不力图告厥成功也！将家世源流，上下远迩，一一可考，何真伪莫辨之有！今而后质诸贤者，庶儿可告无负也乎！是役也，首昌绻切，终始勤督，则有光国、道衍；纂辑总详，夙夜靡懈，则有家杰、家铭；留心肫势，聿赞阙成，则有善治、家钧、善晋等；并书以志一时共事之盛云。

时康熙二十一年秋月（1683年8月），二十五世嗣孙邦祥等宗亲。

［陈邦祥，字恒言，号松奄，天启甲子年（1624）生，为晖公第二十五世孙。清康熙庚戌年（1670）中进士，时年46岁。平生未有入仕记载，甘为乡绅，热衷文字著作和宗族事务，著有《松奄集》，主持七修柳溪陈氏宗谱并作序。］

4.2.11　西昌陈氏八修宗谱序　（清·陈天植）

余故家密溪，系出汉文范先生后。家乘所载考长所传，金云江右西昌，有仕族渊源一本。山川修阻，虽不至，心窃向往之！阅庚戌"题名禄"，得松庵姓名，私谓洵应运而兴者。迨壬戌，奉简命，出守吉州。松庵谒余公署，出谱牒相较，一脉相承。景皇帝讳文赞，实为太宗。余宗出归祖之后，松庵出褒祖之后，其源流远有端绪，得与讲家人之谊矣。会余初度，松庵率其家彦，衣冠济济然，称觞堂下，私谓西昌柳溪，不让江东乌衣也。松庵谓余曰："吾宗谱自先符丞两诸考长推余为领袖，敢邀一言升诸首，以不忘同宗之谊"。余按柳溪世谱，已经数修；而合柳溪、南寮两族为大宗谱，则自符丞公始，然非始于符丞也。先是百龄公著《内谱》《同支谱》。硕望上瞻、古文、仲述公著同支《续谱考记》，而符丞《血脉志》中，已该余宗而出一揆，乃系之在柳溪也。溯元始则首评事，继都干，本诗礼簪缨以开家，考沿牒则列名官，祀乡贤禅忠孝清白以闻世。所载在传志，而科第衣裳班班可考者，百人绵延本支。而礼义干橹绳绳相继者，几千有余载。又与南寮阁学芳洲一支，居处以迩，而系派条著也。蒸尝并堂，而昭穆有序也；仁义攸率，而祖祢辨等也。今即沧桑变更，兵燹有加，而生齿之繁，人文之盛，未尝少减于昔。松庵率族属而整饬之，本祖训而绍服行之规。由一身而联千百人之身，务亲睦而以离贰乖舛为戒，急继述而以背违论散为耻。由此而立德、立功、立言，以共图所以传不朽者。斯谱之修不，上可以对文范诸祖，下亦可以驾江州诸族而称最也哉！余又读《续谱考记》所载，谓文惠出判潮州，与文懿之转运广西也，先后道过西昌，访裕盈两祖于柳溪之上，以叙宗好，爱其腾概，徘徊二日，始别。别云："吾当谋家于此，作一处住。"后守开封，筑堤植柳，曰志吾新思云。文懿还自广西，携其坦然谱牒，至和会堂校阅，见系派相同，大喜。盖古人于同宗之谊，拳拳不忘如此！余今宦游吉州，与松庵订宗谊，稽世系，亦窃比于文惠、文懿也。归时，当告余族，辑谱牒，邀松庵橡笔序之，使密溪、柳溪联族属之欢。天祚陈氏，后起英彦；德行文章，功名事业；颉之颃之，用昭颍川之世德；当亦两宗之所共快者矣！预书以为后日左券。

光绪六年（1880年）庚辰，浙江永嘉宗晚天植撰。

4.3 广东凤翔陈氏谱序欣赏

4.3.1 广州凤翔陈氏谱源族系序

当思三代不修谱，等亲亲于路人甚矣，谱之不可不修也。我凤翔陈氏系出于江右泰和之柳溪。柳溪旧谱始修于江右百龄公，凤翔支谱补修于江右邦祥公。康熙年间，江右宗人亲到黄田修谱，始知吾族之本源也。因名，其谱曰江西谱。今之修谱根据江西旧谱，略为变通。自黄帝以至轵公，百十五传，编作谱源溯来由也。自轵公开派，总系七房，明合族也。五世而下，修至十世分支，另提各自为世。各支分修明分派也，十世以下，由各房续修。各详其所亲，各承其所自出，亲疏远近，易稽查也。分之各房则为房谱，合之凤翔则为鹄谱，重大宗也，伦本不敏。修此谱，源族系不过提纲，揭领以为凤翔修谱之。倡所有谱例、谱源、谱图、谱系悉呈真。逸家先生鉴定，子砺家号真逸（先生隐居九龙，人称真逸先生）先生复作谱序，深为训示。本爱君爱国爱民之苦衷，发而为尊祖敬宗收族之诚意。是即孔子所云：君子人与君子人也。惜遭时不偶徒，为忧世忧民忧宗忧族良可慨也。凡属宗人，当体真逸先生之用心，发起修谱之思想。则修齐平治之理，胥备于此，不独汇成谱牒，同展孝思已。是为序。

民国十七年（1928）岁次戊辰五月望日，前清师范毕业监生、番禺山龙房二十六传孙杰伦。谨序，时年七十有一。

4.3.2 广州凤翔陈氏谱世系志

考世系溯宗源，历代相传非无据也。黄帝有熊氏九传虞舜，十传商均，封虞城奉舜祀；十四传虞思妻少康复禹续四十一，传于父，其子满封于陈。因以炎氏五十一传佗子，完遭家阋难，遂奔齐。育于姜，六十一传和予午食菜于田，又为田氏六十七传。建生三子星、桓、轸；星称田氏桓，称王氏惟轸，复称陈氏。徙颍川为楚相，封颍川侯陈。得郡自此始七十七传，曰源。源之三子太邱实。太邱有嗣六人，次子谌字季芳，媲美元芳，难兄难弟。八十五传达晋太子洗马，为吴与长城令。见山川懋葱欢，曰吾岐阳也。家居焉至九十四传文赞公。遂狱钟三嗣，曰谈先曰霸先曰休先。先霸先受梁，禅国号陈。传位谈先长子倩，而谈先仲子项有嗣四十二人。长子叔宝继统帝位，五子叔明封宜都王，盖九十七传矣。厥后百有五传伯宣伯党，伯宣为江州派，而伯党生元史，元史生徽公。徽公自唐照宗时登第授温州司户参军，为大理寺评事。因杨行密乱，由金陵徙泰和，徽易名晖。始为江右人，生二子，长子承进仅传三叶；次子承逸登后唐进士，命为都干，领泰和邑事。承逸公生五子，长子勇，勇生積，積生则，则生说，说生恕，恕生积中。积中原配欧阳氏，生二子，长子轼，字彦安，举迪功郎，迁翁源令，江右棠梨山派其后裔也。次子辄字彦约，晖公九世孙，溯宗源则一百一十五传我凤翔陈氏。以彦约公为入粤始迁祖，重本支也。公原籍江西泰和，北宋天圣年间讲学南雄。守臣以经明行修，荐授保昌尉，配曾氏生晦叔，宏叔，华叔；又娶吴氏，生世宁、世清、世昌、世盛，共生七子。长次、二子奉嫡母回老家江西，居万安县世源乡，后徙石马。三四五六七子奉公及庶母同居番禺流溪都凤翔社，后分居广州各属。至道光时代择地省城同建凤翔书院，以奉宗祀，以笃宗盟，始有围体。惟自宋迄今七百余年，尚未合族修谱。幸江右传来旧谱，始知吾族之本源也。柳溪之谱历代重修，凤翔之谱亟宜继起。我族人丁数十万，分居七八邑，每年冬祭，齐集凤翔。祀事既已孔明，谱牒何难合集，诚能饮水而思源，自可敬宗而收族。

民国十六年（1927）岁次丁卯八月望日，七大房子孙修谱同志。

4.3.3　广州凤翔陈氏黄田重修族谱序　（清·陈伯陶）

山龙宗人，信之馆于黄田，为黄田重修族谱成属。陶序，陶诺之久矣。世乱道梗，故乡祠墓，不获展谒。积忧成病，用是不果，今岁丁卯八月信之五常，复以为请，且言黄田与山龙宗族同出于江右泰和之柳溪，至彦约公始入粤。彦约公七子，长晦叔，次宏叔，返居江右。三世华、四世宁、五世清、六世昌、七世盛，皆从居番禺。凤翔世宁公子孙后徙居山龙，余所自出也。世盛公二子：长子和、次子高后徙居黄田。而子高祖裔复分居清远、南海，瓜绵椒衍。凡南海、番禺、东莞、增城、清远各属不下数万人。惟子和祖裔独留居黄田，然逮今亦三十余世矣。兹之为黄田修谱，与余所为山龙谱，同自彦约而上溯之黄帝。本江右谱备录之，凡百十五传名。曰谱源，自彦约而下派分七支本，江右凤翔谱详叙之。至十世而止，称曰族系，盖将使吾山龙及黄田子孙知。吾祖之所自出，复知吾族之所由分意者，于古人尊祖敬宗。收族之意庶有合乎？呜呼！若信之五常者，其用心可谓勤至也已。陶尝闻诸先君子，曰乡之有谱，必数十年一修，否则一经丧乱，宗系失传，子孙必忘其祖。吾乡凤冲陈氏出自彦约孙子，高七传至友成祖，自增城仙村徙居邑之水南，友成生达观，达观生天元，天元有子耕于凰涌，下沙生德智，德智生道与。一名光启元乡饮大宾，是为吾乡始迁祖。然天元子德智父旧谱不详，其名考之。凤翔谱云，友成之裔分居东莞水南、白市，凤冲其分自何祖，亦未之及。盖其时当元末明初，邑中大乱，王成兴何真择难。凡十余载始平，子孙分散，谱牒失传，是以中阙也。不谓时至今日，复丁厄运乱更甚。于元明间逃窜迹海滨，大惧后嗣之忘其祖。因为辑家谱一篇，备详其世。今信之五常，不顾干戈之扰、攘衣食之艰难而遑遑焉。惟统绪失传之是，惧且订谱源、修族系，使彦约公后裔得以上追祖德，而世笃宗盟，此真仁人。孝子之用心而亦拨乱世、反之正之一事乎。是为序。

凤翔三十传裔孙陈伯陶谨序，时年七十有三。

4.4 其他各地同宗谱序欣赏

4.4.1 柳溪陈氏广东轼公族谱序

赏闻国有史，家乘有谱牒。所自来矣，史以昭得失兴衰，谱以著祖国统一睦族，其道甚然也。故昭穆重人伦正风俗矣。然后不失为世家巨族之规，盖显祖功宗德之意。语云"水之溶也不深，则其流也不长；木之植也不厚，则其发也不茂"；诚哉其言也。史称国家以忠厚开基，十世三十八年，八百盖由后稷公列太王文王，积功累仁之所致也。吾陈氏自虞启谟胡公著氏，历虞夏商周，以迄汉唐宋之世，其见于经传历牒，春秋左氏国语世家，年表与夫晋、魏、齐、宋、梁陈、隋、北朝诸史，皆斑斑可考，世系较然著矣。凡为吾祖自心推经原委的解者者，力一无差毫之缪矣。陈氏由胡满公得于周，而世俗书称为虞之后，数传至太邱长实，以宝德动星象，谥文范先生；传八世而达二十九。世而文赞生霸先受梁禅，为陈高祖。谈先生子项，嗣高祖统而为宣帝，生众子。叔宝弟叔明为秘书丞。其后裔晖，仕唐大理寺评事，家居泰和柳溪，故为柳溪派也。传至九世彦安翁任翁源县令，家居广东保昌（南雄），后因侬智高之乱，迁居番禺慕德里司小塘村，娶姚氏太君而生六子：梦良、贵通、贵英、贵章、贵明、贵成。三子流传我二世祖贵英，英生文泰，文泰生才进，进生祖丞，丞生自明。自明娶谭氏，生四子：长子东卿，则居本村，次子南卿，则迁居禀边，三子春卿则分支鸦湖，四秋卿则分居花果松冈朱村、仙具、仙阁等处。子孙星罗棋布，四方居焉。予重修此谱，履历证明，乃尽伯叔兄弟三嘱，于是为序。

民国九年（1920）岁次庚申仲春，廿六世裔孙焕章敬题。

4.4.2 柳溪陈氏广东南雄祠分谱序

国有史，家有谱，其名虽异，而义则同。史载治乱兴衰，以使后人明鉴。谱载忠义孝节，以辨昭穆，正尊卑，明长幼。续修族谱，能更好地弘扬祖德宗功，继承氏族文化和先祖遗风。由此可知，撰修族谱是件敦宗睦族，维系桑梓，造福社会，荫福后代，光耀门闾的千秋盛事。

当今太平盛世，社会稳定，经济繁荣，是纂史编志的好时代。我柳溪祠的珠玑里仁村、梅岭中站村、丹竹坑村、土桥村、花坑村、禾链坑村的伯叔兄弟于1998年2月在珠玑里仁里，召开了柳溪祠各村代表参加的修谱大会。一致推选陈文德、陈文春、陈听林、陈章元、陈章桂、陈章林、陈文芳、陈虞辉等九人为理事会成员，负责修谱事宜。

经稽查考证，我柳溪祠始祖晖（徽）公是满公七十四世裔孙，仕唐大理寺评事。为避乱，由金陵徙居江西泰和县柳溪古井巷卜居，为柳溪祠始祖，公生二子：承进、承逸，承进为清溪派系，承逸为柳溪派系。承逸公生五子：勇、羽、尧、用、恭，除用、恭无后外，其余三公瓜瓞绵绵，发展成现在的柳溪祠十三支派系。南雄珠玑里仁村，十五世祖以震公创立的棠梨山派。勇公廿二世孙秉道公由湖广汉川县，徙居珠玑里仁村，随着人口增多，原住地前后左右住着别姓，没法扩大发展。秉道公十四世孙章桂另新庄，焕全、章胜、章林等积极响应参加。于1961年8月8日迁往现在的住基地。三十八年来，生出繁昌，人财旺盛，中站街的邦池与兄弟由志、雄鸟逞迁入。邦御公十世孙听元由中站分居禾链坑村。梅关的涤坑泒，尧公十五世孙玄玉（重申）公由江西泰和柳溪村徙居大余游仙隘上芫。玄玉五世孙详明、详曜迁入南雄梅关土桥村。九世孙邦宗公由土桥村分居梅坑，迁本地花坑村。

晖公九世孙轼公任翁源县令，因侬智高之乱，迁往番禺德里司小塘村。后裔分居广州白云区良田，独石，石井，沙涌，番禺大岭，芳村区南滘，增城，从化，清远，南海等地。承逸公三子尧公分为黄圹、禳、柔、后街、岗南涤坑、小塔下、下舍七支派。整个柳溪分为十三支派，数十万人，遍布大江南北，官宦明贤，大儒学仕，百人科第，五凤齐飞，为国为民作出了巨大的贡献，深受国人赞赏，这是我族子孙的荣耀。

我族自百龄公首修《庆源图》族谱起，每隔若干年续修族谱一次。九修于民国廿三年（公元1934年），迄今已54年了。因年代湮远，历经战乱迁徙，尚存资料甚少，给此次修谱带来了不少困难。后在南雄陈氏族谱总理事会和柳溪祠分理事及广大宗亲的共同努力下，经多方考证，查清了祖先的来龙去脉，渊源世次，使我祠十修族谱得以顺利告竣。这是我族子孙的大喜事，应予特大庆贺。广大宗亲要继承先祖遗风，敦人伦，厚风俗，铭刻祖德宗功，互相勉励，共同进取，铸就伟业，光耀门闾，谨此为序。

戊寅孟春谷旦，南雄柳溪祠晖公三十三世孙德林、三十七世孙虞辉拜撰。

第五章 西昌陈氏后裔徙居各地概况

5.1 凤翔派入粤始祖彦约公后裔繁衍村居

陈彦约是北宋陈姓入粤始祖之一，后裔枝开叶繁，遍布广东珠江三角洲一带及世界各地，各房后裔繁衍村居如下：

1. 长房晦叔公后裔繁衍村居：

佛岗龙山黄塱村	东莞常平朗贝村
东莞常平麦园村	东莞常平陈屋村
东莞常平元江元村	东莞常平漱旧村
东莞常平漱新村	东莞常平横沥田头村
深圳公明镇楼村	深圳西田村
深圳公明镇水贝上村	深圳公明镇下村
深圳圳美村	博罗园洲田头
博罗园洲下南陈居	博罗园洲田头田寮村
博罗园洲镇马嘶村	江西万安县泗源乡

2. 二房宏叔公后裔繁衍村居：

增城中新古塱村	增城中新石桥头
增城中新上棚村	增城镇龙洋田

3. 三房华叔（世华）公后裔繁衍村居：

佛岗水头丰二埂仔村	白云区钟落潭良田村
萝岗九龙山龙村下社	黄埔姬堂旧围村
番禺石楼胜洲村	番禺石楼大岭村
白云区钟落潭五龙岗村	增城新塘仙村下基村
东莞麻涌川槎村	广州市三元里沙涌南村
新丰窑田墩下	从化吕田桂峰陈洞村
顺德大良村	顺德甘竹村

从化纸洞村

4. 四房世宁公后裔繁衍村居：

花都北兴迥龙	九佛莲塘村
九佛重岗村	九佛山龙上社
九佛凤尾村	九佛长庚村
白云区钟落潭五龙岗五队	增城中新钟岭村
增城派潭灵山七境村	白云泰和桔洞村
福和泮田	派潭路边村
江西泰和樟桥	派潭吾圹

5. 五房世清公后裔繁衍村居

从化鳌头官庄村	从化鳌头月荣村
清远源潭青龙岗	清远银盏蕉坑村
清远银盏蚬坑村	清远市飞来峡镇社岗村
萝岗区九龙独石村	龙门永汉官田村
广州荔湾区坑口村	南海盐步亨滘
从化温泉镇密石村陈屋三、四社	

6. 六房世昌公后裔繁衍村居

佛冈石角黄花存久洞村	佛冈石角黄花滴水岩村
从化良口合群村	从化良口达溪村
从化良口赤树（赤薯洞）村	从化良口水尾洞村
九佛燕塘村	白云区泰和大沥村
白云区均和长滆村	白云区均和石马村
白云区嘉禾鹤边员村	白云区新市莒岗村
白云区黄石陈田村	白云区京溪琴渠石村
增城石滩土地吓村	清远佛岗龙山良塘

从化高平上下卢塘	从化鳌头民乐矮岭
从化棋杆西塘	从化温泉新田高围社（溉洞）
从化温泉田塘	从化温泉石南白沙
从化高松社	从化横档社
从化街口龙福里	从化良口良新（大岭围）
从化良口石岭陈新围	从化太平木棉西岭
白云石井龙湖	

7. 七房世盛公后裔繁衍村居

佛冈石角后龙村	佛冈石角后龙散围
佛冈石角大山口	佛冈水头上塘口
佛冈水头官田	佛冈水头水氹
从化鳌头老鸦山	白云钟落潭涩湖
九佛黄田	九佛黄田庄
中新山美	黄埔文冲江北中约
番禺南村陈边	金坑
增城石滩修家陇村	博罗石湾铁场帅安村陈屋
博罗石湾仁集村陈屋	东莞高埗镇黎峡村
中堂槎滘陈屋	东莞麻涌漳澎村、大盛村
洪梅梅沙村	洪梅洪屋涡西坊
洪梅洪屋涡东坊	洪梅洪屋涡庙下坊
望牛墩四坊	望牛墩二坊
望牛墩三坊	望牛墩七坊
望牛墩白市陈屋	望牛墩横沥
洪梅黎洲角	番禺南村塘步东
大石河村（西北约）	大石植村

南村市头西北约陈屋	南村梅山
石基陈荘	钟村钟一莲塘里
钟村谢村本支堂	番禺沙头大罗塘
市桥珠坑	市桥沙一、沙二
南海黄歧泌冲东约	东莞石蝎水南陈屋
番禺南村塘步东村	东莞石蝎桔洲村
东莞石蝎陈屋基村	东莞中堂凤翀村（凤冲）
东莞中堂东泊陈屋	东莞万江拨蛟窝村
萝岗九龙迳头村	九龙龙门埔上境、下境
萝岗九龙新围村	增城新塘仙村上境基裘岗
增城新塘仙村蓝田村	增城新塘仙村桥头村
增城新塘仙村宝田村	增城新塘仙村官厅村
增城新塘仙村蕉坑村	海珠区新洲村（官洲）
东莞道滘蔡白蔡屋	东莞道滘新田陈屋
沙湾涌边	新滘赤沙
中新下岳	中新岭心
中新陈岗头	福和田美
福和茅田	江西章远江右
江西万安县窑头镇长田村	花都北兴长江庄
正果镇圭湖庙背	正果镇番丰
正果镇圭湖霞头	正果镇圭湖坳头
正果镇乐田	正果镇黄塘岭巷
派潭镇东埔	正果镇池田
正果镇田贝	福和坳英木墩
福和凤埔	荔城镇大步口

荔城镇鹤洲

凤翔陈氏七房后裔目前明确分布在广东珠江三角洲地区共有176个村落，当属广东省陈氏的一个名望巨族。

5.2 东莞朗贝陈氏源流及建村历史

参天之树必有其根，怀山之水必有其源。广东东莞朗贝村陈氏祠堂有副对联"柳溪衍派分宗祐，古井遗风绍本源"，表明朗贝陈氏来自江西庐陵西昌（泰和）柳溪派。据东莞《常平志》记载，朗贝之始祖陈隐溪是以政公之四子，生于明永乐二年（1404）。东莞市常平陈氏昴公族谱爪瓞衍庆图清晰标明，其一世祖彦约公，号八府君，又称保昌公。二世长子晦叔之孙土恭（谨）迁居江西万安县泗源一带居住。三世士恭之子，荘公四世及子陈有功五世迁居江西赣州府石城县。后陈有功与子忠（陈明良）因受朝廷委派到广东惠阳任龙川县令，谢官后在铁岗居住两年转居东莞塘厦。元世忠公子昴后也当上龙川县令（九房陈族谱称昴为第一世），谢官后迁居东莞塘厦。昴之三子陈九德则分居塘厦塘沥村，陈九德长子陈政道先居塘沥村，后裔分居各地。政道公第三个儿子陈季昌生六个儿子，第五个儿子陈以政（九房陈族谱称第五世）生十子。以政公长子陈文宪在漱旧村；二子陈贵郎在桥头田头角；三子陈远宗在元江元；四子陈隐溪在朗贝；五子陈六郎在桥头陈屋边头；六子陈日章在沙岜（麦元村），后迁陈屋贝；七子陈岩居在石兴岗（田头村）；八子陈子贵在凹厦（麦元村）；九子陈平斋在麦元村；十子陈庆郎在赤珠岗（博罗）。

陈屋贝远祖陈日章居沙岜，后其孙陈日添从沙岜移居陈屋贝，故陈日添为陈屋贝立村始祖。陈隐溪第三个儿子陈悦可从朗贝云横沥田头村与七叔陈岩居同住田头村。由于陈悦可后代人多，后人都认为田头村是四房子孙。每年重阳节田头村只有陈悦可的后人才来拜祭何氏伯婆（何氏是陈隐溪夫人），另一部分是陈岩居的后代是不会来拜祭。在常平的陈氏后裔不断发展壮大，成为常平人口第二大姓。

朗贝陈氏源流考略如下：西昌陈氏晖公次子承逸公开创泰和柳溪派。逸公生三子，长子勇生積，積生则，则生说，说生恕，恕生积中，积中生軏（彦约公），彦约公开创广东凤翔派。彦约公生晦叔，晦叔生云伯，云伯生谨，谨生荘，荘生敏，敏生二子慎、忠。忠生三子昂、晏、昴。昂为东莞常平陈姓之祖宗，昂生三子九畴、九思、九德。九德生二子正道、尧道。正道生四子真护、泰来、季昌、岩秀。季昌生六子以信、以和、以赞、以观、以政、以端。以政生十子文宪、贵朗、远宗、隐溪（朗贝之始祖）、六郎、日章、岩居、子贵、平斋、庆郎。隐溪公居朗贝，开枝散叶生三子悦台、悦南、悦可。悦南、悦台定居朗贝，悦可移居横沥镇田头村，流传至今。

朗贝陈氏祖先简况：

太始祖陈有功。生于宋徽宗四年岁次甲申四月十六日寅时，奉诏率兵讨伐泗州。封为镇国南康侯，食俸一千石，初居江西赣州府石城县。终于宋高宗八年岁次癸巳十一月廿五日辰时，享年七十岁；葬于竹溪桥头（东莞厚街桥头）凤凰岭近锡村边，坐向西壬兼午子。

娶王氏、赵氏、杨氏为妻，生二子，长子忠（陈明良），二子慎。

始祖陈明良，生于宋钦宗丙午年，娶植流芳之女为妻，生三子，长子昂，二子晏，三子昴。明良公享年八十岁，葬于樟木头石马村左侧山坡上，墓地称为"虎地"。植氏夫人享年七十四，葬于深圳市布吉镇坂田村，墓地称"蟛蟹"，在1994年迁回常平朗州村"蛇田埔"山上安葬。

一世祖陈礼轩（昂），生于宋宁宗乙卯年，娶吕庆龙之女为妻，生三子，长子九畴，二子九思，三子九德。昂公享年八十六岁，葬于石马山，墓地称"宝鸭下池"。

二世祖陈九德。生于元世祖元年，娶卢树屏之女为妻，生二子，长子正道，二子尧道。九德公享年六十八岁，葬于清溪浮氅村后山，墓地称"黄龙吐珠"。

三世祖陈正道。生于元成宗三年岁次丁酉五月十二日丑时，娶余氏、蔡氏、龚氏为妻。余氏生二子，长子陈真护，二子陈泰来；蔡氏生陈季昌（过继给陈尧道）；龚氏生陈岩秀。正道公终于明太祖七年岁次八月初四亥时，享年七十八岁，葬于七都黄锦村丁向。

四世祖陈季昌。生于元朝顺帝戊辰年，娶肖氏为妻，生六子，长子以信、二子以和、三子以赞、四子以观、五子以政、六子以端。季昌公享年八十岁，葬于清溪赤岭古坑，与夫人肖氏同穴。

五世祖陈以政。生于明太祖壬子年，娶周德望之女为妻，生十子，文宪、贵郎、远宗、隐溪、六郎、日章、岩居、子贵、平斋、庆郎。以政公享年八十七岁，葬于樟木头古坑线鸡头山，墓地称"黄龙出洞"，与夫人周氏同穴。

六世祖陈隐溪。生于明朝永乐二年（1404），是朗贝立村始祖，娶何重光之女为妻，生三子，长子悦台，二子悦南，三子悦可。隐溪公享年七十五岁，葬于雁田阿凹山，墓地称"黄虎赛马"。

隐溪公夫人何氏是朗贝立村之母，享年七十八岁，葬于旧围仔侧边（现在入旧围路边的山坟是何氏之墓）。每年清明、重阳节都有很多后人前来拜祭这位朗贝村陈氏之母。

朗贝建村起于六世祖陈隐溪。隐溪公从塘厦迁居旁光岭（今中间围旁光岭毛织厂的地方），以养鸭为业，经常到塘底水网地带放鸭。为方便出入高基围（以前旧围陈进钦旧屋一带），树林深处搭草棚居住。该地原是张姓人的村庄，后经百年繁衍，陈姓人众，反客为主。张姓人遂移居张屋村，从此这个地方归陈姓所有。相传有条石龙从禾头岭直下北门塘饮水（北门塘水下仍保留一大石，似龙头在鱼塘中央。从前干塘挑塘泥要特别小心，传说如果打破石头，它会流出龙血，家家户户就要煮糯米饭为石龙止血，如果不止血就会给村庄带来灾难）。旧围村的房屋建在龙背上，村名最初叫"龙背村"，后来村庄四周长满"蒗基草"又被改名为蒗贝，二十世纪六十年代中后期，蒗去掉"艹"头成了今天的朗贝村。按时间推算，朗贝村是明洪熙乙巳年即公元1425年立村，到2022年，立村已有607年历史。

隐溪公生三子，长子陈悦台初居板石吴屋陈屋港，其后裔十三世孙陈玄真后来迁居朗贝鸡树桔围（今新围），与陈养静的后裔同居一村。二子陈悦南长期定居朗贝，其长子陈静冲居旧围东门村；次子陈养静居旧围北门村；陈静冲之三子迁居黄江北岸村。三子陈悦可去横沥田头村定居，陈静冲玄孙陈茂经（三房长子陈旋我之孙），从旧围迁居"龙子口"（相传母龙与小龙从禾头岭下来，母龙直下旧围北门塘饮水，小龙从学校荔枝园直落中间围鱼塘张开大口吸水，故名龙子口又称呼龙子村），与陈养静后裔和陈屋巷交湖人共同居住龙子村。现在旧围村人口以陈静冲、陈养静后代为主体，少数交湖人。中间围由陈静冲、陈养静、陈屋巷交湖的后代组成。新围以陈养静后代为主体，少数悦台和交湖的后代同居一村。这就形成三个自然村，成为今天的朗贝村。

5.3 凤翔陈氏广州良田村礼斋房发展概述

广州市白云区良田村位于广从公路东侧，距离市区20公里，离钟落潭镇4公里。辖内28个生产社，耕地面积4100亩，全村本地户籍总人口14000人。良田村历史悠久，因地理环境优越，土地肥沃，水源充足，气候宜人，粮食年年丰足，荒年甚少，远近闻名，故称"永丰村"。旧时村中有一条蜿蜒的主干道称之"永丰古道"。古道上由南至北建有三个牌坊，分别称之为"康衢""通衢""云衢"。"康衢"在村学校门前榕树南侧，旁边原有金花庙和上中庙，现两庙不复存在，村民则仍称此为庙口。"康衢"和"通衢"的牌坊上分别以花岗岩石刻有"永丰古道"和"一道同风"横匾。颇有古道之风，历代文人墨客常在此题诗歌咏。

凤翔陈氏始祖轼公六世孙、世华房礼斋公于1290年随父孔集公由竹料迁入永丰村。礼斋公为邑庠生，自幼随父经商，精于运筹帷幄，勤于耕作，善于料理，治家有方，内涵丰厚，加之继岳有相当土地，成了富甲一方乡绅。礼斋公入永丰村后，被村中刘氏大户刘齿一相中，娶其女儿为妻。生一子景福，景福生能养，能养生二子：永坚、观佑。经过七百多年的繁衍发展，目前礼斋公后裔达到5000余人，约占良田村总人口的一半。刘齿一夫妇、陈礼斋夫妇去世后合葬于村前茔尾，燕子傍梁形，辛兼戌向。岳婿同葬一墓，各立一碑，后人对此留下不少佳话。诗曰："燕子傍梁葬祖先，刘陈岳婿墓相缘，丁财贵寿众兴旺，后裔立修万古传。""泰山快婿龙同穴，先祖佳城燕傍梁。"这些充分体现了良田村刘陈同居一地，同心协力、精诚团结、携手共进的历史。

礼斋公二十六世孙陈焕驹于2003年作《广州良田村陈氏礼斋房序》，全文如下：

"礼斋，邑庠生，配刘氏，生一子景福。与岳父齿一刘公良田茔尾同葬一墓，各立一碑，称燕子傍梁形。

丹三公携二子斗山、牛山居良田下社。后牛山公迁入米岗，又迁竹料。于元世祖忽必烈至元廿七年庚寅（1290）随父孔集再次迁入良田村居住。娶齿一刘公之女为妻，生一子景福，其子礼斋于延祐元年（1314）授茂名县教谕，因此礼斋则为良田始迁祖。

据传礼斋继岳有相当土地，曾富甲一方。于广州解放中路在纪纲街八号，有礼斋馆一座，深二进，后有廊，又称礼斋书舍，后裔去广州常住此馆。几百年来，礼斋馆就成了良田陈氏后裔到广州做生意的重要集居地。后于1983年联建大楼（现称纪纲街二号大楼），1985年回迁。联建后所配数房，除出租原居住的后裔外，余下两房为良田村建筑队驻穗办事处。

在村中心，于乾隆甲子年（1744）建有祠堂一座，称肃雍堂。抗战期间，民国二十八年（1939）农历十二月二十日晚11时许，为歼灭祠堂内的伪军和日军，而焚毁了祠堂。民国三十六年（1947）农历十一月五日升梁，其间国民革命第一集团军司令陈济棠为祠堂书赠《陈氏大宗祠》和《肃雍堂》牌匾。祠堂竣工后于民国三十七年（1948）农历八月二十三日举办祠堂进火典礼，当时广东省传媒均有报道。"文化大革命"期间，祠堂内外的古典装饰、瓷雕、粉雕、壁雕均被红卫兵破坏殆尽。目睹这一切，所有族人都为之痛心疾首。

五世孔集生礼斋，礼斋生景福，景福生能养。四代单传，而能养生二子，永坚、观祐。700多年的繁播，各房谱牒甚多，村中人口已近6000余人，辈序发展二十六世。其中有后裔迁居他乡发祥，如天相祖有一房迁去南海县为乡，维纲祖翼桃字东秀为东秀庄始迁祖，其庄俗称东秀庄，现为五龙岗的两个生产社。还有一些远走他乡，分别居美洲、澳洲、欧洲以及东南亚。近代又有不少在港澳定居。改革开放后，就有更多后裔在穗或其他县城安居落户。总之礼斋后裔已走遍全省各地，分布五大洲。不管你到了哪里，愿你异地发祥和延续。仅此为序。"

礼斋公后裔善文公于乾隆九年（1744）为创建陈礼斋祖祠作序，全文如下：

"祖庙之制，由来尚矣。自唐虞以降，天子诸侯大夫士庶，莫不建庙以妥先灵。而修祀事者也，矧有功于后嗣。而为开家之始祖哉，洪惟我祖礼斋公，乃宋文林郎粤始祖六世孙。先世皆家居重冈堡宁乐乡凤翔。自丹三公始居良田，既而又迁米岗，牛山公孔集公又迁竹料。迨礼斋祖乃安居良田，即为良田始迁之祖。自后子姓日繁，门闾光大，说礼敦诗，家声丕振，孝子贤孙，代不乏人矣。然非我祖之诒谋远大，干止乐乡，安必其能若是哉？创祖祠以享者，又追功报本之当然，孝思诚意之必至，诚能自己者也。爰于甲子初春，叙族长幼，举其蒸尝业统筹之。万不支一，乃置酒称题而子姓皆欣然乐助，竟得题金有千，特延江西镇山家先生，相阴阳而观流泉。族姓耀宗，复肯照价让地数亩，由是宗子果盛。首事展成等，力担其任，既乃推砖运石于前，随而丹楹刻桷于后，不逾年而工告竣。美哉轮奂焉！此固天时人事之兼胜，抑亦乃祖默助之所致乎。于是以妥灵修祀，或庶几矣。是为序。

舞狮、武术是广东岭南民间传统文化艺术瑰宝，是民族强盛的标志。礼斋祠（肃雍堂）建的醒震环球醒狮武术馆在乾隆甲子年间就诞生了。武术馆建立至今277年，一代接一代地传承，承前启后，不断进取，发展到今天，成为广东岭南地区著名的舞狮习武之地。良田陈氏肃雍堂醒狮武术馆历代成员本着群众喜爱、服务大众的宗旨，自愿参与，不计报酬，精心组织，悉心传授，个个敬业，人人进取，一直强盛不衰。醒狮馆名气响彻广东乃至全中国，成为良田村一张响当当的历史人文名片。

良田村陈氏作为凤翔派后裔，对于凤翔陈氏的重大决策和重要举措，一贯积极响应，大力支持，努力参与。比如道光二年（1822）重修入粤始迁祖彦约公墓；道光辛巳年（1821）在省城广州登云里兴建凤翔书院；光绪十九年（1893）在广州兴建陈家祠（陈氏书院）等陈氏重大建设项目，良田村陈氏族人都积极捐款，全力支持，尽了应有的责任，作出了一定的贡献。"

5.4 兴宁陈氏贽公后裔发展分布简述

庐陵西昌柳溪陈氏有千年历史，宗支繁茂。广东兴宁贽公陈氏就是其在广东地区的又一支重要派系。据谱载，陈贽，原籍泰和县柳溪村，生于元元贞元年（1295），1329年入粤，1364年定居于兴宁城南聚星第，被族人尊为广东贽公齐昌陈氏开基祖。兴宁县志载"客家姓氏，不少簪缨"。贽公为元末江西乡荐进士，循州训导。元末明初，贽公携家带口赴广东上任，途中受阻，滞留卜居广东兴宁。贽公生四子，分别为文、武、斌、贤。四子后裔发展为四房支派。贽公四房支派发展分布情况简述如下：

一、文公房及其后裔分布

文公，字绳统，号郁斋，行念七郎，生于元朝延祐五年（1318）戊午岁，乡饮大宾（一说国子监祭酒），升闽知县，因乱不能赴任，卜居城南聚星第。卒与妻先合葬于洪塘坪，后合葬于梅县瑶上乡松林坪，癸山兼丑。清乾隆二十三年（1758）11月20日午时迁葬兴宁北厢90里的罗岗溪美青子岰铁扇关门，喝寒虎咬尾形，艮山兼寅。配曾宜人，生子容。容公，念一郎，廪生，贡生，生于元朝至正元年（1341），与妻熊氏合葬兴宁罗岗溪美村外九口塘，称"蛤蟆浮水形"，丑山兼艮。1995年冬第二次重修，配坟联，上联："蟾浮水月镜"，下联："虎拜卧岗龙"。配熊氏，生四子：玉新、维新、景新、德新。明初因周三官之乱，兄弟离散，乱平后各居一方。玉新公居小洋下，维新公居羊子岭，景新公居罗岗溪美，德新公居合水朱紫塘。玉、维、景、德四房后裔分布如下：

1. 玉新房系

玉新公，度五十四郎，生于元朝至正二十五年（1365）乙巳岁。分居小洋下，葬贽公坟左片第三坟。妻金氏葬永和锦洞村，钟姓屋背，称"画眉跳架形"，癸山丁向。娶金氏，生四子：玑（移居五华大岭背，其后裔有 10 个分支复迁兴宁）、质（移居五华青溪）、弘（初移居五华大岭背，后又复迁兴宁陂逢下）、宁（移居和平）。

①玑公，字祺，原居小洋下，后因避乱与三弟弘公两人移居长乐（五华）大岭背开基。娶曾、万氏，生三子；五十（其长子景云及四子影彰 2 个孙子复迁兴宁）、五九（有 2 个分支复迁兴宁）、六三（有 5 个分支复迁兴宁）。

②潭坑分支：七世祖景云公，字八，五十公之长子，赟公七世孙。世系：赟公→文公→容公→玉新公→玑公→五十公→景云公。由大岭背复迁兴宁坪洋潭坑开基立业。后裔分布在：本镇大东的世宇重光、长兴围、赞蕃第、安善围、远昌围、敬昌围、辉德流芳、英昌第、官埔前，友联的珍公祠、良裕居、永及第、昌裕围、窑上、中心屋、新屋下、龙虎岭、龙池围、祥光围、兴隆围、四勋围，罗营的瑛荣围、大新围、鸿兴围、潭坑的朱古岭、龟形、玉光第、华萼棣、司马第、銮光围，长坑的允展第等；水口镇英勤的社山坝彭髻塘、蛇形、慎德楼、贞祥楼、德星楼、德星第、永昌楼、永兴楼、聚星第、所言屋、家乐楼、明德楼、元华楼、老窝尾、兴旺楼、双运楼，溜沙坝的老学堂老屋、新屋、老三队、老四队，横石的下老屋、上新屋等。

江西省于都、兴国、上犹、崇义、安远等地；还有广东省中山、增城、河源、博罗、梅县等地。四川、贵州、湖南等省的部分地区均有景云公后裔。

③璜岗分支：八世祖文兴公，讳志兴，五九公第三子（三官公的次子）。由大岭背复迁兴宁宋声镇璜岗杉树下凤鸣第开基立业。后裔分布在：本镇璜凤鸣第、同昌第、聚星第、神背法元公屋、下屋、聚昌第、溪背角、石围甲、荣星第、念聪第、念恒第、贤林第，茂兴的案子·上陈屋等村落。

④河口分支：十二世祖法声公，讳法玉，五九公的第六代孙，法珍公次子。由大岭背复迁兴宁下堡镇河口竹园下开基。后裔分布在：下堡镇河口的竹园下，宋声镇共寨的长兴楼、东兴楼、光浩第、锦焕楼、顶子里陈

屋等村落。

⑤洋岭分支：十四世祖日光公，六三公的八代孙、存钦公的长子，由大岭背复迁兴宁宁中镇洋岭的开口厅屋。

⑥梅子分支：十五世祖明凤公，系六三公的九代孙、说化公之次子，由大岭背复迁兴宁福兴镇梅子半坑开基。十七世祖日俊公，系六三公的十一代孙正聪公之长子。来兴打铁时，见田心田园广阔，靠近兴城，遂由大岭背复迁福兴镇梅子田心开基。日俊公弟日启公由兴宁迁博罗石坝。二十三世祖品贞公，六三公的十九代孙奕隆公之子，由大岭背复迁兴宁福兴镇梅子乌嶂坑水库边开基，现有后裔30多人。

⑦阳光分支：十七世祖元福公，系六三公的第十一代孙现公之子，由大岭背复迁兴宁坭陂镇官陂岭（鸦鹊岭），后迁至兴宁新镇阳光白马隆开基，现有后裔280多人。

⑧小丰分支：八世祖汉宝公，系五十公的三代孙德成公长子。其世系：赘公→文公→容公→玉新公→玑公→五十公→景彰公→德成公→汉宝公。由大岭背复迁兴宁水口镇小丰（原宁峰堡）蟹形开基。后裔分布在：本镇小丰的蟹形陈骆屋柿子树下，小河背、石塘，下堡镇黎光黄竹甲、河口村的奄角巷、新圩镇寒塘的鲤子湖，共2个镇3个自然村7座屋（50年前）。不少后裔迁四川、广西、湖北武汉，广东梅县、五华以及港澳台地区和泰国、新加坡等地。

⑨黎光分支：八世祖汉安公，讳永旺，字元兴，系五十公的三代孙德成公次子。其世系：赘公→文公→容公→玉新公→玑公→五十公→景彰公→德成公→汉安公。出仕广东潮郡广信府通判官，因乱解组致仕。由潮州乘船上至兴宁下堡渡头岭，见山水秀丽，遂在黄花凹（常华道）开基。后裔分布在：下堡黎光的黄花凹、老屋、带励楼、祥昌屋，宋声镇宋声的老寨，新圩镇寨塘的高排老屋、新屋，共3个镇3个自然村7座屋。也有后裔迁

大埔三河坝、惠州焦坑、白芒花，梅县畲坑胡溪子、大鱼塘、汀洞等地。

⑩玉新公三子弘公：由大岭背复迁兴宁陂湖下（今陂逢）坪埔网形开基。后裔分布在：径南镇坪埔的弘公祠、下店、下角、畲禾子、新楼下、神下窝、祖屋角、祖屋上片、上巷、桂竹园、窝尾、楼肚、排上、下屋、新塘排、黄溪头、老学堂下、乌石栋、命召第、溪硬上、新高排、河塘屋、大阳的半岭屋。

弘公还有后裔分布在：陂逢、柏圹、黄圹三地各村落。具体是：

a.陂逢的五常祠、中心屋、法旺围、诒燕楼、干仕公祠、奕昌庐、文光楼、柳庆楼、敦睦楼、叶东坑、萼柎第、上新屋、日新楼、四山围、四山、大窝里、甲下、老瓦屋下、新瓦屋下、瓦屋上下排、瓦屋下下排、祖道祠老屋、上屋、中心屋、楼背、斗方屋、凤昌第、麻背夫、中堂、世昌居、吉林屋，石岭的老屋、九幢楼、楼下、上屋、石路下、召文楼、陂尾老屋、楼坪上、新安屋、上屋、坟墩上、坳下等。

b.龙塘的上元公祠、上亨公祠、上利公祠、中心屋、信公祠、塘下、诒燕堂、洗庆庐、德星第、高排上、老屋侧、毓香第、星辉第、兴茂庐、柿子树下、光辉第、新辉第等。

c.柏塘的桃子坑祖祠、乌石下、高排上、大塘围、长坑里、三家村、吴地径、丹竹窝、石岭，章印的下村坑，黄坑的角坑里，东升的路下排等。

d.永和镇黄塘的黄大岗老屋、新屋（秀雁围）、恩光围、皆欢喜，蓝排的上蓝排，坜陂镇红卫的塘尾，兴城镇城北的杨桃树下大坝里，新陂镇福丰的鹿岗岭，宁新城南的二尚围，龙田镇居公桥的一陈屋等。

2. 维新房系

①容公次子维新公，行念二郎，乡饮大宾，生于元朝至正二十七年（1367年）丁未岁。因周三官之乱迁羊子岭土坑，水泡形落基。卒葬于兴宁羊子岭土坑黄牛岘背布狗坑，称"绣针落巢形"。妻潘氏先葬于凉溪，后迁与

公合葬。生二子：祯、祉。祯公，字法元，号坤泰，度诰祯三郎。配张氏（三娘），生五子：碧、瑄、瑢、均、圣。因"周三官之乱"，由羊子岭土坑迁居十三都司和兴堡（今罗浮西门外朱邦村）。祯公携碧、瑄、瑢、均同迁罗浮。五子圣公由张氏抚养，居羊子岭，公与张氏先合葬于龙田和尚塘乳姑岭，称"昂天海螺形"。至七世兄弟争尝，罗浮四子裔孙将公坟迁葬罗浮勤光苦竹山下角，喝"观音坐莲形"，丁山兼未，竖碑三块。1977年开山造林被毁，1991年重修。（妣）张氏，坟迁葬大信三坑里黄毛嶂醋筒坪石结坟，喝"王母点兵形"，丙山兼午，竖碑三块。坟后有三个天然大乌石为志，1995年各重修。

②祉公，字法先，号坤山，邑庠生。配王氏，生子：法荣；配郑氏生二子：法行、法敬。祉公则仍居土坑。卒葬于李池尾岭顶上狮形，坐北向南，五葵五子。黄大孺人，法名三娘，今与法先公合葬，无骸骨，银牌。郑大孺人，法名四娘，卒葬于黄塘口，乌鸦落洋形，坐北向南。

③维新公后裔分布在：龙田镇羊岭的虎形屋、坝子围、高田上，五一的鸡麻塘、蛇形屋、塘背、碧园的禾笔秀老屋下、陈曰祥、万利屋、华隆、坳上、安墩堂、用余堂、和美等地。还有罗浮镇塘的景星第、龙兴围，塘社的磜上、星聚流辉、黄桥头、迪光前绪、聚星第、景星第、盛德楼、世德隆基、棣萼楼、佰凤池的花萼相辉、韭菜塘，陈屋角的柳溪第、景星第，浮塘的德星第、居仁第、瑾昌第，留窗塘的玉树森庭，勤光的棣萼围，弩箭的盛世联居；大槐塘的陈氏宗祠、星聚流芳、司马第、元善流芳、祥世第、鹏万第、绍兴围，蕉坑的腾芳第、纶言围、鸿仪第、鹏万第，小岸的元中宫门、裕承第、碧公屋、正东公屋、金纂第、嶂下的德星第等地；宁中镇土坑的坐栏形（完里）、新善屋、上新屋、恩荣屋、焕光第，建门的鹅叫塘、深塘，龙岗的龙坑里、乾顺屋、杨梅树下、邬塘岗、上排里，新塘的围岗上、牛角隆、彭风塘、下排里、人民大厦、新塘陈屋，角塘的细陈屋，邹陶的

月山下迁安屋，竹一的洋镜段陈屋等地；石马镇宫前的岐岭径、聚星第、迎薰第、星拱第、拱星第、竹苞围、大夫第、恒升围等地；永和镇成鹊的石桥，林场的鹤老坑、大南坑，七层的纂盖形、友恭敬第、兰香第等地。

3. 景新房系

容公三子景新公，度念三郎，明洪武三年（1370）庚戌岁生，卒于明宣德八年（1433）癸丑岁，寿年63岁。公与原配张大孺人合葬兴宁罗岗溪美狭基脑，"筲基肚里金鱼形"，丙山兼巳。继配赖孺人葬兴宁罗岗溪美岭背，"仙人舞袖形"，壬山兼子。生三子：坤甫、坤明、坤相（祥）。

①长子坤甫公，进士出身，官太守知府，于明建文元年（1399）官归，从兴宁罗岗溪美迁五华县双华老虎石开基。配金氏、赖氏，共生十四子：为昭、为穆、为和、为远、为仁、为义、为礼、为智、为忠、为信、为广、为宾、为彰、为彩。后裔分布在五华、丰顺、揭阳、揭西、海丰、陆丰、陆河、深圳等地。坤明公迁居惠州永安、海丰等处。

②三子坤相公，配王氏，继曾氏，生四子：玉、谅、宽、怀。后裔分布在：罗岗镇溪庄的楼下老屋、敦善楼、聚星第、梅树塘、洪兴楼、上达围，霞岚的政昌围、达兴围，红旗的玉树万方，溪群的直谅祠、富兴围、宏裕围、奕昌围、鸣凤楼、扬萼楼、清声围、炳光围、世昌围、善美围、义芳围、玩华围、金祥围、玉辉围、公宏老屋，溪一的颖水流芳、儒珍楼、汉光围、万芳围、德善楼、善芳围、世英围，溪东的月形老屋、德贤第、本道围、花萼并丽、田心馆、永清楼、澄清书屋、馨香楼、德香围、贤兴围、金鸡围、金鸡围则陈屋、华封围、万盛围、玉英楼、德星聚会、宝传龙世、三多轩、前光第、螽斯衍庆、绍兴围、奕世围、敏学围、锦华楼、应天围，溪庄的象形老屋、乐善居、日新第、老咀背、裕昆围、志应围、章汉妙江、应和围、广受楼、妫水世基、协华楼、景云楼、崇广第、思永围、善继楼、玉成楼、明德围、嘉善围、敬协围（围下）、近思、占春庐、镜光围、济康围、镜楼、

吉祥围,联兴的石井下老屋、应和围,溪联的昆云围,白水的南阳形胜等地。

罗浮镇上畲的德星炳照、上畲围下,徐田的田心围,黄陂镇龙溪的河唇埂上,径口的龙坳,上翁公的上翁公陈屋,大坪镇岭背河陈屋,城镇城北的怀公老屋(杨桃树下)、恒丰围、敦睦堂、三幢围龙、德星堂、兴城东门陈屋,坜陂镇陂宁的秀丽屋(毛公寨),石马镇宫前的奎楼寨,刁坊镇横江的排子岭等地。

4. 德新房系

容公四子德新公,生于洪武六年(1373)癸丑岁,为贼所害,卒新河,与妻合葬于下蓝径。生子裕、炫。裕公,原谱记载,子孙居兴宁罗浮,现不详。炫公,生卒不明,配赖氏,继蔡氏。生子:和(号伯一郎)、忆(号伯二郎)。德新公初居兴宁罗岗溪美,后定居合水朱紫塘。现德新公后裔主要是炫公所传,至今已传27世。后裔分布如下:

①合水镇五联的朱紫塘,溪唇的白石岭老屋,叶塘镇岳桥的昌裕围,三变的移民房(螺塘),罗岗镇溪美的移民房,霞岚的石夹里陈屋。黄槐镇禾村的移民房。石马镇李塘的角羊径,永和镇崇新的猪除窝、声香第、司马第、宏梅第、天地吾庐、宏新第、龙颈里、宏材第、建欣第、徐庆第。宁塘镇大莹的大莹围等地。

②龙北镇上官田的牛压岭,下官田的赤龙围、上楼老屋、绍兴围、义安围、云德围、道章围、添庆围、上楼楼下,龙东的谈文阁、华成第、世昌围、传光围、善文第、荣庆第、荣华第、竹林围、三星围,背岗镇樟坑的瓦子坪,龙田羊岭的双陈屋,刁坊镇圩东的合水移民房等地。

二、武公房及后裔分布

武公,念八郎,号盈行,贽公之次子,配熊氏,继王氏,生子:宜。宜公生日新,日新公生善,善公生二子:克宽、克敏(先迁坭陂王村,后迁五华油田),另有一说善公生六子:克恭、克宽、克信、克敏、克惠、克仁。后裔分布如下：

兴城镇南郊的聚星第、水保龙屋、柿子树下、游鱼上水、合面楼、丕烈围老祖屋、牛角塘、牌坊下、铁铺前、儒林第、泗盛第、锦福屋、甫堂屋、水打屋，徛背的理皇陈，西郊的陇陈，罗浮镇圩上93号，新陂镇洋岗的公九队陈屋，福庆的枫树围附近的角峰岭；福兴镇五里的大草坪，黄畿的大陈屋，打石坑移民房，刁坊镇贵丰的打石坑细陈屋，长段的酸田径榴心塘，宁中镇竹一的下新村老屋，陂祇角，星民的上排陈上屋，上排对门屋，丝光的细陈屋；宁新镇大岭的陈井光，高陂的新老屋，黄岭的乌云岗老陈屋、田心陈屋、陈刘廖，洋里的下围祇、井祇唇；永和镇长新的三断岭、芹菜塘，华岭的马背岭、大顺、陈大成、正隆、裕顺、上岭、顺昌、上沙、下沙、日生、文祠，仁里的陈伯塘，蓝排的下蓝排陈屋；坭陂镇理中的白墓岭，柑子的瓦仓前、桂林第、文星楼、秋陈屋、康合屋、木生屋、运合星、荣朋屋，丙塘的杓麻背，王村的水罗松屋等地。

三、斌公房及后裔分布

据兴宁罗岗溪美及龙田双溪谱记载，贽公配张氏、继金氏，生四子：文、武、斌、贤。1991年五华陈立钦在《陈氏源流考志》中指出，兴宁坭陂东山寺子斌公实为贽公之三子，而据目前发现的斌公后裔保存的手抄本族谱，绝大部分记载为贽公之子。据出生于永和锦洞的陈汉雄（其父陈阿伟因避祸迁居锦洞）口述回忆，新中国成立前每年均有东山寺子斌公后裔前往一世祖贽公墓祭祖。贽公生四子：文、武、斌、贤，是兴宁陈氏代代口口相传的事实，但在1997年兴宁陈氏修谱时存在争议，有待进一步考证。

四、贤公房及其后裔分布

贤公，字廷佑，号朴庵，贽公之四子，居龙田茶园下。配吴氏，继吉氏，生一子契寿。契寿公，字伯仁，号玉崖，携一妾商于饶平遂家焉。妣朱氏，生一子：彰受。彰受公，字天祐，号云川。配谢氏，继曾氏，生三子：长子颐，号西山，分居洋陂（今叶塘）洼竹园。次子富，号北山，分居刘塘（今龙田）。三子端，号东山，分居东门坑（今龙田）。贤公卒葬于龙田鸳塘角员岭上，称"月形"。后裔分布如下：

①龙田镇碧园的茶园下刘塘、寨窝里、四角楼、黄竹寨、寨里（蛇形）、三鸣堂、龟形、洼竹园、月形围（陈丙围）、赤山、新屋下（泗顺堂）、上陂窖头、下陂窖头、茶子窝，环陂的龙和围（金城围老屋）、金城围新屋、伯宪公屋、草环岗、萱花塘、大路下老屋、大路下新屋、布口屈、烟墩窝老屋、烟墩窝新屋（乐善围）、拔茅岭，鸳塘的鸳塘角，居公桥的东门坑高檐头、桥里头等地。

②黄槐镇西埔黄坭坪的移民房，合水镇五联的蚊坑陈屋，宁塘镇陂丰的连陂老屋、连陂新屋、蘗茔下，坪塘的墩里下菜蓝陈，宁中镇丝新的下走马岗，叶塘镇同众的马头寨，三口塘的扶南竹，岳桥的大社岭、船塘里（长棠棣）等地。在市外的有：本省的博罗、惠州、饶平等县，江西省的石城以及港澳台地区和菲律宾、新加坡、马来西亚、美国等地均有贤公后裔。

5.5　西昌陈氏柳溪族人徙居川、黔、滇史迹

明末清初，李自成的农民起义运动和张献忠的屠川动乱，造成了四川等西南地区人口大规模减少，田地荒芜，经济萧条。康乾年间，清廷为鼓励两广（广东、广西）、两湖（湖南、湖北）以及赣、闽等省移民四川，出台了一些鼓励移民垦荒、与民生息、薄徭轻税的政策。短短几十年，四川全省（含重庆）出现由荒凉到复苏、由乱到治的一片生机勃勃的景象。

庐陵西昌陈氏族人具有勤劳勇敢、吃苦耐劳、努力拼搏、敢闯敢为的特性，历朝历代的移民活动，都能吸引到大批柳溪陈氏族人。他们为追求

美好的前程，不辞艰辛，勇于迁徙。比如乾隆十五年至嘉庆年间，晖公18世孙正谅公（二房珠林派）后裔庆、长、翼字辈族人为谋取生存发展，或兄弟间，或叔侄间结伴徙居四川落户。泰和陈氏柳溪族人入川后陆续分布在成都、温江、理民府、建昌府、大洪江、洪雅县花溪场、宝庆府、为县、江津黄泥场、龙泉、东木观音桥、止戈、重庆通远门外、巴南区等地。据不完全统计，正谅公三子后裔几乎家家有人入川，长房有30来户，二房也有30来户，三房有20来户。寓川后大多聚居在成都至重庆的成渝地区。乾隆十九年（1754），广东兴宁柳溪陈氏贽公派后裔倬公携三子自广东长乐（五华）县大都老虎睡乡西上巴蜀，徙居四川华阳县兴隆场。入川的柳溪陈氏先民主观上是为选择一个生存繁衍的好地方，客观上带去了励精图治、艰苦奋斗的持家精神，他们在开垦荒地、复耕田园的艰难劳作中，为四川等地的经济复苏和社会发展作出了不可磨灭的历史贡献。

西昌陈氏世远齿繁，迁徙不一。尤其明末清初，常有族人或经商，或从军，由泰和迁徙贵州、云南两省，耕读为本，孝悌传家，人才辈出，丁兴族旺。目前仅柳溪陈氏在贵州、云南形成的较大的柳溪陈氏族群就有：

（1）康熙年间，大东塘派族人、晖公28世孙庆余公由赣入黔经商，其后裔定居在贵州金沙县清池镇杨波寨等地。

（2）康熙年间，冈南派族人、晖公26世孙家隆公，由赣入黔经商，卜居在贵州大定府城万寿宫左侧。其后裔分布在毕节市龙场，大方县大方镇等地，后人多有忠、孝、节、义之辈。

（3）明末清初，黄塘派族人、晖公27世孙养太公及善美公应征从军入黔，后徙居贵州赫章县财神堂布嘎潘家寨繁衍生息，支系兴旺发达。

（4）明末清初，黄塘派族人、晖公27世孙善德公由赣入黔，定居在贵州省黔西县金碧镇等地。

（5）乾隆年间，黄塘派族人、晖公28世孙庆普公，由赣入黔经商，后裔定居毕节市吉场镇三锅庄，支系族人兴旺发达，成为毕节市名门大族。

（6）乾隆年间，黄塘派族人、晖公25世孙邦霞公后裔长清公，由云南省镇雄县迁徙贵州大定府咸宁（现赫章县）归化里古基东冲。

三百多年来，黄塘派族人徙居贵州的族群不断发展壮大，已散布八县十六个村寨，共有十八支系，分别为：黔西县沙窝街，黔西县天平哨，织金县干河片区；毕节市村口镇，毕县市吉场镇三锅庄；赫章县古基乡着多村、财神堂，兴发乡箐箐村，珠市乡铁矿村，古达乡、感奢乡；水城县木果乡；贵定县定南乡；息烽县，遵义市礼仪镇；安顺市北街；贵阳市花溪区等。

迁徙云南的族人有由赣入滇的，也有由赣入川再入滇的。比如，晖公25世孙拜霞公之子家则公，由泰和迁居四川江安县，住城内十字口，其子闻公携母徙迁云南昭通市镇雄县。徙居云南的族人大多数是黄塘派晖公9世孙作式公后裔，如晖公23世孙秉夔、秉秋、秉炝、秉辰、秉烨、秉煌、秉讳、秉诣、秉证九公后裔，广泛分布在镇雄、威信等县52个村寨。

5.6 陈毅先祖泰和陈氏和公考

据四川乐至陈氏族谱载，开国元帅陈毅的始迁祖和公原籍江西省吉安府泰和县，明洪武二十六年（1393），时任广西桂林知府；建文四年（1402）升云南道尹。时逢"靖难之役"，和公刚正不阿，以正统观念支持建文帝，后朱棣获胜为帝，开永乐朝。和公事后解甲归田，道经湖南省新宁县，悦其山水而卜居南乡金家村，在此生根发芽，开枝散叶，繁衍后代，形成新宁夫夷佳峰陈氏一族。

陈毅八世祖陈尧镜居住山茂庐大院，壮年徙川。据四川乐至县陈氏族谱记载："陈尧镜，陈氏109代，陈和位下15世。陈上经次子，生于1674年

6月26日，上川时24岁""明末清初，四川历年混战，土地荒芜，川人百存一二"，康熙发诏"湖广填川"。1696年，尧镜与一族叔上川看业，决定移蜀发展。康熙三十六年（1697），与陈国球（12代），国珠、良高（13代），良秦、良朗与尧钦、尧镜、尧铭等40余户一起离祖峰佳山上川，自选落户之地。陈尧镜选定中江县云台山堰田沟和乐至县张淹井两处落业。卒于1754年6月23日，高寿81岁。生子：舜洁、舜海、舜洪、舜滔。

十六世陈舜滔，尧镜之子，继承父业，务耕织，创家业；生子四，禹桂、禹祯、禹标、禹枢。十七世陈禹桂，舜滔之子，务耕织，创家业，生子汤佶。十八世汤佶，禹桂之子。汤佶从小读书，经县试、乡试，举拔贡，人称陈贡爷。汤佶生子二，文峰、文扬。十九世文峰，汤佶长子，生子四，武铭、武鉴、武钊、武倩。二十世武铭，文峰长子，武铭生子二，长荣盛，次荣斌。二十一世荣盛，武铭长子。生子五，昌仁、昌义、昌礼、昌信、昌智。二十二世昌礼，荣盛之子，生子三，世禄、世俊、世勋。二十三世世俊，昌礼次子，字仲弘，号毅。

陈毅生于1901年，1919年赴法国勤工俭学。1923年加入中国共产党，身居高位，为党为国家勤勤恳恳工作一辈子。新中国成立后，授开国元帅衔，任国务院副总理、外交部部长。1972年病逝于北京，享年71岁。

陈毅娶张茜，生三子，长子陈昊苏，中国人民对外友好协会会长，陈氏宗亲总会名誉会长。次子陈丹淮，中国人民解放军大校。三子陈晓鲁，国务院原某局局长。

根据四川乐至陈氏宗谱及湖南邵阳新宁县《扶彝陈氏族谱》载，可以确定陈毅四川始祖尧镜公是湖南始迁祖（陈）和公后裔。和公原籍江西泰和，明洪武时曾任粤西桂林知府、云南道尹，后因不愿事两帝（明建文帝、永乐帝），解甲归田，道经新宁，留居南乡金家村，两谱均作此记载。陈和后裔、云南庠生陈建章光绪二十五年（1899）考证：和公祖讳秉直，长子龙头，次子和公，满子伯公。当年是和公带着伯公入桂赴任，解甲归田又一起落户新宁。最近几年，依据和公从泰和赴广西任职及解甲归田经湖南新宁留居落根的时间地点，查阅西昌陈氏各族谱，均未发现和公其人，亦无族谱与其对接。新宁扶彝陈氏宗谱明确记载，和公于明洪武年间任桂林知府。按泰和柳溪陈氏世系计，应该是晖公下位18代。而新宁、乐至陈氏两谱记，尧镜公为和公下位15代，陈毅八世祖，也就是说，和公至陈毅约23代，时间相距500年，世系平均间隔21.6年，合情合理。在查阅柳溪谱时，发现一位族人与和公的人生经历比较相似。这就是出生于洪武庚申年的陈赏，晖公十八世孙。陈赏，字公延，永乐辛卯年登（1411）肖时榜进士，授广西按察使佥事。他家一门三进士，父仲述，洪武乙丑年（1385）登程以善榜进士。侄陈宜，正统壬戌年（1442）登刘俨榜进士。他为官清正廉明，清苦如水。其父卒于任，无以为殓，同官赠资方得返家。妻子在老家无庐以庇，还是同事黄翰到泰和感梦，为其复故居。陈赏长期漂泊在外，解甲归田时清贫如洗，不好意思回泰和，干脆留居在外。但老家还有老妻和一个儿子，以续香火。和公留居新宁南乡金家村成家立业，缺失上源资料，有其为难之苦衷，不好过多推测。

　　陈毅先祖，即湖南邵阳新宁扶彝陈氏始祖（陈）和公来自江西泰和这是确定无疑的事实。但究竟是属于西昌陈氏柳溪派、清溪派，还是南寮派等，族人正在组织考证。或今后可通过祖源数据库对比进行确认，相信终有水落石出之日。

5.7 由泰和徙居湖南的西昌陈氏族群

湖南人从哪里来？答案是：商人南来，楚人入湘，衣冠南渡，江西填湖广。经过漫长的迁徙与融合，由以蛮人、濮人和越人为居民主体的蛮荒之地，转变成以汉族为主的地区，形成了独特的湖湘文化。

五代之前，湖南移民多来自北方，五代之后，多来自江西。江西的开发，始于东晋南渡，晚于江浙地区，却远远早于湖南。江西往湖南的移民"几纯为经济"。北宋时，江西人口曾经居各省之首。到了明朝，江西人口在全国13个布政司中居第二位，财富户口殷盛。由于一方面江西人口与耕地的矛盾加剧；另一方面湖南是一片地广人稀的荒芜之地，故赣人向接壤的湖南自然转移。另外，元末明初的战争让湖南人口流失严重，明朝采取鼓励江西向湖南移民的措施，使江西移民在此时达到一个高峰。江西庐陵向湖南大量移民，西昌陈氏也不例外，纷纷迁徙湖南各地。据不完全统计，由泰和迁往湖南的陈氏族群达到20多个。

1. 新化鹅塘陈氏

始祖伯万公，字顶一，号金峰，原籍江西泰和县儒衡乡丰城里圳上早禾渡梅子坡。后唐庄宗同光二年（924）任湖广招讨抚防御使，携子元和、亨和、利和及孙子多人由湖北沔阳经潭州湘乡至邵阳高平县太阳三都，驻军横阳寨（今西河镇鹅塘），卜居于此。后长子元和留居新化，次子亨和迁沔阳，三子利和迁湘乡。元和子翔公迁四川阆中，至九世永宗、诏宗同归鹅塘，齐宗归泰和。明弘治六年（1493）新化陈氏始修族谱。万历十六年（1588）二修。至崇祯十五年（1642）三修时，合元和公派下五十七户，亨和公派下一户，利和公派下九户，又知则公派下三户，共七十三户。清康熙三年（1664）四修。雍正元年（1723）五修。乾隆四十九年（1784）六修。道光二十年（1840）七修。同治十二年（1873）八修。1935年九修。

1996年十修时。合元和公派下189户,亨和公派下1户,利和公派下13户,合计203户。

2. 湖南汝城锦堂陈氏

始居祖,陈少三郎,泰和晖公八世孙嵩公之子。嵩公生四子:少大郎、少二郎、少三郎、少四郎。少大郎、少二郎明初由闽徙汝城濠头。少三郎,于南宋绍兴年间任广东廉州府司户参军,任满宦退,卜居郴州桂阳(今汝城)锦堂。生三子:格器、格森、格褅,为湖南汝城锦堂陈氏始祖。其字辈排行引为:秉懋邦家善庆长,翼为明听焕文章……与柳溪排行字辈一致。

3. 长沙七里营陈氏

始祖端公,唐懿宗时任节度使,敕镇潭州而落籍于南楚。传十七世至友明公,字光士,于明洪武初年由江西泰和因避陈友谅之乱迁湘,开基于长沙溁湾桥,再徙七里营。族人多分布在长沙西乡、湘阴、临湘等地。至1948年,已传40代,男女总人口共2750人。清光绪二年(1876)建家庙于长沙戥子桥。

4. 长沙大西门陈氏

始祖伯万公,长沙大西门陈氏先祖德源公,明洪武为武冈州守备,从军南雄侯,后加封定远将军。生四子:长志聪,居湘潭;次志忠,居湘阴;三志善,徙益阳;四志量,迁宁乡。忠裔二十六世尚信公生四子,长四居关山;次无传;三华公至三十世昌辉公,生贤财、贤任、贤佐。财公徙平江梓木岭干田塝;任公迁四川;佐公居丰仓高公冲、成江桥等处。先祖居浙江会稽,唐三司使九世孙寿公由富阳迁仁和,寿公元孙十一世时中公任长沙府守将,擢山西潞安府总兵指挥使,辞不就。后元末兵变,群凶赤掠湖湘,乃隐于长沙河西距城二十里的天顶山。生二子:观我、观效。观效由天顶山分居德锦塘。清光绪二年(1876)建宗祠于燕子窝。清康熙元年(1662)、道光二十一年(1841)观我房纂修族谱;光绪二十三年(1897)二房合修;1947年观我房四修。房名人陈德隆,简放提督即补总兵。

5. 湘乡石狮江陈氏

伯万公，三传至朔，由新化分居湘乡，为迁湘乡始祖。至十八世文质公，字彬卿，号华叔，谱尊一世祖。生八子：镕、铎、镔、铭、钊、鉴、鏕、钺。鏕、钺两房居石狮江。鏕公下传八世祖玉先，字荣生，徙居石狮冲等处，派衍梅、相、权、榜四房。该支五世嘉谟，明嘉靖举人，官宁州知州。清雍正十二年（1734）建宗祠于石狮江。嘉庆十二年（1807）建彬卿公祠于湖天塘。钺公房谱始修于道光四年（1824），光绪四年（1878）续修，1926年三修。

伯万公来楚，寓迹长沙、宝庆两郡之间，后裔支分湘乡、益阳、湘潭、新化四邑。至明初彬卿公，生子八，四子铭，字志玹，居鹤里。是为湘乡船下桥陈氏始祖，支谱始修于清雍正九年（1731）；道光七年（1827）续修。

6. 湘乡测水陈氏

至明永乐四年（1406），伯万公二十九世孙彦德公由溆浦徙居武冈陈码头。后裔桂公生有四子：汝爱、汝聪、汝明、汝远，遂分为四大房。四房后裔自武冈续适湘邑测水等处，称测水陈氏，尊彦德公为测水陈氏一世祖。清道光四年（1824）建宗祠于测水。道光四年（1824）始修族谱；1994年五修。该族名人陈介，民国间为驻德国、巴西、墨西哥、阿根廷等国大使。

7. 湘乡竹园花屋场陈氏

始祖伯万公，其长子元和之三子翔世居鹅塘。次子亨和之三子殺返居沔阳。三子利和没于新邑，其子朔带眷属转徙湘乡南门，十余传至元鼐公，于元武宗年间由县城新阳里石狮江徙居竹园花屋场。以元鼐公为迁湘一世祖。伯万公祠在新化，元鼐公祠在湘乡十九都白杨区竹区，建于清嘉庆二十年（1815）。清同治四年（1865）始修族谱，光绪二十六年（1900）续修，1932年三修。

8. 湘乡黄塘陈氏

始祖伯万公，长子元和世居新化。至十九世复九公，于明宣德初年由新化鹅塘迁居湘乡荆溪黄塘。族谱始修于清乾隆十三年（1748），道光十四年（1834）续修，乾隆四十一年（1776）创建宗祠。

9. 湘乡尚义陈氏

先祖叔达公子烈公，徙居古虔之马头。烈公五世孙公寿，仕唐，干符中徙长沙；子珍公，周世宗时仕谏议大夫，徙茶陵。珍公十世孙天瑞，由茶陵徙居江西泰和。天瑞孙其善，号十五公，元泰定间由江西吉安府泰和县儒衡乡徙居湘乡县尚义三十一都深溪头。清雍正十二年（1734）始修族谱，嘉庆二年（1797）、光绪五年（1879）、1932年、1994年先后五次修续族谱。

10. 安仁石溪陈氏

一世祖云兴公，为陈武帝霸先二十六代孙，于后唐长兴元年（930）由江西泰和早禾市徙居湖南茶陵墨庄。云兴公十二代孙绍隆公，于宋德祐二年（1276）徙居安仁新塘。

11. 郴县凤德乡下凤、家洞、东湾陈氏

始迁祖景泽公，元至正中由江西柳溪徙郴县凤德乡下凤、家洞、东湾等处。

12. 郴县秀才乡小岔陈氏

始迁祖彦千公，江西泰和县人，元末任衡州参将，徙居城内一街，复徙郴县秀才乡小岔。

13. 邵阳老鸭田陈氏

始祖伯万公，传八世分永宗、康宗、齐宗、广宗、庆宗五房。庆宗仍回吉州，广宗徙四川阆中，永、康、齐三公之胄繁衍邵、新、湘、益，新化尤盛。齐宗之后权甫，元至正徙邵阳老鸭田。权甫十三世孙昌令再迁二都月山下。

14. 邵阳墨溪陈氏

始祖伯万公，字金峰，后唐同光二年（924）奉命编插潭州而自江右泰和徙居湖广邵州府上高县大王三都黄杨山鹅塘（今属新化）。

15. 邵东陈氏

始祖伯万公，始迁祖万镒、万钦，明洪武初来镇宝郡。镒公居县前落凤坡，钦公居中乡太平。

16. 邵东龙山陈氏

始迁祖齐甫公，元至正二十二年（1362）由江西吉安泰和迁居邵东龙山村。清乾隆五十九年（1794）始修族谱。

17. 隆回洞下陈氏

始祖伯万公，落担于今新化鹅塘乡横阳山，开永、康、齐、广、庆五宗。广宗迁四川阆中，庆宗返泰和原籍。永宗、康宗、齐宗三派于湘西新化、邵阳间。永宗四传至文成公（1286—1349），偕弟文贵、文仕，由溆浦迁邵阳隆回二都大水洞枫木坑落担，后又迁居洞下，领八甲户，世称八甲陈氏。族谱始修于明孝宗弘治六年（1493），1945年六修。1938年建宗祠于金石桥洞下村。

18. 绥宁李熙桥陈氏

始祖伯万公，原籍江西泰和。十代孙享公于宋绍兴四年（1134）迁居绥宁红岩，后转徙李熙桥陈家寨。

19. 新宁南乡金家村陈氏

始迁祖和公，原籍江西泰和，明洪武时曾任粤西桂林知府、云南道尹，后解甲归田，道经新宁，悦其山水而卜居南乡金家村。清代第十五世孙尧钦，壮年徙川，定居四川乐至县。陈毅即为陈尧钦八世孙。

20. 益阳十九里四屋冲陈氏

始迁祖元清公，江西泰和人，明洪武初年自新化迁此。其后八丈，居谭家桥、四屋冲等地。

21. 益阳赵塘其陈氏

始迁祖文六公，五代后唐同光年间自江西泰和来此开垦。后裔住兰溪、滴水洞、十八里鹿角湾。

22. 新化陈家坪锦屏陈氏

伯万公之长孙翔社任山东博州知州，继入蜀，任新井县令，后弃官居阆州西水，遂为西水陈氏。传八世至汝嘉公，字居美，于宋景炎间宦邵州，后因元兵阻断归程而隐居于梅山（今城关镇陈家坪）。后人散居于桃林、白土溪、黄壁冲、横阳山等地。宋祥兴元年（1278）始修族谱，明正德元年（1506）二修，万历二十八年（1600）三修，清雍正元年（1723）四修，乾隆四十九年（1784）五修，道光六年（1826）六修，同治十二年（1873）七修，1920年八修，1995年九修。

22. 宁远神仙洞杨塘陈氏

始迁祖永胜公，明时携家眷从江西泰和避居桂阳泗州寨，再迁宁远县神仙洞、杨塘等处。子孙散居上龙盘、晓睦塘、桐木漯等乡。

23. 江永红山陈氏

始世祖初盛公，明洪武年间自江西吉安泰和县迁通道、上寨、銮安、龙地安虎坐山。

24. 通道上下陈团陈氏

始迁祖苗阶公，明洪武年间自江西吉安泰和县迁通道上下陈团。

5.8 由泰和奉旨赴湘平蛮的新化鹅塘陈氏伯万世家

徙居江西泰和的陈伯万家族是颍川陈氏的名门望族。"唐祖初（先祖）南瑛公（居）江西吉州泰和县儒衡乡丰城里早和渡梅子坡。登高字显庆丙辰（656年）进士，官副使。"有谱记"叔明生南瑛，隋开皇间的进士副级"，首居圳上（江西泰和）。叔明次子志能生子德，德以下第9代便是伯万公。

伯万公为南瑛之后，于唐宣宗九年（855）生于泰和早禾渡梅子坡圳上金峰庙。同光二年（924）率子元和、利和、亨和及术人董保仔由泰使湘，卜居湖南新化县横阳山大阳三都鹅塘。有谱载，百万公长子元和生翔，陈翔后任博洲知州，随王建入蜀，其子诩亦随入川。诩生子昭汶，昭汶生子省华，省华生尧叟、尧佐、尧咨。在北宋吏治史上，"三尧"一族占有闪亮耀眼的一页。"一门二相，四世六公；昆季双魁多士，仲伯继率百僚；文章德业，炳然史册。"他们的业绩广泛见于宋代官私文献。不仅如此，当时天下人"秦公为教子令范"，誉燕国太夫人冯氏为"孟母"。"三尧"陈氏是历史上最显赫的家族之一。唐末天祐元年（904年）陈晖徙居泰和时，伯万公正值壮年（五十岁左右），两人同宗同祖同时代同居一地，应该是有交集的。当时伯万公有一定的社会地位和能力，晖公却是天涯沦落人，很可能得到过伯万公的帮助。陈晖次子承逸于同光元年（923）被推举摄县事。同光二年，伯万公奉旨举家离泰赴湘任职，很可能承逸为泰和县令是由伯万公举荐的。由此可见，西昌陈氏与三尧家族的先祖有着千丝万缕的关系。

据湖南城步县城儒林镇《陈氏通谱》中的《陈氏源流述略》记载，宜都王陈叔明生南瑛，"于隋开皇间，迁江西泰和县衡乡丰成里早禾渡梅子坡圳上居焉，厥子五人，皆显于唐。长子汉立世守圳上旧址，子瑕琳黄甲及第。瑕琳生光禄大夫惟，惟生徐州太守兴，兴生文琥、文琦为镇北将军，生子袯，官御史。袯生寿，寿生淮州太守益。益生内帘御史文。文生湖南始迁祖伯万公焉。伯万公于后唐庄宗同光二年来编湘潭谣，择邵州之新化三都横阳山鹅塘村居之，遂为湖南新化人。卒葬鹅塘金台山。文琦数传而为昌建，为六七公子者，名同而人异也。伯万公生三子，长元和，世守邱墓；次亨和，分居湖北之沔阳；再次利和，分居湖南之湘乡。元和子翔，五季时，为蜀王建掌书记，建欲帝蜀，以顺逆祸福譬之，不听，弃官居四川宝宁府阆中县，又为阆中人。于翊孙昭文，均不显于蜀。昭文子省华，事宋为谏议大夫，徙家河南之济源。子尧叟、尧佐、尧咨俱捷元，魁登相位。而尧佐尤贤，宋史大臣有传，以官故又居河南之新郑。后尧叟生永宗，尧佐生康宗、尧咨生济宗，兄弟皆来湖南万祖墓，复为湖南新化人。数百年来子孙满湖湘矣。大抵万祖以前，居颍川者十八世，居长城者十一世，而后运启江南。宜都王以后，居吉州者十一世，而万祖者始崛起。万祖以后居新化者二世，居阆中者三世，居济源一世，居新郑者二世，或为流籍，或宦籍。全三宗偕来，而湖湘陈氏始滋。……"可见湖南陈氏大多是宜都王后裔伯万之后，子孙繁衍，遍布各县市。

湖南湘中陈氏始祖伯万公（约853—949），字顶一，号金锋，生于唐朝末年，原居江西泰和县，南朝陈国皇族之后裔。生长于唐末乱世，佐李克用屡建军功，于后唐庄宗同光二年（924），以七十高龄，任武军节度使兼湖广都招讨宣抚防御使，率三子元和、亨和、利和子孙四代奉旨平定南蛮，平蛮编民。占潭州（长沙），以子利和及孙朔守之。伯万公遂定居新化鹅塘。后晋天福十二年（947），伯万公及夫人赵氏相继去世，合冢葬鹅塘金台山。

陈伯万之父陈文，字景思。唐僖宗时李国昌之子李克用反，陈文为监军御敌，派子伯万、伯千持书招安未果。李克用称晋王，伯万、伯千遂随其军。后黄巢起，朝廷以陈文招安李克用，败黄巢，遂升陈文为太尉、镇北将军，伯万为行营都指挥使，伯千为军中教练使。时黄巢攻陈州，即因陈州为景思祖居地，欲攻之以牵制其兵力。而李克用以五万兵救之，亦因其与陈景思交厚故也。伯万当李克用时，号称"陈无敌"，景思卒后葬扬州金顶峰。

陈伯万夫妇在世时，各房子嗣日益增多，开始外迁，其中：陈元和（第二代）生三子陈翔、陈羯、陈羝（第三代）。因陈翔为川蜀新井令，元和公送孙子陈诩（第四代）入川定居阆州（今四川省南充市）。陈诩在四川生二子昭文、珰文（第五代），昭文生省华、省时（第六代）。省华生尧叟、尧佐、尧咨。

陈伯万六世孙尧叟、尧佐、尧咨两中状元、一中进士，号称"一门三相"。尧咨更以善射著称，曾与卖油翁论射，传为千古佳话。现嗣孙近百万，遍布全国各地。

陈元和之子陈翔，先为博州刺史，后随王建入蜀，因谏阻王建称蜀王不从，弃官归里，卜居阆中新井。翔子陈诩，自幼由外家养大。长成后随祖父及曾祖出征，后携家入川侍奉父母，累官开府仪同三司、太师、尚书令兼中书令，追封齐国公。陈诩子昭文，终身未仕，并阻其子省华应蜀、晋之试，宋时以孙贵封"楚国公"。

陈昭文子省华，宋太祖灭蜀后入仕，后以子贵封"秦国公"。陈省华之子尧叟、尧佐、尧咨，称"一门三相"。陈尧叟长子师古，尧佐长子述古，尧咨长子敏古。师古、述古因"青苗法"与王安石等相左，兄弟遂相约弃官归里。

陈师古长子永宗，字知言；述古长子康宗；敏古长子齐宗。三宗在父、祖故后，奉祖命归新化鹅塘省万祖墓，见其地而喜之，遂举家回迁祖居之地鹅塘。后鸿发五十七户，至今嗣孙过百万，遍布华夏大地，望族盛事。

永宗公之孙，祖一公（第十代）次子奉二公（第十一代，字彦昌，别号功服）由鹅塘迁溆浦窑头等处。到第十二代，奉二公的长子文礼、次子文仁仍居溆浦窑头，三子文成迁居隆回二都洞下，四子文贵迁居隆回二都大湾等处，五子文什迁居隆回二都桥等处。

同时期外迁的，还有省时公（省华公亲弟，第六代）的后裔，同属第十二代的文字、文明（发古公位下祖五公之孙，奉七公之子）居湘乡县；文杨（发古公位下祖七公之孙，奉八公长子）居新宁县；文彩（奉八公次子）

居安化；文标（奉八公三子）居常德武陵源等处。

永宗之后，陈氏到邵阳邵东开派者之一是甲九公，伯万公传至他是第十八代。甲九公配王氏，明洪武年间从新化鹅塘迁居邵陵南路谷州竹山铁禾场（今邵阳县谷镇清水村）。生一子朝富。邵东皇帝岭江子冲陈氏多数是甲九派荣公房，详公支派，正位公后裔。甲九公亲兄甲八公迁居益阳桃花江。

陈亨和（第二代）生一子陈殁（第三代），迁居沔阳（今湖北仙桃市）。

陈利和（第二代）生一子陈朔（第三代），迁居湘乡。

湖南陈氏大多是伯万之后，子孙繁衍，遍布各县市。一支迁邵阳县横阳山，子孙分布于邵阳县临津门、隆回、湘乡、武冈、溆浦等县。元至正时，其后裔陈权甫又迁邵阳县老鸭田，已传五十三代，人口达70多万。

5.9 南朝皇室后裔——西昌阆苑陈氏

颖川陈氏实公传至27世文赞，生子三：谈先、霸先、休先。谈先，梁东宫直阁将军，后封义兴郡公，谥昭烈王。霸先，梁太平二年（557）受梁禅，建都金陵，号高祖武皇帝，在位三年崩。兄谈先之子蒨嗣位，是为文皇帝。文帝去世后其子伯宗继位，在位二年，昭烈王第二子顼即位称帝，在位十四年，谥孝宣皇帝。生后主叔宝、叔明、叔达、叔澄、叔武等众兄弟。

叔武是陈宣帝晚年的儿子，在南陈灭亡之前，因年纪太小没有封爵。陈后主祯明三年（589），陈朝灭亡，陈叔武随大哥陈叔宝入隋至雍州大兴城。史书没有他在隋朝的事迹。唐朝建立后，陈叔武任沂州（治今山东省临沂市）刺史，转任光禄卿。他的儿子陈玄度官至密王（李元晓）祭酒、鄂州永兴（今湖北省阳新县）县令。

叔武字子威，梁承圣二年生（553）；妣冯氏，生子曰恒，太建五年癸巳（573）生，袭礼部侍郎。恒生子曰读言，开皇十一年辛亥（591）生，擢为太常博士；娶陆氏，生子名章，号文奎，隋大业十年甲戌（614）生，职补江陵令，升为御史大夫。唐麟德二年（665）授虔州刺史，年耄谢禄，建家于虔州曹龙。因恐后世子孙不知木本水源之所从来，于唐垂拱二年（686）腊月著《血脉图记》，以为子孙记载。

章公配韩氏，生子二：长芳号棠甫，以祖荫建昌教授。次子昱号明甫，荫授国子监丞，配文氏，生子二：长名讥，字之诵，庠生；次名诚，字之奇，国子监。诚生子二：渊明，字若光（685年生）；渊源，字若水（689年生）。渊明于开元七年己未（719），因好猎，徙居于都清塘铁务口。开元十九年辛未（731），渊源游于潋江镇之南，观其山清水秀，因名其地曰竹坝（今兴国潋江镇坝南村），遂居竹坝店前枫树下（共和国上将陈奇涵即本支系后裔）。源娶桂氏，生子三：文福，字德，唐景龙年（708）生，因迁丹台观背谢氏之家而居；文瑞，字详，唐开元二年（714）生；文祐，字眷生，唐开元五年（717）生，娶曾氏。文瑞生悲公、焕公，唐建中元年（780年）十月，弟兄迁至赣县之丰乐乡曹林里，即今衣锦乡云相里泄龙。悲公第五子摠公于开成五年（840）随父坟迁于都东山。悲公五世孙令进，生子曰亮，名福舆，天祐二年（905）九月望日，徙居吉州阆苑（今泰和县水槎乡茶园村）。文祐生二子，长名遂，字光先，唐贞元元年（785）九月，游猎于都平地居住。次名隐，字光德，唐玄宗天宝三年（744）生，娶李氏。生子齐可，字则仕，世居竹坝。文祐十五世孙显，住于都铁务口，绍圣元年（1094）复还竹坝居住。

显公之孙玗公因不能回答旁人"君知祖乎？君知派乎？"两问，故坐立难安。绍兴六年（1136）玗公为金陵令，复任峡州知府。归家将古之手泽、简编悉皆搜抉，具录前祖章公血脉图记，并著后血脉图记。

今江西省泰和县水槎乡茶园村陈氏追远堂与江西省兴国县潋江镇坝南村陈氏德星堂同尊唐虔州刺史章公为南迁一世祖，自唐至今两地宗族一直往来不绝，实为一支两派。

章公十一世孙亮公自唐天祐二年（905）九月望日徙居吉州阆苑，为西昌阆苑派开基祖。至章公二十四世孙甫峻生三子：天龙、天凤、天全。天龙公之孙千四郎为泰和仙槎城州基祖（修瑞堂）。其孙邦美明，洪武中以贤才举四川内江主簿；又一孙道郎，由阆苑徙本邑城西之花亭前，复徙城州。道郎之曾孙季潘，字廸川，明永乐乙酉（1405）举人，登进士，任苏州镇江教授，子四：永举、永让、永选、永蛋。天龙公之孙千九郎长子必富，字福山，号兴斃，行三十三郎，由泰和茶园徙居兴邑北隅背街陈屋坪五昌庙开基（兴斃堂）。娶郭氏生子三：昌林、昌荣、定七郎。必富长子昌林传至章公42世大逢，清顺治六年（1649），带三子徙居上海崇明县陈家巷。其弟大信徙居南康县塘岗芦村（今南康区唐江镇卢屋村）。必富次子昌荣传至章公34世彦清，讳正四，世居五昌庙前，配周氏，再娶梁氏，生子三：伯完、伯容、伯昂。伯完后有徙潋江镇石灰岭的，有徙埠头陈屋及潋江镇和睦的；伯容、伯昂后徙居鼎龙迳口。伯容传至章公42世大槐创立甲先堂。伯昂传至章公42世大彪生子名杰，字迕士，于康熙十四年（1675）迁居花桥土围左后居住，是为鼎龙麦鹅开基祖。生子二：远镇、远锡。远镇，字卫君，移居横河里（在迳口创立卫君堂）。远锡，字天祐，迁居木子山下，再迁高兴上鳌圩。

天凤公讳三十郎，娶郭氏，住江下。其五世孙思明，名解，中宋景定辛酉（1261）解元，壬戌（1262）方山京榜进士。天凤公裔原谱载明住居江下，明朝时潘公序记又载明徙居泰和县城西文秀里，以后失联。

天全公仍居茶园，生子四：汉用、汉谋、汉杰、汉弼。此即西昌阆苑陈氏所说的三天四汉。族谱初修于明洪武八年（1375），总祠陈氏追远堂建于明成化五年（1469）。洪武二十五年（1392），天全公八世孙志高（章公三十二世）分迁赣县爱敬乡丰溪（今兴国丰溪），为丰溪志高堂始迁祖。志高公七世孙明鼐于明弘治甲子（1504）分徙兴国大亨龙（友鼐堂）。志高公八世孙良臣（原名启钺），明嘉靖癸未（1523）年由大亨龙徙里源（宪略堂）。志高公十世孙曰官（原名文任），晚年携二子继圣（原名学泰）、三子继祖（原名学秦）于明万历后期至天启年间徙社富（才士堂）。

　　章公四十六世孙道明公，清康熙年间由兴国龙口丰溪迁徙社富稠村路野。章公四十九世孙陟班公，清道光年间由兴国龙口丰溪迁徙社富里口。此外志高公后裔在清朝时期有迁往云南（文山）者，有迁居泰和沿溪草坪村者。天全公八世孙志辨公，分徙阆川南岗（光裕堂）。天全公十世孙如珥公，自明末由阆苑徙吉郡之站前，传五世至明敬公迁至吉郡横石里。天全公三世孙德圭公，分徙阆川大石岭（庆远堂）。天全公九世孙永中公分徙阆川夏莲，堂名恩荣堂。天全公十七世孙绪公，徙居泰和冠朝，堂名光远堂。天全公二十世孙思效公，徙居泰和沙村坤原，堂名悠远堂。旧谱所载，或徙四川雅州者，或徙江南者，或徙湖南、湖北者，皆失联。

第六章 西昌陈氏文化特色和亮点

6.1　陈姓徽记及远古文化

图腾是古代氏族用以区别其他氏族的标志，是最受本氏族人崇敬的神圣族徽。陈姓图腾是陈氏用以区别其他姓氏的标志，又叫陈姓族徽。

陈由"东"和"太阳升降的阶梯"组成。东为日在木中，此木又叫榑木、扶木、扶桑、若（叒）、建木。日在木下为杳，日在树顶为杲，日在地平为旦，日在山下为昏，日在午前午后为昃。当榑木转为建木天干时称为"重"，所以古代"重""东"为一义。树立"扶桑"或"扶木"的地方为陈，古代有陈仓、陈留、陈等，它们都是天文观测中心。

据《中华姓氏通书·陈姓》载："陈字左边为旌旗之状，右边为战车车轮，上载戈矛，下面则是土的会意，其含义是以战车排列于国土边界保卫土地。"仔细琢磨这个陈字，昔时金戈铁马、旌旗猎猎的古战场，刀枪撞击、车轮滚滚之声似乎就在我们耳旁。

据《史记》载，高轮车是黄帝发明的，所以，黄帝又叫轩辕氏。那时，黄帝和他的支裔过着游牧生活，高轮车则是他们往返迁徙、抵御敌人、与敌作战、防止野兽偷袭的重要工具。而擅长制造黄帝发明的这种高轮车的，则是黄帝氏族的一个重要分支部落——陈丰氏。因此，《陈姓》说："陈"这个徽记是陈丰氏给留下的。据史载，古老的陈丰氏是第一个以"陈"为姓的民族，但他不是后世陈姓的血缘祖先。

陈丰氏——黄帝氏族的一个重要分支部落，其依据为《史记》有载。《史记·五帝本纪》说："帝喾是黄帝的曾孙，帝喾生放勋——尧。黄帝生少昊（元嚣），少昊生乔极，乔极生帝喾，帝喾生尧。"据《路史·国名纪》说："陈丰，一作锋，帮也。"可见"锋""丰"相同。陈丰氏部落与黄帝家族通婚，结成血缘系统，为炎黄氏族部落联盟打下了强大基础。

黄帝姓姬，以其初居地姬水而得姓。姬水在陕西岐山，今岐山西面还有陈仓山，山下有陈坂，陈坂则是陈丰氏部落的初居地。由于黄帝氏族和陈丰氏部落同居一地，因而联姻。之后，陈丰氏部落随黄帝族东迁中原。由游牧转向农耕，定居宛丘（今河南淮阳县境）。从此，陈丰氏给居中华民族十大姓第五位的庞大家族创下了特定徽记——陈。数百年后，周武王灭商，他为了表明周王朝继承的是历代先王之治，于是封有虞氏舜帝之后裔妫满于陈丰氏部落定居的这块故土上，有虞氏部落的后裔从此姓陈。而陈丰氏部落除一部分融入黄帝氏族外，多半在灾荒战乱中消失。

有虞氏舜帝是远古陈氏人群的人文始祖，他一生的言行举止得到各部落人们的认可称赞，以至尧将帝位禅让给他。舜成为父系氏族社会后期部落联盟领袖后，他精心摄政，身教德行，与人民同甘共苦，推动中华民族的历史和文化向前跨进一大步。他个人品行优良，克勤克俭，辛苦劳作；宽以待人，严于律己；仁慈厚道，孝敬父母；为人善良，处事认真，深得人心。在舜帝的带领下，有虞氏族人对远古文化的发展作出了应有贡献。具体表现在：

1. 东夷人制陶质量不过关，舜便带头制陶，身体力行，善工施教，攻克质量难关。一年光景，陶器就做得精美漂亮，经久耐用。

2. 总结前人历法农事，确定二十四节气，一年农事可定，社会由游牧为主转为农业为主。

3. 开始用皮革与五彩做衣服，再加上刺绣，服饰十分鲜艳华丽。

4. 亲作五弦之琴，还作箫。与夔合作，创作乐典《大韶》和《箫韶》，用以召集群众集会。孔子赞韶乐"尽善尽美"，听之"三月不知肉味"。

5. 尧舜时代处于国家形成前夕的父系氏族社会后期，共主公选制度已进入末期，传子局势已定。但尧舜仍然禅让传贤，为后人称道。舜帝荐禹于天，使摄位而命之曰："人心惟危，道心惟微，惟精居惟一，允执厥中。"这十六个字为王道圣之圭臬，即为中国道德文化之根源。

6.2 舜的高尚品德与修养

陈氏上古先祖舜帝是位道德修养十分高尚的人。帝舜有虞氏，颛顼六世孙也。姓姚，名重华，又叫仲华、玄景，重明是因为他两个眼睛有三个瞳子而得名。他方头方脑，龙颜大口，黑皮肤，身高六尺一寸。舜自小受到其父和继母虐待，并想方设法要害死他。他的反应不是仇恨暴烈，而是逆来顺受，大打躲避，小打受之，没有埋怨世道不公，而是更加孝顺父母，慈爱弟妹。舜之"好学孝友，闻于四海；陶家事亲，宽裕温良；敦敏而知时，畏天而爱民，恤远而亲近"的精神，令人钦佩。

舜从耕田种地中被发现；傅说从筑墙的活计中被提举；胶鬲从龟盐行业中被举用；管夷吾从狱官手下被起用；孙叔敖从海边被举用；百里奚从交易场所被举用；等等。这些表明，上天准备把重任交给某人时，一定先会先让他的心力意志经受痛苦的折磨；让他的筋骨经受劳累的锻炼；让他的身体能忍受饥饿和贫苦；让他的行为总是难以如意。以此来震撼其心灵，磨炼其性格，增长其才干。尧之所以把天下禅让给舜，是因为舜的品行修养和实际表现赢得了百姓的赞许。舜辅助尧治理天下二十八年，这不是一人能办到的，他选贤荐才，共治天下。尧死后，三年之丧结束，舜为了使尧的儿子继位，便躲到南河的南边。可是天下诸侯朝见天子，不到尧的儿子那里，都到舜这里；打官司的人，也不找尧的儿子，而来找舜；歌颂的人，不歌颂尧的儿子，而歌颂舜。这样，舜才回到都城，继天子之位。孔子说："舜是了不起的天子，多么崇高可敬呀。虽然拥有天下，自己却不享受和占有它。尧舜治理天下，难道不是费尽心思、竭尽全力吗？只不过不像农夫那样用在种庄稼上罢了。"

几千年来，舜的高尚品德与修养一直被视为中华优秀传统文化的重要内容。一是行仁义。这是舜的天然本性。二是见智勇。舜住在深山的时候，与林木山石共处，野兽毛虫交游，他跟深山中的一般人不同的地方极少。但等到他听到一句好话，看见一件好事，从中获得的力量就像决了口的江河，汹涌澎湃，无人阻挡。三是虚心好学。舜是非常聪明的人，但他很谦虚。喜欢请教别人，善于隐去别人的不足，宣扬他人的长处；并对两个极端加以调和，用中庸之道去获得人心。四是不索取。孟子说："如果不合乎尧舜之道义，即使把天下的财富作为俸禄给他，他也不回头看一眼。"他一丝一毫不向别人索取。五是让位于禹。舜禅让帝位于贤能者禹传为佳话。六是孝敬父母。舜临御六十一年，法祖尊亲，考思不匮，钦定《孝经衍文》一书，演释经文，以理相贯，无非孝治天下之意。

舜耕于历山，人皆让畔；渔于雷泽，人皆让居；陶于河滨，器不苦窳；作什器于寿邱，负贩于负夏，所居一年成聚，二年成邑，三年成都。

帝尧因舜德，更因四岳之荐，访求之，得舜于服泽之阳。问曰：我欲治天下，奈何？对曰：执一无失，行微无怠，忠信无倦，而天下自来。曰奚事，曰事天；曰奚任，曰任地；曰奚务，曰务人。曰：人情奈何？对曰：妻子具而孝衰于亲，嗜欲得而信衰于友，人之情也。能从道则吉，反道则凶，帝尧深然之。

尧帝娶敬宜氏女曰女皇，生九男二女。长子名朱，封于丹，有智辩，好漫游，不肖帝德，余子亦庸碌，不足授天下。帝乃注意于舜，使九男以处，以观舜行。又因舜年三十，尚未有室，即以二女妻之。二女娥皇、女英也，二女受舜德化，皆执妇道。帝尧知其内外咸修，更历试以诸般艰难之事，皆能胜任，乃授以相位。

时高阳氏有才子八人，世称八恺。高辛氏有才子八人，世称八元。尧未及举，舜皆举之。另有帝鸿氏，少奚氏、颛顼氏、缙方氏之四个才子，尧未及去，舜皆投之四裔。舜奖善惩恶，好仁恶不仁之举，不苟丝毫，后之媚世求荣者能不愧报。舜于大麓，烈风雷雨弗迷。尧知舜之足授天下，乃使授政。

舜得举用事三十年，摄政八年而尧崩。三年丧毕，让丹朱，天下归舜，舜乃即帝位。其先国于虞，乃曰有虞氏。举贤任能，禹宅百揆，阐美帝功。弃为后稷，百谷是茂，契主司徒，敷五教，百姓亲和。皋陶作土，明五刑，正平天下罪恶，民各伏其实。垂作共工，百工致功。益作虞，山泽辟，伯夷秩宗，上下咸让。典乐，八音皆谐，神人以和，龙王宾客，远人至，十二牧行，而九州莫敢避违。

唯禹之功为大，披九山，通九泽，决九河，定九州，各以其职来贡，不失厥宜。方五千里，至于荒服，南抚交趾。北户、西、西戎、析支、渠叟。氏羌、北、山戎、北发、息慎。东、长夷，四海之内，咸戴帝舜之功。于是禹乃兴九招之乐，致异物，凤凰来仪。天下明德，皆自舜帝始。

6.3 陈霸先与西昌白口城

陈霸先与白口城是泰和县志开篇记载的人和事。南北朝时，陈霸先起兵北伐侯景之乱，在西昌白口城兴"龙"呈祥，大败侯景之部，为之后的帝业奠定扎实基础。

颍川陈氏后裔陈霸先出生在浙江省长兴县下若里，幼时家境贫寒，却胸怀大志。成年之后，涉猎史籍，尤其喜欢阅读兵书，通晓纬侯、孤虚、遁甲之术。同时练就一身武艺，明达果断，当时乡里都十分推崇他。据说他身高七尺五寸，额头隆起，手长过膝，有帝王之相。初在乡为里司，后来到建邺，做了油库史。早年从军，担任新喻侯肖映的传令史，颇受器重。大同十年（544），广州兵乱，肖映被围，陈霸先一战解围，受梁武帝瞩目，受任为交州司马，从此一发不可收拾，屡战屡胜。从交趾平叛起，历经北讨侯景、陈王争权、诛灭叛将、南定肖勃、挫败王琳等重大事件，然后建国称帝，俨然成为中国历史上的一位常胜伟人。

陈霸先与西昌白口城有难解之缘。虽说他驻白口城时间不长，但他在这里发生了几起奇异事件，转运发迹。此地也被称为兴龙呈祥之地。白口城位于泰和县城西南三公里赣江南岸高城处。古时交通以江河流域为主要运输枢纽，高城因此成为赣地古代社会的交通要道和军事要塞。早在先秦汉时，先人就在此筑城建营，扎寨驻军，逐渐形成一定规模的白口城。东汉末年，白口城为江西省西汉十八县的庐陵县县治，是庐陵文化的发源地。南北朝后，因府治县城多次变迁，尤其县治迁至白下城（现县城）后，白口城逐渐没落遗弃，至今两千余年。

2004年，经文物考古人员试掘发现，白口城遗址重见天日。古城遗址轮廓清楚，内外城分明，护城河清晰，土城墙井然。古城面积23万平方米，形状呈倒梯形，分为内外城。外城全长1941米，除北部部分损毁外，大部保存完好。内城平面呈方形，处于城内北侧，全长861米，面积4.3万平方米。外城现存7处豁口，西北角、南正中及北正中3处豁口均可定为城门。外城西北角城门宽35米，其底基距现赣江水面落差仅2米。赣江水上涨时，河水可直接入城内，推测为水门。南正中门宽28米，为"凸"形结构，从其上残存叠压的瓦片分析，该处原来可能为一门阙。北正中城门宽15米，入门较陡，可分别进入内城和外城。城墙为土筑，高度因地势的南高北低而相反，从而使城墙四周基本处于同一水平面上。南城墙高4.5米，东城墙高10.2米，北城墙则高达20.5米；城墙顶宽2—3米，基宽20—28米，以北城墙基最宽。城外有护城河，南侧护城河宽16.5米，深1.5米；东西两侧护城河宽逾30米；护城河由南往北流入赣江。在城址的南侧和西侧，发现被当地人称为"皇帝地"和"天子堆"的两处有多座汉晋时期的墓冢。这座典型的江南古城与赣江近在咫尺，不仅曾经有经得起的富丽，还有深藏不露的"王气"。白口城遗址在明朝时就列为西昌八景之一，2006年被国务院公布为第六批全国文物保护单位。白口城位于赣中腹地，为赣江中游入上游的"咽喉"所在。它在赣北、赣中、赣南文化的传承链条上具有十分明显的地理优势。赣江中下游丰富的原始文化如吴城、新干商墓以及战国粮仓等著名的古文化遗址均位于这一文化传承带上。从这个意义上讲，研究白口城对于地域的、历史的江西古文化都具有重要的意义。

陈霸先在西昌白口城驻军时间虽短，却发生了几件影响他人生的传奇事件。据《南史》《陈书》等记载，大宝元年（550），陈霸先自岭南引军讨伐侯景，坐镇南康。高州刺史李迁仕在宁都人刘蔼等资助下，顺赣江而上，进击陈霸先。陈霸先派遣杜僧明据白口城加固城墙抵御，李迁仕则于其东面筑古城相对。次年，杜僧明攻破古城，后俘虏李迁仕，送往南康斩首。是年六月，陈霸先进军西昌，入驻白口城，与之结缘。

传说之一：有一天，陈霸先伫立白口城头，只见江水翻腾，浪花飞溅，一条"龙"呈现在赣江之上。当时"有龙见于水滨，高五丈许，五采鲜耀"，霸先及麾下将士及西昌县百姓数万人目睹这一吉兆异象，令人惊叹。

传说之二：又一日，陈霸先独坐胡主挡，忽有"神光满阁"，将阁楼廊庑照得通明。部将赵知礼在旁见到这情形，连忙问发生了什么，霸先笑而不答。只见阁外翻腾的江水瞬间趋于平静。陈霸先在西昌白口城兴龙呈祥的现象，极大地鼓舞了士气，一时威望大振。随后率部北上，屡战屡胜，所向披靡。数年后，势大力强，代梁称帝，建立了陈朝。

传说之三：公元557年，陈霸先代梁（禅让）自立为陈武帝。在帝位之上，时常念叨着西昌白口城，这是他兴龙呈祥的宝地，遂意欲迁都或安葬此地。后听从术士之言，借助土地称重方法决定，终因健康之土密度大于西昌而作罢。如果他如愿葬于白口城的"皇帝地""天子堆"，可能就不会出现后来的陈朝亡后三年被仇人掘墓辱尸的事件了。

西昌白口城不仅为陈霸先铭记，而且为其后裔相继守望。唐宋时期，先后有陈霸先两支后裔迁徙泰和，并在泰和城西建陈先帝庙，世代供奉先祖陈霸先。目前这些有血缘关联的后裔，繁衍发展到广东、湖南、四川、广西、贵州、云南、重庆等省市，达200万之众，成为中华陈氏名门望族，享誉于世。

6.4　柳溪陈氏排行诗《昭穆》注释　（陈文昌）

西昌陈氏排行，是一首七言律诗。创作于明代，初载《柳溪陈氏五修族谱》。清溪柳溪统一从第二十三世起序。诗文如下：

秉懋邦家善庆长，翼为明听焕文章。
虞夏殷周汉唐宋，六经世授绍其芳。
从来作述敦仁礼，万代声名启俊良。
志据依游克念力，丕承祖德永光扬。

这首诗，精辟地总结了中国历史的发展，尤其是陈氏家族的发展历史。作者知识渊博，博古通今，既尊重历史，又能跳出历史的局限，以发展的观点教育和启迪后人。这首诗不仅尊之为族之昭穆，更是族之兴盛的灵魂。它提倡崇善尚德，敦仁厚礼，诗书继世，孝义传家，丕承祖德，启迪贤良。因此，很有必要字斟句酌，以免谬误流传。为此，作者在查阅《辞源》《辞海》《康熙字典》等辞书的基础上，参照《二十五史》等相关古籍史料，以《柳溪陈氏（九修、十修）族谱》为蓝本，综合数种手抄本，对《昭穆》诗逐字逐句进行推敲注释，对作者及其年代进行甄别考证。

（一）《昭穆》诗用词考注

秉：执持，执掌。《尔雅》：秉，执也。引申为掌握，主持。也通"柄"，即权力、权柄。

懋：通"茂"，大、盛大之义；美好。《后汉书·皇帝记》：呜呼懋哉（注：美也）。

邦：即"国"。家：指家族、家庭。

"邦家"不是现代意义的国家，而是指"国"与"家"两个概念。

善：完好，美好，圆满。善良、善行，如：积善、慈善。良好，如：善策、善本。友好，如：亲善、友善，善心、善意、善德。《国语·晋语》："善，德之建也。"《左传·襄公三十年》："善人国之主也。"《论语·述而》："择其善者而从之。"引申：爱惜，典自《荀子·强国》"善日者王，善时者霸"。慎重，如：善政、善思。在本诗中几层含义皆有之。善，内涵丰富，是本诗之核心。

庆：祝贺，可纪念庆贺的；福泽，幸福，祥瑞（如：庆延、庆门、庆云）。

长：长处，指优点；空间、时间，长远、长久。

翼：翅膀。旧时军队编制分中左右三军，左右两军谓之左右翼，其意为护卫、扶助、辅佐。翼翼：小心、恭谨；严整有序；繁盛、众多。引申：燕翼贻谋，典自《诗经·大雅·文王有声》，《幼学琼林·卷二·祖孙父子》"燕翼贻谋，乃称裕后之子"，比喻能庇佑造福后代。《宋史·乐志十四》："燕及家邦、亿万斯年。"形容时间无限久长，犹千秋万岁。作者用典，寓意深刻。结合上下文，可理解为："翼"即双翅，寓意扶助、庇佑、造福子孙，千秋万代严整有序，繁盛兴隆。本句也有兼听则明之意。

为：做。治理，如：为政。

明：光明、明亮、明白；眼睛亮，视力好，眼光正确，对事物现象看得清。指贤明的人。

听：听取；处理、判断。《说文》《集韵》聆也，从也，谋也，待也。

焕：鲜明，光亮；照耀；焕发。

文章：礼乐法度；文采、文辞。

"焕文章"典自费唐臣《贬黄州》第一折："万里云烟挥翰墨，一天星斗焕文章"；《论语》"焕乎其有文章"。这里的"焕文章"两重含义皆有之。虞夏殷周汉唐宋：皆朝代名称。这里泛指历朝历代。虞即陈氏之太始祖、历史上最贤明的国君舜所居住的部落，史称"有虞氏"，舜受禅于尧后称帝于天下，其国号"有虞"，"虞"即"虞舜帝"之简称。"殷"即"商"，也称"殷商"。

六经：指《诗经》《书经》《礼记》《易经》《乐经》《春秋》的合称，始见于《庄子·天运》，指经过孔子整理而传授的六部先秦古籍。这里泛指圣贤经典。

世：世代。

授：给予；传、传授。通"受"：接受，承受。

绍：继承。

其：代词，他（她、它），或他（她、它）的。

芳：香气；比喻美名或美德，如流芳百世。

从来：与现代汉语的"从来"基本一致。

作述：创作传述；《礼记·中庸》"父作之，子述之"；泛指论著、著述，有写文章、著书立说之义。"作述"即"述作"。"述"：简述前人成说。"作"：创作。典自《论语·述而》"述而不作，信而好古"。

敦：厚道，诚恳，诚朴宽厚，厚重笃实。

仁礼：中国传统道德仁、义、礼、智、信"五常"中的核心内容。

"仁"：中国古代一种含义极广的道德范畴。孔子把"仁"作为最高的道德原则、道德标准和道德境界，形成了以孝悌为基础、"仁"为核心的思想。

"礼"：中国古代社会的典章制度和道德范畴。"仁礼"：这里泛指中华民族优秀的传统道德。万代：万世，世世代代。指时间久远，千秋万代。

声名：名声，名誉，美名。

启：开。引申为萌生、出土，亦引申为开导、启发。《论语·述而》：曰"不愤不启，不悱不发。"朱嘉注："'启'，谓开其意；'发'，谓达其辞。"后用作指点人们，使有所领悟的意思。如启迪。

俊：才智过人，杰出、卓越、出众；雄健、英武；高明、高雅、美好；容貌秀美、漂亮、美丽。

良：良人。泛指好人、善人、仁德之人、优秀之人。

志：记。记在心里或用文字符号标记，也称记事、记载、记录。

据：根据、依据；证据、凭据。

"志据"：这里可理解为有文字记载的历史。

依：依靠，依从；按照、遵照。

游：流，流动，引申为飘动、飘荡；还有虚浮不实之义。

"志据依游"：典自《论语》"志于道、据于德、依于仁、游于艺"。

译为圣人孔子说："以道为志向，以德为根据，以仁为凭藉，活动于礼、乐、射、御、书、数六艺的范围之中。"

意思是一个人的学习与修养，应当有一定的志向，有正确的目标与恰当的措施、方法。孔子在这里提出了以六艺为手段，以仁、德为纲领，追求人生之道的学习模式，从而最终成就完善的人生。

"志于道"，就是立志要高远。这个"道"就包括了天道与人道，这是立志最基本的，也是最高的目标。

"据于德"，立志虽要高远，但必须从人道起步。所谓天人合一的天道和人道是要从道德的行为开始的。换句话说，"志于道"是思想境界，"据于德"是为人处世的行为。古人解说德就是得，有成果即是德，所以孔子告诉我们，思想是志于道，行为是依据德行。

"依于仁"，仁是内心的修养，表现于外就是爱人爱物。"依于仁"，是依傍于仁，也就是说道与德如何发挥，在于对人对物有没有爱心。有了这个爱心，爱人、爱物、爱社会、爱国家、爱世界，扩而充之爱全天下。

"游于艺"，游是游泳的游，不是游戏的游。"游于艺"的艺包括礼、乐、射、御、书、数等六艺。以现代而言，"礼"包括了哲学、政治、教育等社会科学、人文科学；"乐"指棋琴书画等艺术，现代的舞蹈、影视剧、音乐、美术等皆属于乐；"射"过去是指拉弓射箭，等于现代的射击、击技、体育等，泛指现代军事、体育技能；"御"即驾车，从现代来说，包括驾驶各种交通工具；"书"泛指文学、历史等方面的书本知识；"数"数学，泛指现代自然科学。孔子要求凡是人才的培养，生活的充实，都要依六艺修养，艺绝不是狭义的艺术。这四个重点的前一半"志于道，据于德"包括了精神思想，加上"依于仁，游于艺"作为生活处世的准绳，是他全部的原则。同时告诉每个人，具备这些要点，才叫学问。如无高远思想就未免太俗气，太现实的人生只会令自己厌烦；没有相当的德行为根据，人生是无根的，最后不能成熟；如果没有仁的内在修养，在心理上就没有安顿的地方；没有"游于艺"，知识学问不渊博，人生就枯燥了。所以这四点统统要，现代教育的德智体美劳全面发展的方针就是在此基础上发展而来的。

"志据依游"：根据字面意思也可理解为，有文字记载的历史虽有实有虚，但人类发展的历史始终像流水那样不断向前。

克：能够，胜任。《尚书·尧典》曰"克明俊德"，指才德兼备的人。《易·蒙》曰"子克家"，指能够继承祖先事业的子弟，又称"克家子"。《金史·世宗纪下》曰"但为不坠父业，即为克家子。"

念：思，念头，意念。

力：气力、能力、威力、精力、力量。

"念力"：典自佛语，意念的意思。指身体、语言、意识这三样共同作用所形成的力量。也指通过人大脑的某种特殊意识去影响客观事物的运动规律。

贵州家隆公支系龙场营谱、庆普公三锅庄支系手抄本皆是"克彦立"，大东塘派民国时期邮寄贵州大方的书信则是"克产立"，"产"解释不通，应是"彦"与"产[產]"形近之误抄。在这里用"克彦立"比较好。彦：旧时称才智过人之人。《孔安国传》"美士曰彦"。《书·大甲上》"旁求俊彦，启迪后人"。《诗·郑风·羔裘》"彼工其之子，邦之彦兮"。"立"：建树、成就之义。"克念力"则有点费解，我们只有结合佛语加以理解。由于现存清溪、柳溪谱皆是"克念力"，在未找到"克彦立"之原始依据的情况下，我们唯有尊重现存族谱，在解读时可两者兼之。可以理解为：纪念先烈先祖，立志做有能力、有建树、有成就、睿智、德才兼备的彦良贤才。

丕：大。也作语助，无义。

承：受、顺承、接受、继承。

祖德：祖宗先贤之道德行为。

永光扬：永远，世世代代发扬光大。

（二）昭穆诗的现代语义译

陈氏先祖坚持崇善尚德，执持盛大的国与家，是值得永久爱惜与庆贺的。

治理邦家，燕翼贻谋，使之千秋万代，须许许多多贤明有为、光明磊落、善于听取各方面意见的人，以鲜明的立场，遵守礼乐法度；挥动手中之笔，著书立说，大抒文采，阐述先贤之道，传播人类文明。

自太始祖虞舜起，历经夏、商、周、汉、唐、宋等朝代，皆靠圣贤经典世代传授，使祖宗美德得以继承，百世流芳。

从古至今，作述之人都十分重视以"仁"为核心的"仁、义、礼、智、信"等道德规范。他们的思想和名誉千古流传，启迪一代代俊贤良才。

有文字记载的历史虽有实有虚，但人类社会向前发展的规律不可改变，犹如黄河、长江之水，后浪推前浪，不断滚滚东流。我们纪念先烈先祖、先圣先贤，勉励子孙后代立志做有能力、有建树、有智慧、有胆识、有担当、德才兼备的彦良贤才，继承祖先事业，使祖宗的美德代代相传，发扬光大。

（三）昭穆排行考证

西昌陈氏昭穆诗，初见于明正德年间的《柳溪陈氏五修族谱》，清溪、柳溪统一从第二十三世起序。清溪不知何故，自第六世即另起序，柳溪代代相传一直延续至今。清溪丙申年（2016）第二次联谱，决定正本清源，从第三十七世"虞"字辈开始遵此昭穆序，清溪、柳溪再次统一辈序排行，奠定了清柳溪联谱的基础。从此，晖公后裔将群昭群穆而不失其伦。

昭穆诗作为族之辈序，有必要对作者及其所作年代进行考证。一说是邦祥公七修时所作。一说是昌积公六修时所作。对照《中国历史纪年表》核实，作出如下推断：此诗作于明正德年间，作者既非邦祥公，也非昌积公，应是主持五修族谱的廷魁公。

首启昭穆诗序辈，"秉"字辈从二十三世起，最早出现在柳溪二房大东塘派和珠林派。大东塘派秉崇公生于正德庚午年（1510）；必、庆、审先后出生乙亥年（1515）、丙子年（1516）、庚辰年（1520）；珠林派秉枝公生于正德壬申年（1512）；秉信公生于正德辛巳年（1521），孚、节、谦、济先后生于嘉靖乙酉年（1525）、丁亥年（1527）、丙申年（1536）、戊戌年（1538）、壬子年（1552）。其后是黄塘派，秉煜公生于嘉靖庚戌年（1550），辉、变、桦、仑先后生于嘉靖癸丑年（1553）、癸卯年（1553）、甲辰年（1544）、甲子年（1564）。然而，昌积公主持六修是在嘉靖六年（1527），邦祥公七修则在清康熙二十三年（1684）。当时，昌积公仅16岁，还未乡试，肯定会作诗，但阅历浅薄，还不具备条件作诗以族之昭穆。邦祥公修谱晚于首启用昭穆的珠林派秉枝公172年，且自身辈分晚两辈，更不可能为祖辈序排行而全族遵之。

五修在明正德五年（1510），二十三世"秉"字辈用排行诗序辈取名在此后，柳溪自此而不乱。据谱载，主持五修的廷魁公，"号斗斋，邑庠生，以古文笃行为族邑师，事实载郡邑志。公崇祀乡贤祠。"其父元亮公，"号尚友斋，景泰甲戌年（1454），登诗贤榜进士，选翰林庶吉士，文名高出同馆。"可见，廷魁公不仅有学位功名，德高望重，加之出身于乡贤名宦之家，不但子以父荣，而且德才兼备。由此可见，廷魁公完全具备条件，既能创作出如此佳作，也能载入史册被族人所公认。不过，廷魁公父亲诗贤榜进士元亮公所作之可能性也极大。概言之，西昌陈氏之昭穆诗，系元亮公、廷魁公父子所作。

因为廷魁公修谱是受父辈之托，得弟廷显、廷望相偕，廷魁公称："父口受大凡序引"，"业广功崇"，"无愧先贤，无愧子孙"。现将廷魁公五修族谱所撰的《跋》摘录于后，文中所表达之义是对此诗的诠释，以作前面结论之佐证，启迪族人崇尚祖风，弘扬祖德。同时也作本文之结尾。

"因思我评事避乱来徙，再传，而都干公起为国捍一邑之民命，其庆积非浅也，奕叶诗书相望，家声早有，自来即今，视后则柯干既远，枝叶益繁，不可复齐者，势也。由流源，则形体相通，不容相睽者，情也。以不可复齐之势矢以不容相之情，我后能不勉？勉之如何？善则相成，恶则相规，扩一本之念，相好而不睽，犹如西铭所云者，庶其弱立顽廉，业广功崇，无愧斯谱，无忝所书。"

（本文作者：陈文昌，系公第三十五世孙，贵州省毕节市文化局原局长）

6.5　柳溪陈氏祠堂——和会堂记

赐进士第奉政大夫、南京刑部、广西清吏司郎中、前吏部验封稽勋二司员外奉诏起用,特授吏科给事中、吉水邹元标撰文,赐进士第奉政大夫、尚宝司卿、前南京吏部验封清吏司郎中、庐陵刘日升篆额,赐进士出身朝议大夫、四川布政使司左参议兼按查司佥事、奉敕整饬安绵石泉等,处兵备前工部都水清吏司郎中、邑姻康梦相书丹。

先师胡先生赏曰:"邑最矜世阀,在雇远者不繁,繁者不远,若柳溪陈,庶几硕大繁昌,代有闻人者乎!"予耳熟斯语。已得接其家府丞两湖公,公号儒林武库,年耄抑如也,予心敬之。最后得同官建中氏于比部,癸未又得识惟直氏于京师,二公操趣,皆醇谨笃衷,所至多宦绩。因叹曰:"昔先师谓陈氏有闻人,今益信!"又数年,建中氏以读礼归,惟直氏以善病请急归,折简予曰:"予家自唐评事公避乱来,都干公一人,不坠者线耳。天不忍坠吾鼻祖,吾开之蔓衍于邑,益繁且盛。"而以科第荐起家,列在名卿及诸元魁,翰谏蕃杲郎署郡邑者,盖若而人以文学治行鸣当代,载郡志如硕望、右文、静轩诸公。峻节清风,山斗后学,传播国史如海桑公者,又若而人畴,非祖德之赐哉?嘉靖辛丑间,佥宪公德鸣,水部公德文谋曰:"卿大夫往有世庙,家备在世卿,至吾鼻祖,不得岁时聚族,一奉蒸赏,是无礼,无礼是无先。"于是各捐百金为祠倡。各族聚而复谋曰:"诸大夫有祖,医我独无。"于是计丁以敛,盖得数百余金。而遴后街之质朴者,若而人首事,诸人矢心而誓曰:"兹事宏且钜耳,而或以不质速厥谤,祖灵如在!"于是朔望必有会,会必醵金,其各房之金则韬而藏之。而以后街所自会出而博子线盖数年。而金府公昌福,少府公雍,进士公良敬,各捐金,丁巳而祠成。堂一,寝一,庙一,宸翰阁一,有廊有墀,严严翼翼,壮伟宏丽则诸首事之腐心殚力者深也。久未有记,敢以累子!邹子曰:"祠中古未有也,爰自朱子与门人祖程子私议,至我朝,颁家礼,天下而宗祠与。"然朱子亦云:"祀止四世,四世以上,非不欲祀,盖有限制,所不敢也。而后人各思其祖,止所自出,始有祀其远祖者矣。"

夫祀远祖可也,而慕远而遗近,贱亲贵疏,祀之义晦矣。陈氏之代有闻人,若挹水于河,取之无尽。吾师所谓硕大繁昌,而今祠足为名宗楷者也。虽然,予赏之名山之丽,其干霄蔽日之材,不可量计。然其得雨露之滋,禁牛羊之牧,夫然得以完其美材。而矮曰名宗,陈有佥宪水部符丞诸公倡之先,又有比部及进士公继之后,而又有诸首事殚心戮力,以图厥成。兹祠之轮奂也,攸宜为陈氏后裔登斯堂也。逆诸大夫创之宠远,则思守之不易,念诸元卿硕辅培之深厚,则思孝之未能祠祀也。又思也,思吾身一发动而万发何以皆随?一指痛而四体胡以不宁?一体故也。夫吾族之愚蒙贫贱,痛疾疴养,皆吾一体也。世故有等骨肉于路人,甚或以疏而间戚者,此何心哉?则未晰一体之义耳。故曰:"惟孝子为能享亲,惟仁人为能广孝,辙仁孝之旨而后明德惟馨。"诗曰:"永言孝思,孝思惟则。"书曰:"奉先思孝,敬为尔宗。"人诵之首事诸名,另勒碑阴,谨为之铭。铭曰:"于灿评事,来自金陵;源深流远,再世其兴;克昌厥后,蛰蛰绳绳;日升以至,雾拥云蒸。西昌名阀,柳溪之陈。其流弥久,其泽逾新。巍巍冠弁,弈弈赞绅。如彼名狱,树树嶙峋?言念厥祖,明德不忘。伐木韧祠,白鹤之阳。春雨秋霜,爰奉蒸赏。笾豆楚楚,钟鼓煌煌。千葩万叶,咸丽于技。根深蒂固,其枝垂垂。忠孝其本,仁厚其基。百尔子孙,尚其永思!"万历辛丑三月吉旦。首事德昌等诸公。

6.6 柳溪陈氏和会堂主簿序

传曰:"春秋修其祖庙,盖以妥先灵,亦以殿孝思也"。我族大宗祠,自前代创建以来,阅数百载。厥后栋折榱崩,亦历有年所,邱墟之感,良足慨矣!族内斯文老成,念本源以兴思,抚倾圮而怆怀,不忍等诸夏社之屋,因集各派父老,计图重修,共襄盛举。

但工程浩大,一时土木难兴,费用缺乏。祭业羡余无几,酌议每名祠长派银三十两。复设新例上主,或以百金祀报功,或以五十金立分献,或以十两附昭穆。维时同发仁孝之心,捐助银两约计数千余金,用告祖灵。兴工于乾隆乙亥年之夏,落成于第二年之秋。而寝庙偕中厅孔成两廊与头门聿新,其有志而未逮者,惟纶阁之待建耳。侯至丙午冬,诹吉悬匾,上主登龛,始复祀典。一堂之上,济济跄跄,或可罔怨恫于列祖矣。第条规未立,伦序不无或紊,其何以慰在天之灵?

爰是左昭右穆,名分维严,崇德报功,享祀特专。位列分献者,五主共一席,胙颁五钱。位列常主者,依行立宗牌,胙给壹钱。庶几秦格之际而观肃雍之体矣,时靡有争者雍之体矣。兹恐代远年湮,稽查无据,特于携修"海桑文集后",将新上主名刊刻主簿,颁发各派执照。序以伦定以分,一以昭画一之规,一以垂久远之计。则所以妥先灵者在于斯,所以展孝思者亦在于斯。若夫恢先绪无遇侠前光,惟俟后之贤达,念祖而幸修焉。是为序。孙庆聪敬书。

6.7 柳溪书院记

物以人为贵，人以地而胜。王子猷寄居空宅，便令种竹，或问其故，但笑咏指之曰："何可一日无此君？物以人而贵也。"会稽有佳山水，名士多居之。谢安未仕亦居焉。孙绰、李充、许询、支遁皆筑室，东士人以地而胜也。泰和古南平郡，大江北汇，疏为四溪而复入于江。清溪则丞牙益国周公读书之所也；文溪、秀溪则仓使曾公所居也；兹溪隐于白鹤观之右，久而未显，疑有物司之者；暨乎神开其秘地，效其奇，遂归陈氏。芟夷秦莽决条沮如，直为长堤，敞为大途，艺杨柳，时芙蓉。德卿始辟庐左为家塾，以专讲买；右为堂曰："勇翠。"以广眺鉴。齐曰"临静"，轩曰"云锦"，台曰"筠坡"，以便燕息朝夕，琢磨道义，进德业。闲暇则杖履登临，鉴江峦之起伏，观云雾之吞吐，指龟鱼之出没，数鸥鹭之往还，足不践车马之鹿，耳不闻城市之喧，名之曰："柳溪书院"。谓夫柳者，草木之风流温籍者也。陶先生名之而作传，柳刺史识之而赋诗。唐宣宗取之于永丰，以宠乐天。齐武帝植之于云和，以赏张绪。王恭之姿仪可慕，刘尹之清风可想。昆明之市，武昌之门，沙苑之旌载功，上林之表嘉瑞。金城十围之大，隋堤千二百里之远，异乎轮园离奇，屈曲臃肿者矣，是以君子乐取之也。夫人之情必有所契，物之性必有所宜。桂宜于月，梅宜于雪，菊宜于径，兰宜于宛，柳之宜于水，性也。宅间有池，池上二株而已，何点深加叹美？以为水即醴泉，木即交让清介之士。犹有命驾酌饮，以去鄙吝之萌，而况德卿英迈雅音，高才好学。异时，化鳞鲲海，振翼第凤池。人与二公接踵地，与三溪争雄，又岂南朝人物所可疑哉？丁是书之以告来者。旧载：右记为同邑严万全先生作，今得龙尾翼铭所藏。前辈抄本，记后附李穆志。按柳溪书院已入本朝一统志矣。盖未考其记也，今姑存之。又一统志陈德卿名尧文，号定庵居士，修身慎行，潜心积学，道义自重，不求仕进，终身不受徵辟，云云。按邑康熙志己彩补是记，而于德卿公，各志俱未采立传，异日知所留意，呈求补书焉。光绪庚辰识。

6.8 清溪静斋书院记 （明·罗钦顺）

静斋书院在泰和城南龙洲之上，御史大夫陈公文鸣之所建也。其地四下而中隆，然以高旧为高。沤寺后更为休笑庵，庵之颠未详于邑志。正德间，诏毁天下额外寺，观公因从有司，佃得是庵，以静斋书院榜其门。既乃益市傍近地，以拓其规并得所谓莲池者。嘉靖丁亥，始于池南。石作基作高，沤草堂三间，堂前有轩，名以观莲。后有园，植之花木，凭轩而望，则邑之城郭楼台，历历可见，宛然画中景也。池久荒乃杂取莲根，莳之，花每盛开，红鲜白莹，弥增草堂之胜。岁辛卯始撤庵之故，宇鼎建绿野堂三间，堂左右为夹室，后为重屋，庋书其上扁，曰万卷楼。其周垣皆甃以坚壁，附两夹室为厢房，各五间，以居游学者。前门表以绰楔，下临月池，旁有古樟一株，大可蔽牛，足为风咏之助。庖湢有所守护，有庐盖经营，累年而规制，始备静斋本公别号，因以名其书院。焉公自幼颖悟，超群逾冠，即举进士高第，改庶吉士，储养于翰林。学益博，文益工，名益著。初授刑曹主事，擢累今职，尝督学政长，藩臬佐南铨，所至皆有声。两膺抚循，重寄风纪，大振厥施，益普偶感，微恙辄腾，疏乞休，既得。请欣然，语人曰，吾聚书万卷，常恨无由偏读。今之归，可以足吾之所好矣。家居重载十稔，往来书院之日，岁常大半卷，不停披笔，不停挥集，解五经多至百卷，次第皆脱稿。旁搜约取，率有定见而不为，苟同明道之功。于是乎，在君子是以知书院之非虚器也。近世以来，异言满耳，离真失正，而终莫自悟。后生小子获分一席，寓一宗，于斯日闻公之绪论，以弗迷其所向，又非幸欤。道愈明而愈尊，泽愈流而愈远，宏规雅制固宜永存，而弗坏也。抑尝闻之，吾儒终身之事，学与仕而已矣。公兹年甫，喻耆才力，优裕尚当，勉为苍生一出。益摅素蕴，以弘济时艰，民望既酬，然后从容奉身而退。优游绿野之堂，以享有台池花木之乐，未为晚也。余雅慕公之好学兼善变，佛刹为儒宫，常欲一游，相与讲其所闻，以多病未果。公间具书并事目授，其嗣子上舍生曙，俾来谒记。虽文思荒落，而谊无可辞，辄强颜承命。挂漏之诮，知未能免公姑取，其大意可焉。

[作者：罗钦顺（1465—1547），江西泰和人，著名哲学家。明弘治六年（1493）进士科探花，官至南京吏部尚书，后辞官，隐居乡里专心研究理学。时称"江右大儒"。高寿83岁，逝后朝廷赠太子太保，谥文庄。]

6.9 广州凤翔书院落成序

盖闻木有本而水有源，故报本不忘乎。追远祖有功而宗有德，故睦族即所以敬宗我五房。

始祖彦约公原籍江西柳溪，仕宋为粤东保昌尉，授承事郎。祖妣曾孺人生三子，几配吴孺人生四子。公致仕后，晦叔宏叔两伯祖奉曾孺人回江西，殁葬泰和之牛口冈。世华祖与世宁、世清、世昌、世盛，各祖俱随公隐居番禺之凤翔社。公殁，遂葬鹤顶红。孺人吴殁，葬牛思沥。是时子姓同处一方，固亲谊易联，奉祀亦便也。迨宗支蕃衍，五房孙曾散处于广州属之各县。

几偏数百年来，支分派别，其族更繁，愈繁赖祖庇。庙寝工竣，爰谋勒石，绘图画界丈，尺犁然更刻。神楼三座，列明正旁，各主尊卑位次，无俾更移。昭穆世传不容紊乱，登斯堂者，上以奉明里，下以合族属。敢曰肯堂肯构用妥。先灵亦异，以引以翼，滋培后起。因议尝业祭扫正用外，凡功名仕宦设立红金，各款以劝勉后人。俾克振家声，而光宗族，亦此物此志也。嗣后办理，悉遵成例，矢公矢慎，以善始终。则列祖之灵，爽可永保，俎豆千秋于都会中矣。至各房居址，地虽远，隔谊实关通。凡属本祖子孙，务以礼义相先，廉耻励俗；敦伦饬纪，保世元宗；有光于前，无陨厥后，庶蛰蛰绳绳胥为。

则愈远，愈远则愈疏。每有相逢，而不知为同宗之一脉者至。欲溯本源以展孝思，更无从萃会宗亲，式昭典礼矣。夫以肇基之祖，自宋迄今，虽有坟墓而未立宗祠。每遇露濡霜降之辰，不获躬亲庙貌，敬荐馨香，使各祖得同兴。享合族食，以受福胙，亦孝子慈孙所不安也。岁丙申集同人于羊城，卜地登云里，踊跃签助，共得工房牌位，银八千余两。地价印割约用三千，鸠工创建复费数千余，储为尝项始终。己亥初秋落成，于庚子首夏前后三进，左右两庑，旁开夹道，后获周詹；东有高爽之楼，西添弦诵之馆，井厨相连。户牖得所额，曰凤翔书院者，从先志也。此役虽仗人和，亦圣代之良贤弗。允人之教，泽斯则五房之福祉，绵延所由。勿替引之，以奉盛德百世祀者乎，因志其本末，而为之序。道光二十年（1840）岁次庚子孟夏谷旦立。

6.10 续修清溪陈氏绍休堂记　（明·陈循）

邑城东有清溪焉，源发登科岭，澄澈不泊，绕坊郭而东，南达于望仙桥，下合章江。流家溪之上者，为杨罗曾诸巨族。而吾陈德星义门之裔，亦其一也。溯宋熙宁间，吾宗教授讳亿公，卜宅于兹。宅畔有修竹与清流相萦带，故少宗伯王公赘题其门。曰：水竹居亿公，孙讳利宝，曾孙讳邦，父子继登科第。邦公于绍熙二十三年（注：原文如此，虽有误，但无法考证具体年份，故保留原文）拓基，坊郭分旧居，左倡建基祖祠堂以光裕，名其后数世。朱紫无间，阀阅烜赫，爰式廓，其祠更以绍休颜之。曩者，静斋叔先生克罢归时，尝为余言曰：吾宗祠两建而两毁矣。初为先进士拙愚府君、清轩府君兄弟倡族，为之方新。而变作荡，为乌、有阅二世而始。幸堂伯碧峰翁同先主事暨房伯荣、昌廷、爵翁等承先志肇复。于有元之至正壬辰时，翰林待制杨公景行为作记。记最详乃所悼，祠未复前有夜哭于烟草间者，计复之后才六十余年，而又寻于灾。后人之悼斯悼者，庸有异于畴。昔乎余兹不忍终老于宦，寤寐犹拳拳者，则亦为是之。故今归当亟为之，所倘及余身，得观、厥成、子其为我记之已。而祖饯东门，余为文送叔叔归后，宦囊无所有，而宗人又以安集未几，亦难为勷事。时方有待，而叔已赍志仙逝。叔长子公佩方服阕亦即世，幸有孙谏，实能肯构以终祖。若伯考所未逮客，秋得领乡荐，顷乃来赴春闱，偕其堂兄仲仁侄，以恭刺谒余，而请曰：吾宗祠之毁已久，幸克复于先岁之冬。是固先祖归休时，所尝殷殷者，今距其永诀又五载。于兹矣，夫祠一土木细事而久废莫举，犹若是甚矣哉，承先绪者之难也。祠今为侄两人倡族重新仍遵旧规模，崇几许，博几许，袤几许与夫取材之精，选工之良，寝庙序庙门阶之制，均无所增损。盖亦犹幸，其寿之石者，未兴俱烬，得有所依循也。故不朽者文为贵耳，敢祈叔先生文之于今。余既嘉侄之，能为叔后而仁恭等之，能勷其劳，又忆叔临别之言，于心不忘。遂为叙其先分迁之始，创祠之初，并前后谋，复于既毁，奉先恳势之孝思为之记，如左以授侄。若夫绍休之义，杨待制固已言之，余之记，斯亦期吾宗之。承利宾翁者，永绍厥休斯，前益有光，后益有裕。而清溪之族，不亦将近，轶义门远，映德星愈久而愈大也哉。

6.11 清溪高城永思堂记 （明·陈循）

余既作清溪绍休堂记，而同时与中正侄谒。余复有高城房侄孙敬先，由大学生新授国子监簿，亦以其居小宗祠已落成，犹未颜其堂而记之，并抚以属余。盖敬先为隐德三益翁之玄孙，翁于静斋叔先生为祖免亲叔。素钦其风范，为余论及之语甚悉。恒曰，士当衰，季有若乃翁所为者最难。余以是得备知翁，翁壮以文学，受元征为修职郎。甫赴京未就官，闻父病驰归。未几父卒，丁艰毕遂以母老辞，坚志不仕，继奉母避乱山间。自号碧峰子，雅善音律，常鼓琴吟诗，襟怀洒落回出表，国朝定天下或以翁犹矍铄，欲为王阳荐翁浩歌自若。曰吾故元士也，今且老矣，何以爵为。遂卒于隐年九十一考终命。翁实始由清溪肇基高城，兹所作祠，盖即为翁祠也。忆予曩者归展者，曾披阅邑志，知高城故为白口。吾祖霸先筑城于此，为拒贼计后乃易斯名。又按先陈史，吾祖受梁禅，以兄子倩为嗣，是为文帝。文帝子四十八人，有曰叔明、叔宝，为吾两宗始祖。高城固吾陈先代之遗迹。正愿一往视之，而况咫尺，宗盟高义如三益公，尤余心所企慕者。一日与中正侄同舣舟从流而上，抵其处跻之见，古堞四匝，东北临江，下有澄潭，西南控洲，跨岭更重绕其半。从城上远望，墩阜甚多，累累若贯珠，古所称三千七百墩者是。岭树多松，近接天柱，冈方冯眺间，适云盛起冈岭。暴雨骤至，侄引余趋就山阁转过，竹林间有寺，寺门题曰八景山，旁注祖城居士书。余间焉，侄语余曰，八景皆是城景，曰山门霞，曰柱冈云，曰松上鹤，曰洲前鸥，曰潭底月，曰竹间风，曰连珠阜，曰临江阁。门额即三益翁手题，翁曾即景赋诗，侄犹能识之，因并为余诵余聆之，则所志胜，概一一如所见。少焉雨霁，从侄过宗家时肃，予人者，即敬先也。彼三益翁之子若孙、曾如、学录、超伦，饮宾、国光，县尉云山辈多已先逝矣。予视其家服物礼器之饬，家人内外雍雍肃肃，居然大家楷模。愈见三益翁为能，贻谋裕后者已。而夕阳在山，敬先昆弟固止。余爱永夕逍遥，尽庭谊欢，今且数年于兹回忆焉，犹恍若前日事。余方操觚为之记，而敬先适复来，请曰，吾高祖晚年卜居，虽为厌市井嚣，凌择厥闲僻然，亦喜依斯城。如依先人敝庐，故其既宅斯也。遂更其号，曰祖城，志益怀其朔，耳敢以质诸叔祖。先生今将何以名斯堂，余曰，思远哉。翁之聿追来孝也，堂其当以永思名，敬先曰善，余遂因记。翁祠即以为翁传，其行用叙所闻于叔之言，与余得览旧迹之实。以示承翁后者，俾知庆泽所自匪特，清溪诸先达前烈难忘。即三益翁之念祖修德，其高风亦自可，则永言思之，乃能永言绍之，而休光且将烜弈无极，则余之所以记。斯堂者，与记绍休堂，均此意也。已若夫作于何月，成久远用，示劝之之意。嗟夫，仁义人心所同，然者上以仁感，则下以义应。谭侯一念爱民之仁，拳切于衷，所以六乡闻风而起，而志谅独先感。与所谓上好仁而下好义者，盖亦有由然矣。志谅为邑望族，富贵甲于乡。正统中，其尊甫崇、凯讳、继宗，尝出谷二千余石，朝廷旌为义官，劳以羊酒，复其家志。谅今又出谷，赈济且立义仓，以恤不给，不沽名，不规利，轻财尚义，岂非伟然一丈夫哉。乡之鄙吝，自私贪得无厌者，视志谅之卓识，雅度溟涬不风矣。昔范文正当贵显时，尝置常稔之田千亩，号曰义田，以济族人，史官书之，以为美谈，然止惠一族而已。今志谅以布衣士，乃独设义仓，其时出纳而不拘于法律，六乡小民岁有所倚赖，将其阴隲之获报又宁有既乎？是用记其事，以风励于世云。

6.12 义士元用公天爵堂记 （明·尹直）

泰和故族，积仁义忠信，著善声于时者最多，治冈陈氏其一也。盖自唐宋以来，世有震耀迨我皇朝廷，秀以齿德，为当时达尊志浩。以散财收一方人，望为有司，所推重升，闻于朝乡。饮以宾之，立石以表之，前辉后映，大振声绩。邑姻大司成罗公，尝为文以记。其美，至是则有，名佩，字元用者，实寿荣翁之季孙，尚义君之仲子也。乐善好施，克缵厥绪，乃于正德戊辰奉天子明命，出私廪以赈民饥。而有章服之荣，即于世沐恩荣堂之，后续构一堂，题曰天爵，属予记之。用昭先德，启后昆经，其用心良是矣。孟子曰，义忠信，乐善不倦，此天爵也。蕴之为德行，发之为事业，自然之贵也。元用读孟子之书，知天爵为可贵，而人爵非所计，汲汲焉。从事于仁义忠信之实，而不敢以财利声势加于父兄宗族与夫邻里乡党。尊者敬之，幼者慈之，无告者周之，假贷弗偿者至裂券以免之。平居以仕义忠信训子侄，倡族里。今则玄冠在首，华服在躬，为士大夫、仁人君子所喜谈而乐道者。所谓天爵修修而人爵从之，古之人，有行之者，伊尹孔明是也。伊尹躬耕有莘，尧舜之道而成汤之。三聘自来孔明，高卧南阳吟梁父之诗，而蜀先主之三顾。自至西昌、南阳、冶冈、莘野，吾于元用有望焉。

［尹直（1431—1511），江西泰和人，明景泰五年（1454）进士。成化年间，历任翰林学士、兵部尚书、太子太保，修《英宗实录》，正德年间卒，谥文和。］

6.13 江西会祭鹤顶红山 （軏公祝文）

维皇明万历三十六年，岁次戊申二月戊午朔，越二十四日辛巳，江西泰和县柳溪陈氏二十二世孙：秉善、秉光、朝用、修道、世观、昭惠、文洪、宋宰、秉澜、言宪、懋宗等曰于维。

我祖树德种仕，文范开家，正直帅身。汉迄南唐，储祥积庆。亦缵帝绪，而传韶音。有宋而后，代产凤麟。世居柳溪，后先相承。评事都干，九代钟灵。

孝友公直，勒石传铭。爱及保昌，百里维城。七祖继承，五家海滨。衍徙各邑，扶疏荫腾。五百余岁，诏笏簪缨。贤书宦业，东粤著名。善等远在江外，世代蕃盛；九世而下，频藉余荫。派流十四，传齿万丁。阁学翰苑，组绶云礽。元魁五经，科第百人。文献谱牒，璧照光映。由来志乘，核实祖因。三都司马，详记祖情。无以尚宝，备载祖政。地隔江广，蔬食具陈。岂鲜本思，终寡告忱。迩者远渡梅关，躬告祖寝。宗庙照穆，远近惟寅。柳荫垂青，溪水荐苹。至诚见祖，一本率亲。愿言敦洽，永睦宗盟。谨告。

6.14　凤翔始祖彦约公红鹤顶墓

广州凤翔陈氏始祖陈彦约（軧公），宋真宗景德元年甲辰岁（1004）生于江西省泰和县柳溪古井巷。軧公自小聪明好学，勤奋做事，真诚待人，口碑甚佳。宋仁宗天圣癸亥岁（1023），奉诏到广东南雄任教谕，居住珠玑巷。因公博学多才，清正廉明，功绩显著，后升任保昌尉，人称保昌公。任满后，携家人南迁，择广州番禺凤翔社松岗堡（现九佛一村）而居。于宋英宗治平丙午岁（1066）卒，享年62岁。彦约公逝后葬于枫下村鹤头红（现黄埔区九佛街）。其墓坐南朝北，寅申向，当年墓前有养鹤塘，塘中有鹤，其头顶红色，故族人称之"红鹤顶"。

彦约公墓至今近千年历史。该墓曾于乾隆二十七年（1762）进行过小修；三十年后于道光二年（1822）又进行了大修。墓前用花岗石铺就税一亩方丈；两侧各一石柱，高约两丈余；顶端均雕一石狮，高高仡立，雄视前方。全墓以石加砻焉，青石压顶，甚是精工巧制。墓前两侧合四尊大石狮子，以守灵之势。墓后方有数座軧公优秀后裔纪念石碑，如科举考中进士达官显贵等，必在墓后用岩石建有石碑以示纪念。如近代的光绪年间探花陈伯陶碑记,就十分壮观典雅。这些用岩石建有碑记的围杆墩很有气势,彰显后世,光宗耀祖。历史悠久的陈彦约古墓被广州市黄埔区文化局于2009年列为区级文物保护单位。

道光二年,凤翔陈氏大岭房27世孙陈仲良为重修入粤始祖彦约公墓作墓志,全文如下:

"岁在壬午,我凤翔派陈族重修入粤始迁祖彦约公墓。计自壬子小修又三十年矣。至今平基易石,加磨砻焉,阅数月而工竣。命良志其系,良辞不获,命述而志之。

按旧志,公讳軏,字彦约,称八府君,唐大理寺评事晖公之九世孙也。宋景德甲辰生,官广东保昌县尉。卜居番禺凤翔社,没治平乙巳,葬番禺流溪都鹤顶红,寅甲向。配曾氏,葬江西泰和县五十八都牛口冈,丁未向。生三子:晦叔、宏叔、华叔,长二家居,华叔从徒番禺。继妣吴氏葬番禺牛思沥,庚向。生四子:世宁、世清、世昌、世盛,俱住凤翔社。后分徙番禺、南海、增城、顺德、从化、东莞、龙门、清远等县。遗山其头尝田税三十六亩;山其头壳子地税六亩六分六厘。鹤顶红、牛思沥地税四亩七分六厘六毫。坟前塘税一亩零五毫,坟后山税一十三亩五分,各税分派五房入户输纳于岁。公之明德远矣,古之王公大臣,当时则荣,后则已焉。古圹之留贻于今,百无一二,为田为薪古今同慨。兹公之窀穸七百年,子孙蕃衍数万计,非有隐德,其孰能兴于斯。顾族属之滋生,阅世弥盛,而践猷著积光昭史乘者,不逮前人甚远,岂气运时有隆替耶。自兹墓之修,当有争自淬厉,应兆而起者不徒,矜巨族于吾粤已也。用爰为之,铭曰:此有宋始迁祖云,礽蕃庶敬宗收族,孝友是务。聿新厥墓,既坚既固,蝉联鹊起山灵,默获于万,斯年而昌而炽。

例授文林郎、戊辰恩科乡进士、拣选县知县,番禺大岭房二十七传孙仲良百拜撰。清道光二年岁次壬午仲冬、甲申谷旦,五大房子孙重修立。

6.15 广州陈家祠

地处广州市荔湾区中山七路恩龙里 34 号的陈家祠，是广州市著名文化旅游景点。1988 年被列为全国重点文物保护单位。2002.2011 年，其以"古祠留芳""古祠流芳"的雅名，两度入选新世纪"羊城八景"。早在 20 世纪二三十年代，德、英、日等国的建筑专著《世界建筑艺术》《中国南方建筑》中，就盛赞它为中国南方建筑艺术的典范。它那庄严瑰丽的造型，生动流畅的线条，错落严谨的结构，典雅美妙的组合和富有浓郁岭南特色的装饰艺术，给人以无限的遐思和美的享受。1959 年，郭沫若以一位考古学家和文物鉴赏家的慧眼，作诗赞其："无工人可代，人工无不知；果然造世界，胜读十年书。"

陈家祠又称"陈氏书院"，俗称陈家祠。光绪年间，由广东第一大姓集合全省 72 县陈姓宗族之力建成。为了建祠，咸丰三年（1853）进士，首任中国驻美公使、清末总理各国事务大臣、吴川的陈兰林和光绪十八年（1892）钦点探花及第、翰林院编修的东莞凤翔人士陈伯陶等，联合著名陈姓士绅共 48 人作为发起人，发信到全省各地乡间倡议在广州建立陈氏书院。光绪十四年（1888），以陈氏颍川堂和陈氏世昌堂的名义购买广州西门口外的连元街、荔枝湾福水堂、思龙里等总面积 36600 平方米的房产兴建陈氏书院。历时六年，至光绪二十年（1894），书院落成。书院是以"汉代太邱公"为始祖，由广东七十二县的颍川陈氏宗亲捐资兴建的合族祠。主要用途是为全省各地陈姓族人在广州备考科举、办理诉讼、缴纳赋税等事宜提供居住场所。光绪三十一年（1905）废科举后，书院改为陈氏实业学堂。民国期间，先后在此设立文范学校、广州体育专科学校和聚贤中学。新中国成立后在此设立广州市行政干部学校，后辟为广东民间工艺博物馆。1981 年国家对陈家祠进行全面复原维修，1983 重新对外开放，成为闻名中国乃至世界的流芳古祠。

陈家祠由著名建筑家黎巨林设计。整座建筑坐北朝南，主体建筑面宽、纵深均为80米，平面呈正方形，为中国"三进三路九堂两厢杪"院落式布局。由9座厅堂、6个院落、10座厢房和长廊巷组成，建筑面积达8000平方米。东新辟有1.7万多平方米的绿化广场。其整体结构布局严谨，虚实相通，厅堂轩昂，庭院宽敞幽雅。

中进大厅聚贤堂为书院建筑的中心，是当年族人举行春秋祭祀或议事聚会的地方，宇轩昂，庭院宽敞。梁架雕镂精细，堂中横列的巨大屏风，玲珑剔透，为木刻精品。屋顶上的陶塑瓦脊长27米，全高4.2米，是清代广东石湾陶塑商号文如璧的作品。堂前有白石露台，石雕栏杆嵌铁铸的花卉等图。堂宽五间，27米；深五间，16.7米。用柁墩抬梁，设斗拱，21架6柱出前后廊，属通堂木框架。后金柱正中三间装有12扇双面镂雕屏门挡中，两侧装设花罩。堂前有月台，石雕栏杆及望柱均以岭南佳果为装饰。镶嵌通花栏板，色调对比鲜明，装饰华美，突出了聚贤堂的中心地位。

中进东西厅面宽三间，14.05米；深五间，16.70米。用柁墩抬梁，设斗拱，21架6柱山墙承檩，出前后廊。后金柱正面装设4扇双面镂雕隔扇，后金柱次间和厅前后设通花隔扇。后进大厅三间是安设陈氏祖先牌位及族人祭祀的厅堂。大厅面宽五间，27米；深五间，16.40米。用瓜柱抬梁，21架5柱后墙承重，前出卷棚式廊。厅后老檐柱之间装有5米高达7米多的木镂雕龛罩。

东西厅面宽三间，14.05米；深五间，16.40米。用瓜柱抬梁，21架5柱山墙承檩，前出卷棚廊。厅门为14扇通花隔扇，后亦装设木雕龛罩，但规模比大厅略小。东西斋和厢房略为低矮，是当年书院教学读书的主要用房。东西斋为单间，人字形封火山墙承檩。斋内用花楣、隔扇和落地花罩组合装饰。后窗采用套色蚀花玻璃窗，斋前有一小天井，显得室内外格外清朗。

陈家祠建筑总体采用"三进三路九堂两厢杪"布设，以六院八廊互相穿插。布局严谨对称，空间宽敞，主次分明。在建筑的处理上，以中轴为主线，两边以低矮偏间、廊庑围合，衬托出主殿堂的雄伟气概，形成纵横规整而又突出主体的结构。建筑外围有青砖围墙，形成一座外封闭内开放的建筑群体，是典型的广东民间宗祠式建筑。

陈家祠以其精湛的装饰工艺著称于世，在其建筑中广泛采用木雕、石雕、陶塑、灰塑、壁画和铜铁铸等不同风格的工艺做装饰。雕刻技法既有简练粗放，又有精雕细琢，相互映托，使书院在庄重淡雅中透出富丽堂皇。其中书院中的木雕数量最多，规模亦大，内容丰富。首进头门梁架上雕有"王母祝寿""践土会盟""尉迟公争帅印"等取材于历史故事和民间传说的木雕。其中最为突出的是《三国演义》中曹操大宴铜雀台一组，描绘曹操坐在铜雀台上观看校场下各员大将比武的场面。突出刻画了徐晃与许褚在比武后为了锦袍而争夺得难解难分的情景，人物生动传神，引人入胜。它荟萃了岭南民间建筑装饰艺术之大成，以其"三雕、三塑、一铸铁"著称，号称"百粤冠祠"。

凤翔人士陈伯陶是兴建陈家祠的主要倡议人和组织者。柳溪凤翔陈氏宗族是陈家祠建设的重要捐款人和参与者，陈家祠的建成有着凤翔陈氏族人的巨大贡献。

6.16 岭南文化古村——番禺大岭村

在广州番禺的珠江岸边，有一座古采石场，这里的采石作业直到清代才渐渐被禁，留下的遗迹因形似莲花，而得名莲花山，并成为旅游胜地。在莲花山的后面，隐藏着一座千年古村，是广州首个中国历史文化名村，即大岭古村。

大岭村位于广州市番禺区石楼镇西北部，东临莲花山，南临市莲路，西接岳溪村，村域面积35736平方米。村落建于一座小山之前，这座小山有个禅意的名字：菩山。菩山是当地面积最大的丘陵，山峰竖立，成笔架山势。该村原名菩山村，村子前面是一条小河，取名玉带河，古村依山傍水而建。村北靠菩山，西南依大岭涌、蛎江涌展开；村落民居有序排列在菩山脚下与大岭涌之间，呈南北向半月形，似鳌鱼。绕经村间的玉带河恰如玉带缠腰。"蛎江涌头，半月古村"，称得上是风水宝地。

大岭村由陈姓和许姓居民开村，至今已有800多年历史。村中陈氏大宗祠（号柳源堂）始建于宋代，为海内外柳溪陈氏后裔寻根谒祖圣地。每年农历二月初十和八月初十在此举行两次春秋祭，大批陈氏宗亲前来祭拜。这是大岭陈氏的源头，也就是"郡望"。祠堂保存的陈氏族谱记载，始祖保昌公原籍江西泰和县柳溪古井巷，于北宋仁宗癸亥年（1023）奉诏至广东南雄任教谕，再任保昌尉，后率子孙留居广州。至五世遗庆公（世华房），于南宋绍兴元年（1131）迁至菩山开村繁衍。如今祠堂大门依旧挂着一副对联"柳明花媚，源远流长"，寓意"柳源"。陈氏宗祠前立有众多石碑，标注科举入仕给宗族带来的荣耀。族谱记载，小小一个大岭村竟然出了一个探花，34个进士，53个举人，九品以上官员100多个，实为罕见。

大岭村是典型的岭南古村落，是明清番禺"岗尾社十八乡"传统聚落的代表，现保存完好的岭南风格建筑群约9000平方米，在经济发达的珠江三角洲地区难得一见。大岭村背靠菩山，三面环玉带河，村内以古街为主轴，旁生里巷为次轴，主轴古街平行于玉带河，次轴垂直于玉带河，是典型的岭南"山、水、村、田"过渡型聚落。村中有6条古街道和45条古巷里，保留了大量的传统街巷特色；村中布局着文塔、祠堂、庭院、蚝壳墙等不同建筑形制的古民居。2007年以来，大岭村先后被评为"第一批中国传统村落""第二批全国乡村旅游重点村""第三批中国历史文化名镇（村）""第六届全国文明村镇""第八批全国民主法治示范村"等，誉满天下。

6.17 广府人文发祥地——南雄珠玑巷

珠玑巷位于广东省南雄县城北部偏东，处在梅岭与县城之间。唐开元四年（716），张九龄奉旨开凿大庾岭路，拓宽路面，梅关驿道成为入粤移民重要通道。珠玑巷应运而生，成为古代中原和江南通往岭南的一个商业重镇，是中华民族拓展南疆的中转地。从这里迁播出去的姓氏前后达180多个，其后裔繁衍约7000万人之多，形成了以粤语为语言体系的广府民系。也是当今数千万广府人及海外华侨的发祥地和祖居地。南雄珠玑巷是中国三大寻根地之一，在岭南人文发展史上有着重要影响，被誉为"中华文化驿站，天下广府根源"。

珠玑巷移民南下传说，在珠江三角洲地区流传很广。说的是南宋时宫中的一个妃子得罪了皇帝，从皇宫逃到南雄珠玑巷。后来风声走漏，朝廷派兵剿灭，当地居民害怕牵连，连夜扶老携幼往南迁移到珠江三角洲。于是南粤很多地方百姓都认为自己的祖先是从南雄珠玑巷迁移过来的。事实上，这与明朝初年广东人的入籍问题有关。当地的土著、"贱民"为了取得合法身份，千方百计地希望政府把他们纳入户籍管理当中。与已经在籍的那些人保持一致地位，便采用了南雄珠玑巷迁来的说法，以证明他们的中原身份及其正统性。这一说法的普遍化是在面临入籍困境的情况下造成的，与明朝初年广东特殊的社会环境有关。

珠玑巷的鼎盛期是唐、宋时期。据史料记述，珠玑巷人向南迁移的史事从唐朝开始,但重要的迁移事件主要发生在北宋末期至元代初期的二百多年间，大规模的有三次，陆续个别南迁的有一百多次。唐代末年，中原内地战乱频繁，不少氏族为避战祸和自然灾害，纷纷经江西南安（大余）越梅岭南下，来到珠玑巷居住数年或数十年，逐渐适应了岭南地区气候和生活习惯之后，才逐步南迁珠江三角洲。珠江三角洲以其大片的荒滩及不断增生的沼泽地成为南雄珠玑巷农业移民的目的地。

北宋靖康元年（1126），金兵大举南侵，战祸遍及几乎整个黄河中下游地区，史称"靖康之难"。宋朝被迫南迁临安（今浙江杭州），由此引发了中原百姓又一次大规模南迁，其中一部分迁移至南雄珠玑巷。南宋末年，元军大举入侵，临安陷落，南迁江南的中原族人又不得不再次南迁，拥进广东、福建等地。南宋德祐二年（1276），元军挥戈南下攻陷南雄、韶州，为避兵燹，那些于北宋末年及以后移居南雄的北方士民又于宋末元初继续顺北江南迁珠江三角洲。

明代，梅岭官道仍然一片繁忙，"庾岭，两广往来襟喉，诸夷朝贡，亦于焉取道。商贾如云，货物如雨，万足践履，冬无寒土。南安人有驴背辇载络绎，米、盐、器用，多货之所由出也。"除大量外国商品和岭南物品北运外，江浙商人亦"窃买丝绵、水银、生铜、药材等一切通番之货"，亦由赣越大庾岭"抵广变卖"。

清代，梅岭道仍"为江广襟喉，南北之官轺，商贾之货物，与夫诸夷朝贡皆取道于斯"。乾隆二十二年（1757），清政府实行海禁，广州成为唯一通商口岸，全国各地商品都要集中到广州出口，梅岭道更趋繁荣。江西的粗布、苎麻、瓷器、药材等；浙江的丝织品、纸、扇子、笔、酒、枣子、皮货、鹿肉、药材、烟草等，以及福建的部分货物都经梅岭道南运广州。而域外各国进口商品逐年增加，这些货物与佛山铁器、石湾陶瓷、蔗糖、广纱、水果、鱼花等其他"广货"运销内地。民国时期，梅岭道仍是粤赣省际贸易往来的中枢。赣米每年输入粤省7500—10000吨，粤盐则行销江西27县。江西的香菇、红瓜子、板鸭、桐油、中药材、瓷器、木材、生猪、钨砂等货物，都经梅岭道运销广州及港澳等地。

广州人称珠玑巷为"七百年前桑梓乡"，明代嘉靖《广东省志》引《南雄府图经》说："岭上古有珠玑巷……今南海衣冠多其子孙。"据屈大均《广东新语》记载："吾广故家望旅其乡从南雄珠玑巷而来。"清《广东通志》云："珠玑在南雄府保昌县沙水寺前，相传广州梁储、霍韬诸望族，俱发源于此。"

乾隆《南雄府志》说："广州故家巨族，多由此迁居。"明清纂修的广州府各家谱记其祖先宋代辗转来自珠玑巷的比比皆是。据对家谱、方志等有关资料的统计和实地调查结果显示，珠玑巷南迁的姓氏150多个，移民家族有797支之多。在珠江三角洲，名唤珠玑的街巷很多，江门新会城区有珠玑里，广州有珠玑路，东莞有珠玑街，南海九江有珠玑冈，都是为纪念故乡南雄珠玑巷而得名。西昌陈氏柳溪八世陈积中二子轼公、轵公就是从南雄珠玑巷南下广州、东莞、佛山等地定居的。轵公还担任过南雄教谕、保昌尉，后与吴氏率五子南下广州番禺，开创柳溪陈氏广州凤翔派，值得族人追踪铭记。从唐朝起到清朝末，珠玑巷繁华近千年，直至京九铁路开通，才逐渐走向没落冷清。它是一个值得历史永远记载的地方。

6.18　漫话广府宗祠风俗

聚族而居，族必有祠。"祠堂"一词最早出现于汉代，也叫家庙、宗祠。不过，在很长一段时间里，只有帝王与士大夫才有资格立祠祭祖。自南宋朱熹著《家礼》及明嘉靖年间"推恩令"之后，祠堂才逐渐走向民间，成为各姓族人敬祖议事、教育族人、弘扬家国精神的场所。如今，一座座布满岁月痕迹的广府祠堂默默嵌于现代都市中，是广州人的根和源。它记载了先人数不尽的奋斗，又寄托了其对后人的殷切期望。走进广州祠堂，就如同走进城市肌理的最深处，去触摸那历经沧桑却依然熠熠生辉的精神和力量，鼓励今人继续前进。

祠堂是在祭祀这一功能上诞生的名词。可以说，每一座祠堂，都诉说着一个家族千百年来的迁徙与发展。广州现存最古老的祠堂始建于宋代。宋时，大量北方人为躲避战乱，越过大庾岭进入岭南，在珠玑巷暂时落脚后，南下珠江三角洲开村居住。这些"聚族而居"的村庄，一般会按姓氏系别修纂族谱，如果条件许可，还会修建祠堂。明代"推恩令"后，广州出现建祠高峰。广府地区真正意义上的祠堂大规模兴建潮出现在明代中叶后。而通过科举考试入朝为官的广府人极力修谱建祠，有力助推和促进了这一活动。明代一朝，广州府有举人3090人、进士457人，而同期广东6名一甲进士中，有5人出自广州府。嘉靖十五年（1536）十月，礼部尚书夏言奏请嘉靖帝"推恩"放宽官民祭祖规定，获得批准，史称"推恩令"。这也被视为对民间敬祖立庙的承认。由此，广府地区出现了建祠的第一个高峰。这一时期新建的祠堂多以三开三进的中小祠堂为主，同时也出现了新的特点：

一是建筑更具本地特色，木雕、石雕、瓦陶艺、彩画等，石檐柱、虾公梁、镬耳山墙大量出现，人们利用装饰中富有地方特色的图案来传达和睦、孝道、伦理、忠勇等思想。

二是出现了以陈家祠为代表的"合族祠"，以原贡院附近的大小马站、流水井、越华路、广卫街等处分布最为集中。

广府祠堂的建设和结构在清末民初基本定型。户外常见水面、庭院、青云巷、旗杆夹等，有些祠堂还附带园林。主体建筑有头门、拜亭、正厅、寝堂等；有的还有厨房、侧廊、侧堂或后花园。每一座祠堂都凝聚了世世代代许多人的情感，是尊敬先人、崇扬贤德、凝聚人心、教化后人，以维系族人亲情、维护社会秩序、实行家族教育的地方。

"太公喊你分猪肉啦！"每当这个声音响起，多半是整个村子的居民到祠堂聚会的时间又到了。通常春秋二祭后，族内或村内德高望重的人会在祠堂前将猪肉分给各家各户，寓意福荫及庇护已到各家。"太公分猪肉"兴于何时？没人能说清楚，因为这已深入生活。广府祠堂是人们处理宗族内部事务的场所，也是人们表达对美好生活向往、弘扬当时社会主流价值观的平台。经过数百年的沉淀，祠堂所蕴含的家风家训、爱国情怀已成为人们窥见和了解当时社会风貌的一把钥匙。

广府祠堂，虽历尽沧桑，却少不了家风家训，少不了天地人的道理。在春节等传统节日或平时休憩之余来祠堂，在重温家训、祈求和顺的同时，也是走进历史、感受文脉。新中国成立后，特别是改革开放之后，旧祠堂成为很多机构的办公场所。进入21世纪，深藏城市肌理的祠堂以新的方式绽放光彩。据学者统计，目前隐藏在广州各街巷的大大小小的旧祠堂约1300座，其中仅凤翔陈氏宗祠就达上百座。它们犹如一本厚重的教科书，讲述着广州人爱家爱国的故事。

6.19　庐陵文化精品——庐陵老街

庐陵文化是中国古代文化的重要组成部分，是赣文化的重要支柱。它是指以庐陵古治属为核心，辐射而涵盖现今吉安市十余县（区）及周边市区的区域性文化。庐陵文化源于七千年前的青铜文化，以"三千进士冠华夏，文章节义堆花香"而著称于世。吉州（庐陵）府历史上考取进士三千（天下第一）和状元二十一（天下第二）。吉安民间有"一门六进士，隔河两宰相""五里三状元，九子十知州，十里九布政，百步两尚书""父子探花状元，叔侄榜眼探花"等传说歌谣。明《永乐大典》中还有"天下多举子，朝中半江西，翰林多吉安"的记载。吉安历史上这种人才辈出的现象蔚为壮观，为中国历史发展做出了巨大贡献，在各个领域留下了值得后人永远铭记的文化遗产和精神力量。

庐陵文化是中国古代文化史上一个奇特的文化现象，值得后人深入研究和挖掘。庐陵西昌陈氏南寮派族人、明状元后裔陈万洵先生，就是当下一位热心宣传推广庐陵文化的继承者，在吉安市这块热土上践行着弘扬和发展庐陵文化的使命。2004年，陈万洵将投资目光锁定在市郊城南古后河边，决定在此建设现代庐陵文化精品——人文谷项目，并投资15亿元，打造出第一期项目——庐陵老街，于2018年基本建成并投入使用。

老街项目建筑面积4.6万平方米，内建三街三景，特色是融文化、旅游、商业、产业、旅居于一体。其中打造明代状元街、清代钱市街、民国甜爱街三条，贯穿状元楼、关公庙、吉安会馆三个旅游景点。老街还围绕全年二十四节气，布局十个非遗作坊、十个艺术家工作室、十个创意文化商家、一大高端主题客栈、六大禅意旅居民宿等，开展特色民俗活动。同时涵盖国医养生、特产老铺、古玩艺术、亲子培训、婚恋主题、美食小吃等众多文化旅游商业载体，展示了庐陵丰富的人文历史与民风民俗。经过五年多运营，庐陵老街目前热闹非凡，被评为国家4A级景区，成为吉安市当地居民及外地游客必去的打卡地。

庐陵老街内有三个耀眼景点，一是状元楼。作为街区一个重要的文化节点，承担着状元街整个街区的核心吸引功能，是庐陵人奋发图强、拼搏崛起的标志。它作为街区的制高点，成为状元街的标志性建筑和文化体验新标杆。依托影响深远的科举制度以及当地有名的状元文化，打造集文化展示、文化体验、特色购物为一体的状元文化展示新地标。二是关公庙。关公庙作为钱市街的核心节点，不仅有聚集人气的作用，更是庐陵商人不怕困难、诚信正义的精神象征，成为钱市街最具特色的游玩景点和精神堡垒。它依托关公忠义仁勇的精神和钱市街市井商贾文化规划，打造集宗教朝拜、文化展示、关公文化体验为一体的朝圣地。三是吉安会馆。它体现了商业信仰和道德规范，展示吉商精神面貌，是位于甜爱街的文化标志。在这里打造了集文化展示和表演娱乐于一体的文化会客厅。露天舞台每天固定上演一些专业民俗演艺节目，比如采茶戏、王员外嫁女、抛绣球、盾牌舞等，充分发挥吉安会馆的文化演出功能，让更多人走到甜爱街，快乐驻足观赏拍照。老街建成后很快就成为500万吉安人民寻找城市记忆、50万在外故乡人寄寓乡愁的首个本土人文旅游风情小镇。

庐陵老街建成运营五年来，游客如云，热闹非凡。街内，美食摊位一字排开，香味扑鼻，吸引着游客停下脚步品尝各种特色美食。节假日期间，驻街饮食商户经常发放美食优惠券，让游客在老街好吃好喝，玩得开心。平日晴好天气，在锣鼓声声响中，经常会开展大明古风——汉服巡游，让身穿状元服和汉服的演员沿着各个街区进行巡回演出，让大家在游玩中感受悠久的中国传统文化，典雅精致的装扮也吸引了不少游客拿出手机拍照留念。每逢"十一""春节"等重大节日，庐陵老街还会举行各种精彩活动。比如游人可以在宋清码头坐着游船，领略吉安后河的美丽风光；可以在古后河边欣赏绚丽的人造景观——大型烟花秀；在红色剧场看上一场红色电影；在状元楼、关帝庙虔诚祈福，对自己和亲友许下美好的祈愿；还可以品尝一下庐陵宴，尽享庐陵百味。

庐陵老街展示的这些文化活动，声名鹊起，引来游人如织，被评为国家4A级旅游景区。老街营业开放五年来，接待国内外游客300多万，举办各类公益活动和演出200多场，16次荣登中央电视台，连续3次上了中央电视台CCTV新闻节目，成为吉安市一张名副其实的庐陵文化特色名片。

6.20 积善人家 五子四知县

广东兴宁市龙田镇环陂村有一陈姓围龙祖屋，屋名叫金城围。此屋建于明代，距今已有400多年历史。现存堂屋四栋，结构为土砖砌墙，整屋为连环走马棚。祖屋大门上方镶嵌着一块刻有明代嘉靖皇帝御笔亲书的"积善人家"四个大字的石匾，石匾两侧为钦差手捧"诏书传旨，龙腾狮舞，金球生辉"的石刻雕像，雕刻工艺精美。这里流传着一个"积善人家，五子四知县"的故事。

据记载，元朝末年，广东兴宁齐昌陈氏开基祖陈赟，因官入粤任循州训导，从江西泰和县柳溪村迁居广东兴宁南门坛聚星第，生文、武、斌、贤四子。其四子陈贤的六世孙陈草堂（字希武）于1520年间迁居龙田。陈草堂自幼天资聪颖，读书勤奋。13岁考取秀才，17岁增补廪生，学问渊博并擅长农艺，与时任兴宁知县、江南四才子之一的祝枝山交情甚深。明正德年间，兴宁地区遭遇天灾地荒，他慷慨捐银兑换官谷，赈济灾民，深受民众称颂。陈草堂娶妻王氏，为人贤淑，生有五子。夫妻教子有方，五子俱名扬。

长子陈恕，为尽孝悌，因需理家，无法进入仕途，躬耕于乡，勤于家政。次子陈志，任广西贵县知县。三子陈思，任福建浦城知县。四子陈宪，39岁中本省乡试第十二名举人，先任江西吉安府龙泉知县，后升靖王府审理政。五子陈懋，任浙江青田知县。五个儿子有四个任知县官职，素有"五子四知县"之美誉，闻名遐迩。

因四子陈宪任靖王府审理政期间，救皇太子有功，皇上便补查其家族政绩。考察证实陈家世代积德行善。如三世祖陈彰受亲赴京都承毁军屯，充拓农田千亩，大力兴修水利，发展农业生产。勤劳致富后，不忘民众疾苦，凡遇灾荒，首肯捐银，赈灾济贫。四世祖陈北山继承父志，凡遇水旱灾，出谋献策，帮助乡邻战胜灾害，减少损失，或捐银出谷，义赈灾民，邑令候公聘为申明亭老人。五世祖陈九峰，对社会公益首创带动，对贫苦乡民予以周济，遇灾年捐予银两，或开仓献谷，以济灾民。特别是六世祖陈草堂，不但行善济民，而且教育后代有方。同一时期有子孙12人为朝廷效力，为百姓办事，清正廉明，政绩卓著，朝野共赞。

明嘉靖皇帝为了表彰陈家人世代行善和为官勤政廉明，特御赐"积善人家"褒奖。并封方园一里为司城，即金城围。而皇帝御笔亲书的"积善人家"，也被陈家人刻为石匾，镶嵌在金城围大门上端。五子四知县与积善人家的史实，一直为赘公陈氏后人引以为荣，也激励后人传承家风，积善成德，最终成为一方望族。

6.21　颍川陈氏始祖陈实及德星聚会

颍川陈氏始祖陈实（104—187），字仲弓，颍川许县人，东汉桓帝时期名士。传说，陈实是黄帝的八十七世孙。他自幼好学，无论坐着、站着，都不忘诵读经典。年轻时，曾作过县吏，后来作都亭佐，协助管理地方治安、缉捕盗贼、处理民事等杂务。有一天，县令邓邵偶然和他聊天，一听他的言谈，觉得很惊奇，发现他是个可塑之才，做个小吏实在太委屈他了。就让他去太学接受教育。从太学回来后，陈实不想再做吏员，于是到阳城山中隐居。当时该地出了一宗人命案，同县杨吏怀疑是陈实所为，于是将他抓了起来。经过刑讯逼供，才知道冤枉了他，就把他放了。后来陈实作了督邮，秘密吩咐许县县令，用礼召见杨吏。人们听说这件事，都为他的心胸气度所惊叹，敬佩他为人宽厚。

汉朝时，官员序列以俸禄论，太守两千石，太丘长约有四百石。陈实当上太丘长，为官清廉，为政四字：修德清净。他以德服人，以德化民，令百姓安居乐业。陈实有六子，其中陈纪、陈谌最贤德。时人称赞陈实父子三人为"三君"。陈实与同郡名士钟皓、荀淑、韩韶为"颍川四长"，为时人所敬重。

延熹九年（166），朝中爆发党锢之祸。陈实受到牵连，被关入大狱，一年后获得赦免。大将军窦武聘请他为将军府掾属。后来窦武谋划除掉宦官，不料反遭宦官所害，党锢之祸再起。陈实再次受到牵连，幸得敬重他的宦官张让相助，得以豁免。陈实见不得上司违法横征暴敛，从此辞官回乡。光禄大夫杨赐、司徒陈耽两人拜为公卿时，群僚前来称贺，但杨、陈两人都感叹道："陈实大位未登，愧于先之。"在他们眼中，陈实应该是个位极人臣的人物，他们为自己捷足先登，感到惭愧。

陈实淡泊名利，乐天知命。大将军何进、司徒袁隗多次派人劝说陈实入朝为官，每次他都坚辞不就。每次朝廷重要官职出现空缺时，不少大臣都会自然想到陈实，联名向皇帝举荐他。然而陈实始终不愿再卷入朝廷是非。陈实辞官后居住在乡里，平心待人，很有声望。乡里人每遇到争讼之事，就请他评理，断出是非曲直。当陈实做出裁决后，输的一方都没有怨言，心服口服。由此，乡民感叹道："宁为刑罚所加，不为陈君所短。"意思是宁可被官府判以刑罚，也不要被陈实认为做得不对！乡里人尊重陈实，将他判断的是非标准，看得比官府的判决都还重要。

陈实善待"梁上君子"，竟感化全县盗贼。有一年，乡里发生饥荒，百姓食不果腹，生计艰难。一天夜里，一个小偷潜入陈实家，藏在屋梁上，想趁机偷盗东西。陈实无意间发现了他，他不动声色，站起来整理好衣服，将子孙都叫到屋里来，严肃地训导他们，说："做人不可以不自勉。那些作恶的人，未必本性就恶，只不过长期养成了坏习惯才做坏事。梁上的这位君子就是这样啊！"盗贼一听，大吃一惊，随即从房梁上跳下来，向他磕头谢罪。陈实对那人说："我看你的相貌不像是恶人，回去后应当克制自己，弃恶从善。唉，你也是被穷困逼成这样的。"于是送给他两匹绢帛，让他走了。这件事传开之后，竟使那些以偷窃为生的人收敛了窃行，从此陈实所在的县没有再出现过盗窃之事。

德星相聚，应兆人事。有一位太史夜观天象，发现天上的德星进入奎宿相聚，于是禀报皇帝，说五百里内，会出现贤者相聚。孰料，德星相聚那天，地上真有一场聚会。原本普通的聚会，终因上天垂象、高士声望、皇帝旌表，注定永镌青史。

陈实与荀淑都是东汉末年文人士大夫的典范，两人意气相投又相居不远，常有往来。德星亭荀淑辞官归乡后，陈实几次邀请来家吃饭。荀淑就自己赶车，命荀爽跟在车后，荀靖则抱着侄子荀彧，一家人高高兴兴地去赴宴。而陈实则带领儿孙们远远相迎。宴会上，陈纪待在一边伺候，陈谌作陪，孙子陈群则依在爷爷身边奉陪。两家人谈天说地，其乐融融。陈实一家到荀淑家去做客，儿子陈纪赶车，陈谌在后边跟着，陈群和爷爷同坐一车，一路浩浩荡荡。荀淑见陈实到了，马上叫荀靖开门，宴席上荀爽敬酒，其他六个儿子作陪。荀彧年纪还小，于是坐在爷爷荀淑身上一同"招呼客人"。举家造访，倾力接待，两个家族都是祖孙三代一同上场，好不热闹。

建宁二年（169），陈实率领子孙拜访朗陵侯相荀淑。陈、荀二家相聚那一天，出现德星（木星）聚在奎宿的天象。第二天，太史奏称："德星聚奎，五百里内贤人聚。"于是汉灵帝派人查访，才知道原来是陈实带领子孙与荀淑父子相游于许昌西湖。为旌表此事，汉灵帝派人在许昌西湖敕建"聚星亭"，以纪此事。颍川陈氏后裔以此为荣，就以"德星堂""聚星堂"作为家族堂号。

中平四年（187）八月，陈实病逝，谥号"文范"。当时，有三万多人赶到颍川许县，参加他的葬礼。大将军何进派使者致悼词，称他为"文为德表，范为士则"，有数百人为他披麻戴孝，并为他刻石立碑。汉初平元年左中郎将蔡邕为之撰《太邱公碑文》。

6.22 陈氏祖训家训家规家范

一、陈氏祖训

明明我祖	汉史流芳	训子及孙	悉本义方
仰绎斯旨	更加推祥	曰诸裔孙	听我训章
读书为重	取之有道	次即农桑	工贾何妨
克勤克俭	孝友睦姻	六行皆藏	毋怠毋荒
礼义廉耻	四维毕张	处于家也	可表可坊
汝福绵长	仕于朝也	为忠为良	神则佑汝

倘背祖训　暴弃疏狂　轻违礼法　乖舛伦常

神则殃汝　汝必不昌　贻羞祖宗　得罪彼苍

不念同气　偏论异乡　分类相戕　最可憎者

手足干戈　我心忧伤　愿我族姓　怡怡雁行

通以血脉　汝归和睦　神亦安康　泯厥界疆

引而亲之　岁岁登堂　同底于善　勉哉勿忘

二、陈氏家训

（一）要孝。父母面前无违拗，在世不见子承欢，死后念经有何效？尔子在旁看尔样，忤逆之人忤逆报。当知孝。

（二）要悌。兄长面前无使气，手足痛痒本相关，你嫉我妒终何益？有酒有肉朋友多，打虎还是亲兄弟。当知悌。

（三）要忠。富贵贫贱本相同，譬如替人谋一事，能尽其心便是忠。半点欺心天不依，弄得钱来转眼空。当知忠。

（四）要信。一诺千金所敬同，譬如约人到午时，不到未时终是信。若是一事不践言，下次说来人不听。当知信。

（五）要礼。循规蹈矩无粗鄙，先生长者当尤尊。子弟轻狂人不敬，况我侮人人侮我，到底哪个饶了你。当知礼。

（六）要义。事大遇幼无不及，譬如一事本当为，有才也要留余地，又如好事不向前，懦弱何无男子气。当知义。

（七）要廉。百般有命只由天，口渴莫饮盗泉水，家贫休要昧心钱。巧人诈得痴人谷，痴人终买巧人田。当知廉。

（八）要耻。好汉原来一张纸，含羞忍辱骗得来，哪知背后有人指。寄语男儿当自强，甘居人下何无耻。当知耻。

三、陈氏家规

1. 敦教悌以重人伦；

2. 笃宗族以昭雍穆；

3. 和乡党以息争讼；

4. 重农桑以足衣食；

5. 尚节俭以惜财用；

6. 隆学校以端士气；

7. 黜异端以崇正学；

8. 讲法律以儆愚顽；

9. 务本业以定民志；

10、训子弟以禁非为；

11. 息诬告以全善良；

12. 戒匿逃以免株连；

13. 完钱粮以免催科；

14. 联保甲以弭贼盗；

15. 解仇忿以重身命；

16. 明礼让以厚风俗。

四、陈氏家范

（一）尊朝廷：太平之世，声教覃敷。谊降轩冕，恩彻泥涂。普天率土，莫不沾濡。矧吾陈宗，被泽尤殊。金门锡爵，玉册蠲租。稽颡顿足，鼓腹含哺。何以仰答，远著宏谟。出励名臣，处为硕儒。安吾作息，急乃公输。扬诩大化，嬉游唐虞。

（二）敬祖宗：陈氏先代，渊流宏远。冥索邈稽，弥深缱绻。德为畴立，功为孰建。宜都以来，滋培不浅。司马参军，日恣流衍。补阙才高，秘监闻显。

著作贤嗣，庐陵绝巘。徙乎西昌，始基是践。自斯而遥，其绪日展。俎豆勿忘，咸相黾勉。

（三）孝父母：父母生我，鞠育劬劳。顾复之恩，自少而耄。几经艰难，以养以教。冀其克遂，悲喜相交。兴言及此，中心如刀。谓地盖厚，谓天盖高。趵踖无报，徒属里毛。遐思古人，其乐陶陶。养唯其志，不唯其肴。致其慕者，涕泣而号。

（四）和兄弟：鹡原志喜，雁序分行。维礼与诗，盖有明章。矧踖圣世，跻乎虞唐。荆花纷馥，接叶联芬。埙篪韵协，手足相将。和乐且耽，庶顺高堂。追维先代，厥有二方。唯其难也，实至名彰。无歌偏及，以致缺戕。千古以来，被止眠姜。

（五）严夫妇：人伦伊始，兆自闺门。阴阳之义，亘古常尊。好合可乐，狎昵宜悛。正位内外，各以其分。鸡鸣致警，戒旦时闻。以乐鼓钟，以友瑟琴。梁妻举案，冀妇如宾。唯鸿与缺，道行于身。不知其然，地袤而亲。脱辐至矣，则又何云。

（六）训子孙：繄维义族，后起联翩。兰含春媚，桂馥秋妍。何以栽培，护其性天。巍巍桢干，饱乎云烟。农亩有径，诗书有田。耕食凿饮，为诵为弦。终身远到，基于少年。循矩斯方，受规则圆。非规非矩，遗羞昔贤。父兄之教，在所宜先。

（七）隆师儒：圣贤至道，孰与为明。千秋统绪，任在儒生。发聋启聩，鼓振金鸣。石渠白虎，木铎传声。唯其义备，斯感至情。游扬二子，立雪于门。苏章千里，不惮遥程。跋涉艰楚，负笈而行。吾陈西昌，无愧乎名。隆宠师儒，以集群英。

（八）谨交游：人生所忌，处独居幽。慧无与发，思无与抽。士农工贾，唯其匹俦。或出或处，气类同求。戒勿如己，比匪非仇。声气是诩，他日为优。与其为滥，无宁隘收。金兰善谱，不类盟鸥。少壮一诺，终当白头。风雨契阔，致意缪绸。

（九）联族党：西昌一族，同流同源。清溪柳溪，和处笑喧。非吾伯叔，即我弟昆。长幼上下，无寒无喧。驰驱皇路，退伏高原。咸敦一脉，岂有嫌言。赣粤各地，枝繁叶茂。时勤课教，李笃训勉。有才足论，有勋与展。何疏何戚，门庭欣然。

（十）睦邻里：古者八家，同井相助。由近而远，情谊攸著。为邻为里，居游与聚。疾病相持，死丧与赴。患难忧危，戒惊恐惧。警咳欢逢，寿考媾娶。伏腊周旋，心融情豫。岁酒同甘，烹宰饱饫。阗阗里闾，倒屣解屦。诗称洽比，殷其景慕。

（十一）均出入：生财之难，期其亘足。制用有经，积施相续。积而不施，施而不彀。侈靡吝悭，均为薄俗。生齿云多，资用繁缛。老疾宾祭，其敢不肃？以赡耕稼，以资诵读。家庭内外，持筹仆仆。唯均唯平，度其盈缩。乾糇以愆，为汝曹勖。

（十二）戒游惰：凡人之生，畴无担荷。均在四民，责无敢堕。行必期为，志唯务果。奋进而前，犹不与我。矧其嬉游，而敢偷惰。即历艰危，无挫坎坷。丈夫志雄，磅礴磊砢。进止帷幄，了如观火。何乃自戕，手足委觯。家范谆谆，各为佩左。

第七章 西昌陈氏历代名人绅士

7.1 西昌陈氏杰出历史人物

7.1.1 状元首辅陈循

陈循（1385—1464），字德遵，号芳洲，江西泰和人，生于明太祖洪武十八年（1385）二月十六日寅时，属西昌南寮陈氏族人。他五岁丧母，十岁丧父，仲兄早卒，独与比他大十岁的长兄德逊相依为命，同舟共济，生活清苦。他少年时候就以聪慧闻名乡里，"初入乡塾读书，不三数过辄背诵，老成咸异之。叔父陈一敬罢官归，从受业，大有造诣"（《南寮陈氏宗谱》）。陈循十七岁为邑庠弟子员，文学已出其辈类，部使者行县，屡试之，在高等，声誉斐然。明成祖永乐十二年（1414）乡试第一（解元），第二年，礼部会试第二，按会试考官拆卷第一名是陈循，因主考官梁潜是江西泰和人（洪武二十九年举人），与陈循是同乡避嫌，遂改以洪英第一（会元）。殿试时陈循终于以实力获得状元。

他是明代第十二名状元，也是在北京录取的第一名状元，明朝前期的十一名状元都是在南京考取的。泰和这个地方曾先有谶云："龙洲过县前，泰和出状元。"陈循中状元后，杨士奇在南京寄二绝，其一云："龙洲过县千年谶，黄甲初登第一名，从此累累题榜首，东城迎喜过西城。"其后六年，城西曾鹤龄举进士第一。后十八年，真定（今河北正定）曹鼐为泰和典史补进士第一。永乐十三年（1415），陈循中进士第一名，即授修撰，进侍讲。他对朝廷的典章制度非常熟悉，为官后常随侍帝王左右。明成祖朱棣至北京，命他取秘阁书进宫，于是便留在朱棣身边。洪熙元年（1425）任侍讲。宣德初年（1426）受命入直南宫，日承顾问，并赐给玉河桥西面的一座豪华府第。宣宗朱瞻基巡视时，陈循仍是随从，不久升侍讲学士。正统元年（1436）兼经筵讲官，后进翰林学士。共事的有少傅杨士奇、杨荣，尚书杨溥，内阁学士高毂、商辂、萧镃、王文，吏部尚书王直，礼部尚书胡濙，兵部侍郎于谦等。

起初朝廷大事，官吏和百姓建言，以及奏章的草拟，都是"三杨"（指杨士奇、杨荣、杨溥）主持，史称"政归三杨"。到正统九年陈循入文渊阁，典机要事务时，杨士奇、杨荣已先后去世，陈循和曹鼐（今河北正定人，宣德八年癸丑科状元）、马愉（今山东临朐人，宣德二年丁未科状元）三人掌内阁。由此，内阁三大臣皆为状元郎。礼部遵照常例由杨溥主议大事，英宗朱祁镇认为杨溥已年老，应休息颐养，命陈循等予议。陈循受圣旨："凡处军国重务、应制等文字及大官给膳，悉同士奇，日侍经筵讲说史故事如故。"正统十年（1445），陈循晋升户部右侍郎兼翰林院学士。正统十四年（1449），又升为户部尚书，仍兼其他职务。景泰元年（1450）升为首辅，景泰二年（1451）升为少保太子太傅兼文渊阁大学士进华盖殿大学士。

陈循是一个富有才学的台阁重臣，怀抱着治理国家和减轻人民痛苦的愿望，又好为排难解纷。在宣德时期，御史张楷献诗忤旨，得罪宣宗，将要治罪。陈循从中向宣宗解释说，张楷也是出于一片忠爱之心，于是得到解脱。御史刘祚上疏触犯皇上，引得宣宗发怒，陈循婉言为他解释，宣宗才免刘祚一死。永乐"戊戌年（1418），梁潜以职务违错被逮，使者均来自皇宫，人皆惶恐"。陈循与梁潜居同院，尽力庇护他的家人。梁潜平日所作诗文类稿，当时多散佚，循遣人访求于市，倍价赎还，"今锓梓以传者，公所赎也"。

陈循的学问颇为当时学者所推崇，他的诗作中也有不少好作品，是明代的文学家。如《省亲诗赠郭绍容》："忆别严亲久，今朝定省游。满斟桑落盏，稳驾木兰舟。燕语东风暖，莺啼绿树稠。倚门亲望久，去去莫迟留。"这首诗表现了诗人事亲至孝的情感，语调亲切和谐，感情真挚深厚。又如《山城月夜自和东行集句韵》："蟾光如水浸清秋，防塞将军在戍楼。千里无尘烽火寂，夜深犹起看旄头。"这首诗写的是和平时期的边塞生活，尽管边防无战事，却仍然月夜查军情，这正是对官兵们的赞扬。他为人宽厚，关心人民疾苦。景帝朝有一年冬天，皇帝到河南、河北视察，适逢大雪，麦子冻死。

循上疏，请求拨款购买麦种给百姓补种，代宗允准。

正统十四年（1449）七月，蒙古瓦剌部首领也先分兵四路，大举南侵，明军溃败，塞外城池仅剩一座大同（今属山西），也被也先包围。宦官王振鼓动英宗御驾亲征。陈循与礼部尚书胡濙、吏部尚书王直等率百官谏阻。然而英宗被王振蛊惑，不听劝解，执意亲征。八月十六日，英宗战败被俘。土木堡之败，使明王朝遇到严重的危机。消息传到京城，皇宫上下一片恐慌。当时有拥立英宗弟弟郕王朱祁钰者，陈循即对众臣说道："虏寇理屈而情畏，大势必不敢久留圣驾，当立皇太子正位东宫，以郕王辅佐，再想办法把皇帝迎回来，其他的不用多说了。"当时宦官金英说："英宗的长子只有两岁。"陈循回答说："但生一日，即是主人。"于是太皇太后下诏，立英宗仅有二岁的儿子朱见深为皇太子，以郕王朱祁钰监国。二十三日推举于谦为兵部尚书，二十九日举商辂、彭时入内阁，协办机务。此时，也先率部准备继续南下，一些胆小的官员鼓噪着迁都南逃。翰林院修编徐有贞，以星象、历数为依据，说："天命已去，只有南迁才可以纾难。"陈循审时度势，与吏部尚书王直、礼部尚书胡濙等官员，坚决反对南迁，主张以保卫京师为根本。于谦则说："言南迁者可斩也！"在他们的坚持下，避免了南宋半壁江山沦陷的悲剧重演，使民心得到安定。

据户部尚书，当时同为内阁大臣的萧镃为陈循所撰的墓志铭所说："至若徐有贞建言南迁，以淮为界，尤公力诤阻也。"十月十日，也先率大军挟持英宗抵北京城下，列阵西直门外，把英宗放置在德胜门外的空房内，并派信使传话："现在把你们的皇帝送回来了，请立即派大臣胡濙、王直、于谦出来接驾。"陈循说："这肯定是诡计，不可派大臣，应先派一般官员前去问安、探望，弄清虚实。如果英宗果然在，而也先诚心送归的话，即去迎接，不可延缓。"探望者回来报告说："看到了太上皇（英宗），他肯定地说，敌人无意将他奉还，只是将其作为入侵的筹码罢了。"陈循说："这样的话，应当安排大将守城，不得轻易出战。"并密令城外各个马坊焚烧所存积的马草，以困敌方军马。敌人多为骑兵，见积存的马草起火，急得跺脚，惊恐不安。没过几天，战马果然无饲料。又招募五名勇士，潜行去宣府、大同、永平、辽东等边防守军处传令赴京勤王。所派五个人只有两人到达，其余三人为敌截获。看到皇帝的调兵命令，敌军开始惧怕，并有退兵的念头。随后又写了许多鞑靼文和汉文的宣传单，派人散发到敌人军营，以张扬我军势，涣散敌军心。以加封"国公"，奖励万金等高官厚禄悬赏也先首级，并伪造敌将喜宁的笔迹书写与太监兴安谋划合兵剿寇的书信，间离敌将帅。十月十三日，于谦、石亨率军与瓦剌军战于德胜门外，瓦剌军大败。随后瓦剌军转战至西直门，也被明军击退。瓦剌军不甘心失败，又在彰义门组织进攻，明军失利，瓦剌军攻到土城，遇居民阻遏，不得推进。因天寒地冻，人心惶惶，军心涣散，援兵将至，内外交困，于十月十五日夜，也先率十余骑脱身先逃。几天后，宣府和辽东之兵先后到达，宣府兵受命西追敌军，而辽东边防兵原处守备。朝廷的这些南北军政边务、保安社稷等大事，陈循是主要的谋划者之一。到十一月八日，瓦剌军退出塞外，京师解严。陈循和主战派官员领导和组织的北京保卫战终于取得了胜利，粉碎了瓦剌军想夺取北京的野心，明王朝转危为安。北京保卫战的胜利，有内阁大臣陈循的一份功劳。

　　景泰八年春，英宗皇帝回来复位，由于石亨等诬大臣于谦谋逆，于谦、王文等以谋逆罪被杀。陈循受到牵连，被刑杖一百，充军铁岭卫，其时陈循已经七十多岁。后来，英宗发觉原来陈循等内阁诸臣和兵部尚书于谦、吏部尚书王直、礼部尚书胡濙等，鉴于景帝病危，本拟在景泰八年正月十四日早朝时，劝景帝同意英宗监国。而石亨、徐有贞侦悉这一讯息后，抢先发动政变，拥立英宗复辟，这样既可借此邀功请赏，又可趁机排斥异己。英宗获悉这一真实情况后，深感上当受骗，懊怒之余，五月将石亨处死，七月，将徐有贞发往云南金齿卫为民。陈循也随即从贬所上书英宗，他说："天位，陛下所固有。当天与人归之时，群臣备法驾，恭诣南宫，奏请陛下再次临朝，不仅皇宫中没有任何骚动不安，而且也可以表明天下永远是陛下的。而石亨等侥幸一时，计不出此，卒皆自取祸败。臣服事累叶，曾著微劳，实为所挤，惟陛下怜察。"圣旨曰："陈循历事朝廷年久，曾效勤劳，因被石亨等挟私诬害，坐罪充军。今观其所奏，是非明白，情实可矜，特放回原籍，为民闲住。"壬午年（1462）四月，陈循自谪所还京，上表谢恩而归，结束了五年的流放生活，心身受到极大摧残。

天顺八年（1464），陈循回到阔别多年的家乡仅五个月，于十一月十七日以疾终于正寝，享年七十八岁，葬于千秋乡（今泰和县澄江镇龙门村）罗仚塘。其曾祖、祖父、父亲都获景泰皇帝赠少保，子陈瑛天顺年间荫袭补太学生。县城学馆左为他立"状元宰相"牌坊。陈循是江西历史上一位有真才实学的状元，在翰林院供职多年，也是明代著名的文学家和诗人，在文学上颇有成就。陈循的著作有《芳洲集》十卷、《东行百韵集句》九卷、《芳洲年谱》一卷，此外还有与人合撰的《寰宇通志》一百一十九卷。

7.1.2　外甥宰相杨士奇

杨士奇未经科举考试取得功名，由一个贫苦的寒儒，以征荐方式入仕，官至宰辅。他白身拜相，为中国历史上著名的布衣宰相之一，史官称之为"玉质金相，通达国体""大雅之明哲焉"。

杨士奇（1365—1444），名寓，号东里，于元至正二十五年十二月二十三日生于县城东门清溪村，后迁城东。其高祖杨景行是元朝进士，以翰林待制、朝列大夫退休。景行生五子都有文名，以次子杨远子杨美过继三子杨仕。杨美字子将，为人至孝，8岁能诗，从西昌柳溪陈氏、城西儒士陈谟读书，陈谟以侄女为女嫁给他，生杨士奇。士奇一岁丧父，四岁随母改嫁城东巷儒士、县学教师罗性（字子理），曾改姓罗。两年后罗性中举任德安府同知，士奇母子随同到德安生活。有一次罗家祭祖，杨士奇在一旁自做土像祭祀杨氏先祖，被罗性发现不但没有生气，还赞扬他有志气。九岁时因罗性被撤职充军，返回家乡复姓杨，又随外祖父读书。十五岁开始在本县沙村、碧溪等地教书谋生。这位"家甚贫，亲执劳事"的杨士奇，早年靠做乡村教师糊口。由于才学出众，被郡守推荐了一份与教育有关的工作，他一边教学，一边侍母，游走于湖北、湖南一带，其间居住江夏（汉阳）时间最长。

建文年间，明惠帝召集文臣修撰《明太祖实录》，三十五岁的杨士奇得汉阳令王叔英以史之才推荐，征召为翰林编纂官。随后，吏部对进入史馆的文臣进行考试，吏部尚书张紞看到杨士奇的答卷后说："这不是个编经人的言论。"于是奏请为第一名，授吴王府审理副，仍然供其编纂馆职位。

明成祖即位后，改杨士奇为翰林院编修。不久，进入内阁，参与负责机务。数月后，晋升为侍讲。永乐二年，选拔官僚，杨士奇为左中允；三年后再升为左谕德。杨士奇为官，非常谨慎，在明成祖前举止恭慎，善于对答，谈事有灼见。他人有过失，能为之撑覆，为众臣折服。他善于识人，所荐皆名士，但荐士必出其门，有攻己者，必欲斥逐。他做人低调，从不好高骛远，能以平等眼光看待天下万物，不仅使民众生活得以改善，而且提升了王朝国力，深受君民信赖。

一个乡村教师出身的官员，保护了两任太子。永乐六年（1408年）明成祖北征，命其辅太子监国。永乐九年，成祖召问杨士奇太子监国的情况，他称太子孝敬，并说："太子天资高，有过错必知，然后必改。其存有爱人之心，绝对不会辜负陛下重托。"当成祖北征归还后，太子迎驾迟缓，东宫大臣多人下狱问罪，杨士奇之后赶到，被宥问罪。之后召问此事，他顿首道："太子仍然和以前一样孝敬，凡是这些迟迎之事，都是臣等的罪过。"成祖听后，稍微平缓，但还有重臣不断上疏弹劾杨士奇不应独宥，皇帝遂命其下锦衣卫诏狱，十天后释放。

明仁宗即位后，杨士奇升为礼部侍郎兼华盖殿大学士。之后，又升为太保、太傅，并兼任兵部尚书，同食三份俸禄（内阁、翰林院、兵部），但他请求不领兵部尚书俸禄。明仁宗病重时，命杨士奇书写遗敕召太子朱瞻基到南京。明宣宗即位后，杨士奇担任总裁修撰《明仁宗实录》。宣德元年，汉王朱高煦起兵谋反，明宣宗亲征平定叛乱。事后，有大臣奏请追究赵王朱高燧责任，杨士奇谏免兵戈，并说："赵王是陛下最亲的亲人，应当保全他，不要被群臣言论迷惑。"使赵王未受株连，为宣宗及赵王赞赏。

明英宗即位后，杨士奇与杨荣、杨溥并称"三杨"（士奇因其所居处时人称为"西杨"），共辅幼主，进少师。杨士奇受知于仁宗、宣宗、英宗三朝，直文渊阁四十年，首辅二十一年，内阁任职时间之长为明代第一，成为大明王朝从政时间最长，实权最大的内阁大臣。杨士奇之所以能够长期主政，与他的能力和作风有着重要关系。他常说："天下万世之事，当以天下万世之心处置。如有一毫出于私意，不论厚薄皆当获罪神明。"在职时，他请并蠲逋赋薪刍钱，减官田额，理冤滞，汰工役；又请抚逃民，察墨吏；请练士卒，严边防；设南京参赞机务大臣，罢侦事校尉，慎刑狱，严核百司等，与杨荣、杨溥同心辅佐幼主，朝政清明。

杨士奇为官四十多年，历经建文、永乐、仁宗、宣宗、英宗五朝，官至一品大员、内阁首辅。一介布衣而位极人臣，自有他为人处世之道。他在官场中以老成持重、灵活多变、坚韧不拔著称。居官谨慎，在家不言公事，即使是至亲都不得听闻；恭顺应对，言事都中；人有小过，多加包涵；体察民情，常进宽政之言；遇事持重，知人善任，于谦、况忠等名臣都由他举荐；清正廉洁，不贪不占，品行优秀。他在文学史上为台阁体盟主，著述颇多，编著有《三朝圣谕集》《奏对录》《历代名臣奏议》《文渊阁书目》《东里集》等。

正统三年（1438）《明宣宗实录》制成，杨士奇晋少师。次年，乞求致仕，不予批准；之后英宗下敕归省墓，不久批准归还。正统七年，张太皇太后去世，宦官王振势力坐大，廷臣人人自危。此时，杨士奇之子杨稷为人傲横，曾经因施暴杀人。据此，各位御史相继弹劾杨稷，朝廷商议不予加法，但把罪状给了杨士奇。随后有人再次告发杨稷横虐数十件事，杨士奇只能以老疾告辞。明宗恐伤害杨士奇，下诏安慰，士奇感恩哭泣，不久忧虑不起。

正统九年（1444）三月十四日，杨士奇病逝于北京，诰赠太师，谥文贞。归葬泰和，陵园犹存。正统年间，其曾祖、祖父、父亲均获赠少师；其母陈氏早年赠一品诰命夫人。县城普觉寺前曾为他建荣禄坊，明正德二年奉敕建杨文贞祠于城东。

7.1.3　清溪大儒陈善方

陈善方，名矩，字直夫，号静斋，元至正丙午年（1366）五月三十日生。明初洪武戊辰岁（1388）贡生，庚午年（1390）应天乡试第四名，辛未年（1391）登许观榜二甲进士（与吉水解缙同科，共五十人免会试，赐进士出身），授户部浙江司主事。有能声，因议皇储触犯上，谪陕西宁夏卫军。庆王喜其才，荐授王府长史，因坦陈善道，有益庆王。后诏还京作上林春晓赋，谨身慎行，歌皆称旨赐享。荐任海宁县令，丁忧除服，补江陵令。任上除弊政，有廉名，后擢史部文选司。宣德年初，以老辞官，返乡安居，家清如水。善方生平多才艺，喜诗文，工绘画，弹琴赋诗不倦。豪迈生侠气，爬山跨堤，弯弓射箭，自得其乐。逝于正统丙寅（1446）四月二十七日，享年81岁。明初，两位同乡当朝内阁大臣解缙、陈循对善方先生十分敬佩，评价甚高。善方先生同科进士、同朝名臣解缙（官至内阁首辅、右春坊大学士、永乐大典主编）为其诗文集著《静斋送行诗文后序》，全文如下：

"余之交于善方旧矣。善方自洪武丁卯，与余同应江西进士举。余忝与计偕善方，以一时数奇不偶归。明年戊辰充贡来京师，为太学生。庚午乡荐，善方获领隽榜发，为第四人。是时，京闱士五十人者，恩免会试，特敕殿试，赐进士出身。公其一焉，授浙江部主事，为地官，属治事。绰有异能，未几应诏，言事触当道讳忌，安置宁夏。同朝士，壮其所为，多赠以诗文。其在宁夏庆府幕，其为文延之门下，与谈经书，赋诗应口，而出皆可诵。遂信学有本原，请于上，使为傅不许，诏召回京。至之日值上，与词臣为上林春晓赋，亦挥笔为之，并作谨身慎行歌二篇，以献上览之可。其言赐宴，赏以袍笏。善方于是总其前后，同朝诸公所赠诗文都为一册，请序于余。余思古之论谏臣者，谓龙之为物，其颔下有逆鳞，径尺撄之必杀人，人主亦有之夫。士之立朝者，不忠则已，忠则必言，言则岂能无鳞之逆。逆鳞而撄，则其威有不可测者。苟非刚介性成而又有学问。凝植之，则虽身居显秩，受恩最久，亦未有不卷舌缄口。为固荣保宠计者矣。今善方之官，为何官？善方之官于朝，曾几何年，而遂能不惜以其身撄龙之鳞。而干其威，则古之所谓铁面清献，石肠广平，当亦不是过也。兹善方特赖天子仁恕，宥其罪且诏之，回朝将复以官耳。顾其所以卒，获见原者，宁独非以忠乎哉。昔者唐子方以弹劾辅相，致投广州，而复有酖珠。事发闻于仁宗，仁宗曰，诏介必无是。以此观之，士诚能忠人主，虽当一念偶违，置之荒远。而其爱之切，信之深，故又非风雨霜露之所能变易者。然则善方自是而后，当知圣恩深厚，莫可、纪极、益思公忠，为国以求报效。万一正不得，以前此逆鳞之撄为惩，使人徒比之，孤注之一掷，逐废焉，思返已也。之以贫累者殊多，即公归后，家徒四壁，子孙无所藉以立，未免以是为公咎公，且若之何难。然贫之能为功，于人者不独在仕宦中也。士当键户诵读时，画粥称薪葵藿是平生耳，将必有先天下而忧，后天下而乐者。岂尝念他日得意，一生吃著不尽耶。然则贫之宝也，公盖习之有素者矣。彼欲为子厚之，逐者其亦可少安，而知所以自励也乎。"

善方先生同乡宗亲、明永乐状元、内阁首辅陈循为其告老还乡著《送静斋先生归里文》，全文如下：

"仕途一江湖也，爵赏一舟楫也，吏驱一行客也，其得意也。天光昭映，顺风扬帆，瞬息千里也。其不得意也，风雨骤作，波浪连天，石激砂飞，鱼龙互逼。尝以其身出没水腹，若与命为仇者。虽寤寐犹为之心，悸神悚也。吾叔静斋先生，谢政归，特来告我。曰余曩者身登仕途之舟。盖放乎江湖中，流风波烟，雨间亟欲，稍为收帆眠樯，求一时之憩息，不可得也。今幸回头，而彼岸陆矣，不复江湖矣。将由是而恭桑敬梓，与乡之父老曳杖，负暄听鹂，看花长谋，履坦之安而已。余曰，叔以仕途为江湖，以爵赏为舟楫，以吏驱为行客，信已然。犹借影之词也，但今叔秩满，来京自谓，年老不耐事，愿谢政归耳。顾叔之归也，必将问舟于水滨，而浮黄河，达长江，泛彭蠡，抵洪都，渐乃得返于故里，则是叔所喻之危象。尚托之虚，而叔所历之险境，竟丽于实，岂叔不神悚心悸，于其实境乎？将叔之畏江湖舟楫，第如叶公之好画龙乎，抑亦仕途爵赏，无形之危险更有过于有形者。如所云，政猛于虎者乎，叔且以为何如也？于是叔闻之哗然，大笑。余因文斯语，以送叔行。"

7.1.4 庐陵理学之宗陈嘉谟

陈嘉谟，字世显，号蒙山，清溪陈氏族人。嘉靖丁未进士，筮庐州推官擢户科给事中，历吏、兵二科，不附严嵩，出补四川按察副使，大有兼能声，录转湖广左参政。丁父忧服，除久之以病未起。万历甲戌年，廷议事，因荐者起官湖广布政使司左参政。盖是时不在职者十年矣，竟以病上书乞休。公向历仕途，潜心理学，至是超然。远引奉其身如九霄之鹤，可望而不可及。当路有司，罕观其面，被接遇者如登龙门。四方之士，咸愿受学。公独切齿，挽近虚声，滥收门墙，反亏实履。故务择人而交，所容执贽及门之士益寥匕矣，自是深心修证，日有孜匕，克己省躬，常若不及。万历丙子自叙墓志略云，进无以补于朝，退无以式于乡，于邦不能必达，于家不能无怨，于事父母不能一举，足不敢忘于礼。昆弟戚属不能如父母，所以付托于我者，以慰其无穷心，吁可愧也。己其手录，有易学、庸语、孟就正稿若干卷藏之箧笥用。俟其来者不得已应酬，而有文与夫感时，抚景怀人寄赠。而有诗皆率意为之，无可采者。其窃食于中外也，于人不敢阿附，于法不敢刻深，于非禀禄之人不敢苟取大率。故常非有奇节其再用，而乞休也。本缘衰病，非以知止，平生措履，颓靡缺略，于今回思，实以自惭。异时嗣人不略，厥衷或加润色，妄希表著，非蒙山子之志也，吁此可以窥公真诣矣。

孔云，愧匕曾言若无音，然好修不愧，幽独公之谓也。越二十有八年至癸卯公病，笃同邑潞安太守曾公皋，就榻执手而谓。我公把柄在手，自有主张，复论及公平日所讲，析孔门一贯天下归仁之旨，公举首再颔之，拱手而别，不移时而端逝，得年八十有三。尝师事彭公炳文，刘公文敏两先生。其述彭先生炳文曰，学贵不言而躬行，恶在以门户相夸诅，言孔孟周程之所言，行孔孟周程之所行，畴非学。又述刘先生文敏曰，学者当思呈圣贤，毋徒一日讲论。贼射隼高墉先生乘间与言前，贼为计推法诛。而后行者安于途，居者安于枕。至今赖之大江以西，故不习用钱，在庐陵更不愿及当。万历辛丑突下行钱令，上檄邑以必遵。邑峻法以责民办本银，赴会城守铸买。领邑发钱表乡都，沿门责买并金点。富民任如领不及，期发不及数，有毙杖下，虽老疾难免，先生泪沾襟。倡乡绅致公书，无和者专具，启恳请院司道府顺人情而停罢。今又开钱局，庐县不相及，倘亦前议为之，质也。益先生万物一体，俱立俱达，造诣深而践履。笃实见地彻而言论平正，有广大直截之趣，无高简廓落之病。非墨思议，非落言诠；非杂思议，非执言诠；砥柱来学，使无横流；下逮庶氓，关切痛痒，固先生其人哉。

先生没，邑人士请祀，专祠祀祖宗、祀鹭院三不朽，咸令曾孙学乾，衣冠敬承俎，豆间学乾故。弟学坤且以男大椿继嗣，请衣冠世世于先生，足千古矣。城南多士，倡益社课，励志节修实行而景仰先生。以举业为务，呈贤之格，物不偏物而格之求之，于吾心也。公少年得所师，承其所诣，固已粹矣。加以笃志，伦常积中，发外丙子以后著述益多。迄今有存乾、惕斋、请益稿、念初堂存续诗稿、道德阴符经、叙述二程要语、朱陆摘要、击壤摘要等书。

皆洞然见道之的，足以淑世诏来。盖公之悟性修命，独具圣真庶几。嘉隆间醇儒也，卒之。岁监司以白，两院特祠祀之。

附注：（一）两学公呈陈嘉谟理学事实

明湖广左参政陈嘉谟，字世显，号蒙山，庐陵人也。世居上营前，徙府城西。生正德辛巳八月二十九寅时，弱冠补邑庠生，中嘉靖丙午举人，聊登丁未进士。初授直隶庐州推官，奏续关下进阶文林郎兵科右给事中，弹劾不避，立朝不阿。敕赐青纱圆领一件、白玉鹦鹉一对，以旌其直。未几改吏科左给事中，充册。

（二）封益府副使陛湖广布政使司右参政上书乞休

诏起左参政再乞休。是年四十有一，记其实先生年三十而出仕，四十一而休官。自是家食四十二年，绝迹公庭，鳏守三十九年义不再偶。惟有撰述为务，著有存词稿、念初堂、长春堂、山斗云居、修西方大意文集、诗集及诸序记，各成卷传世。奉郡侯汪公复修白鹭书院，特属为记，首倡西原会讲，享年八十有三。自书墓石六大字，蒙山居士息丘。未几厌尘，于是缙绅孝廉及两学公呈道府院台，查考名实兴论无间。先奉郡守杨公特传理学志传，复奉兵巡道冯公暨郡侯吴公讳士奇崇举，传详院道，批允如议。补为庐陵理学之宗，奉祠三祀，配享景贤堂、王阳明先生祠及鹭州西原山蒙。

恩世袭衣衿入府儒学以垂不朽。

7.1.5 宋建炎进士陈千龄

千龄，字龟年，绍圣戊寅年（1098）生，为晖公八世孙。宋建炎戊申年（1128）登李易榜进士，初授韶州曲江主簿、左迪功郎，后任虔州司法参军，累官至宁乡尹。千龄公热心于西昌陈氏宗族公益事业，主持首修柳溪陈氏宗谱并作序，首编庆源图，学行官续载县志，祀公贤，为历代族人敬重。

他在任韶州曲江主簿期间，有潮阳县令办军务犯赃案，上司要深究，但权贵说情掣肘。州司谏韩璜领州事，令千龄审讯推断。千龄拒收说情礼金，问得实情回报。韩璜盛气相待，等千龄详述始末，并说该县令实因突然经办军务而犯罪，韩又再核实无差，便欣赏千龄的无私了。不久千龄升虔州司法参军。虔州知府刘昉上任，对拜访者都不接见，独以客礼会见千龄，因为他已听说过千龄勘问潮阳令赃案的公允、平恕。千龄因此名声扩大，升从事郎、宁都令，卒于任。其兄九龄以屡举授职，调南海簿。其弟百龄，二举礼部不中后，在乡间以诗酒自娱。

7.1.6　四代官宦陈先得

陈辰翁，字先得，号菊存，宋淳祐甲辰年（1244）生，为晖公十三世孙。先得公清操博学，早年赋诗自娱，居所仅能遮风雨，爱种菊，学者称为菊存先生。40岁荐任，历万安、宁都、兴国、赣县等五县县学教谕，升瑞州路西涧书院山长。60岁时名上中书省，部注将仕郎，赣州路教授致仕。90岁卒。得先公元朝时征荐，一家四代为官。

先得子陈学礼，字季立，号梅村。贫而力学，攻医学。至元间荐任瑞金县教谕，转梅州学正，见学校田地被侵，持证收取。对夜晚送金求免之人，天明暴其奸而杖责之，乃将田收回。升广州府学教授，徒步赴任。又见学校田地被侵，也收回，并改善学校房舍。升赣州路司狱，把狱中石床改为木床，建浴室，冬给柴炭，饥有食，寒有衣，三年无冻饿而死之囚。狱中有个于都人，因夜间睡田间守水稻，发现一伙人行劫而被挟持带走。案发后，一起被定罪，学礼为他白冤。升瑞金县令，简讼轻徭，与民生息。此时知府政尚严峻，但看重学礼。不久以赣州路推官致仕。家居二十余年，九十岁卒。

学礼长子陈以道，号道山，大德丁酉年生。年三十以文学教始兴、东莞、新兴三县，升潮州学正，终潮阳教授所合，大著师范载郡邑志。

学礼三子陈以新，原名新，号新齐。隆兴年间，任石马务税使，至正壬辰守城有功，擢新淦金州判。后归省留家，适遇红巾军乱，知州达侯闻其忠勇，请守州之东境。时援绝乏食，坚守不去，未几被执，抗节不屈，骂贼而死，为御乱保境"十义"之一，配享达侯祠庙祀中，事实载郡邑志。

以道子陈敬则，名喜，字有源，举贤入仕。元征授益阳尉，明洪武时任益府长史。

7.1.7 两地知府太守陈礼

陈礼，字正言，号敬斋，洪武壬戌年（1382）生，晖公第十八世孙。少负文名，中永乐辛卯乡试壬辰科殿试金榜，登马铎榜第二甲第三十六名进士。初释褐福朝，试事都察院，皇上因其长相伟岸威仪，特授思南知府。该地民风蛮横，陈礼为政，先施恩惠再讲法度，百姓不敢乱来。有苗民酋长作乱，陈礼派人招抚，但仍抗拒。正值镇远侯普亮率军队到来，陈礼跟随，将此酋长抓获，避免老百姓受害。有羊溪苗人叛离，陈礼又派人去劝喻："我会避免过去官府的苛虐之政。"叛离之人听说贤太守来任，相率归顺。因荒田多，涉及租税过重，百姓受累，陈礼奏请减少了这一份额。因丁外艰去职，年余知府缺人，陈礼不予增加，多事亲自操劳。后任临安知府。此地又有持险剽劫山民，陈礼单骑前往劝谕，都钦服洗手。凡为民辩冤，都明断如神。陈礼任两地知府十八载，治理有方，后逝于任上。两府士民思念，后入两府各宦祠祭祀，思南府还建有陈侯祠专祀。

陈礼祖父陈焕章，博学笃行，隐居教授，闲暇作诗著文，著有《萍翁集》。父陈士启，永乐进士；叔陈士瞻，举人，县簿，参修《永乐大典》；弟陈铎，永乐征授德庆训导。一家三代五人为官贤能，世人赞颂。

7.1.8 工部尚书陈宜

陈宜（1413—1472），号静轩，永乐癸巳年（1413）生于城西陈家坪，晖公第十八世孙。明正统辛酉乡试第二，中举人，次年登刘俨榜进士，二甲第一名。授工部给事中。建言裁撤迎春节冗费，得士大夫称赞。历官应天府丞、云南布政使、副都御史巡抚贵州并曾出使占城（今属越南）。受赐金织麒麟玉带，一品服色。他曾随皇帝北征，屡著功绩，进兵部左侍郎，考满升工部尚书，因母丧守孝未到任。成化八年卒于济宁，朝廷闻卜，遣官御祭，命工部治坟，归葬泰和。陈宜为人谨厚，有德望，尤工于经学，著有《金台集》《滇南集》《遗芳集》《广舆记》等书。泰和城西后街曾为陈宜立"都宪坊"。

7.1.9 都御史陈凤梧

陈凤梧，字文鸣，泰和城西后街人，为晖公二十世孙。少年聪慧，十岁能诗，明弘治八年（1495）举人，次年进士，选庶吉士。后授刑部主事，奉命审理江南重囚，多有平反。出为湖广提学副使，阐述圣制十八条，刊发郡县推行。累升山东左布政使、副都御史、右都御史。凤梧公历官三十余年，上奏疏章六十多篇，孝宗时奏五事，世宗时奏八事，皆关系君德、时政之言。又规范太监接见礼仪，大力扶正士风。退休在家时，每日正襟静坐，著书不懈，乡间晚辈奉为师表楷模。著有《四书六经集解》《修辞集》《奏疏稿》等书。去世后赠工部尚书。泰和城西后街曾为之立"少宰坊"。

7.1.10 五经博士陈昌积

陈昌积，字子虚，城西柳溪人士，为晖公二十一世孙。幼时日诵千言，能随口对句。长习六家九流之书，为文摹拟秦汉。明嘉靖元年（1522）乡试第一，十七年（1538）中进士，授礼部仪制主事，值内阁管理诰敕，升尚宝司丞兼翰林五经博士。内廷修祷礼典的制词多由他起草，皇上御览总是赞许。

后因直言得罪辅臣罢官返乡，肆力吟诗作文。因村旁有两口荷塘，自号两湖。昌积公主持编撰《柳溪六修谱》，成书于明隆庆六年（1572）。去世后乡间为其私谥"孝文"。

7.2 西昌陈氏历朝中榜进士、举人及百人官宦

后唐评事陈晖，从金陵迁西昌（现江西泰和）城东钟楼。北宋初晖公后裔迁西门外原西昌故城旁，以有柳树、溪流而称柳溪，后称陈家坪。宋明清期间柳溪陈氏人文荟萃，号称百人官宦，其中含有仕选、征荐为官者三十多人。各朝考中进士、举人及入仕者简述如下：

1. 宋朝进士十三人：建炎二年陈千龄，任韶州曲江主簿。乾道二年陈邦，任武陵县尉。淳熙五年陈导，又名载，任宁远尉。绍熙四年陈嗣宗，历福建提刑检法、建昌参军、南城令。嘉定四年陈贯，洪武二十七年（1394）甲咸科进士。嘉定七年陈汉孙，任衡州司法参军。绍定二年陈尧登，任仁和县尉、奉议郎。绍定五年陈闻诗。端平二年陈彬，历京西提点刑狱，兵部侍郎。嘉熙二年陈午，历高州教授、国子监主簿、浙西参帅、袁州通判。宝祐四年陈咏，历辰州教授、湖北运干。景定三年陈闵子，任永州司尹。咸淳元年陈道全，以郴县簿入元朝任高安尹、岳阳推官。

2. 元朝进士一人：陈阳凤，延祐四年举人，五年进士，任广州路烧钞库大使。

3. 明朝状元一人，进士十四人：永乐十三年陈循状元、内阁首辅。洪武十八年陈仲述，任御史。洪武二十四年陈善方，任户部主事、江陵知县。永乐二年陈士启，任山东参政。永乐四年陈孟浩、陈孟京兄弟，选庶吉士，参修《永乐大典》。永乐九年陈赏，广西佥事。永乐十年陈礼，任临江、思南两府太守。永乐十六年陈素，任赵府长史。正统七年陈宜，工部侍郎。景泰

五年陈龙，选为庶吉士。成化二年陈鹤，兵科给事中。嘉靖八年陈昌福，任知县。嘉靖十七年陈昌积，尚宝司丞、五经博士。万历十一年陈秉浩，任推官。

其中较为显著者陈仲述，名继先，中进士后授监察御史。笃志修洁，为官十年仍用读书时旧布被。工古文，太子称他为陈古文。卒无敛资。其子陈赏，幼年丧父，由叔代养，无资力学，幸得表兄梁混日夜督励。15岁即教私塾，弱冠选乡贡。登第后官广西按察司佥事，清苦如父。卒后妻子生活困难。有部使者黄翰来泰和，感梦，帮助修复故居。

4. 清朝进士一人：陈邦祥，康熙九年进士，著《松阉集》。

5. 宋举人四十二人：大多未仕。淳熙间三兄弟中举，有两人为官，陈恂任江华县尉；弟恪历官兴国县尉、潭州右司理、迪功郎。其父龙薄乾道间赠承务郎，其侄陈益中举后历官州教授、潭州右司理、迪功郎。绍熙三年一家五人中举，只有陈垔任湘潭簿，陈嗣宗（进士）一族有人同年中举。还有开禧年间举人陈士豪，任东莞簿。嘉定举人陈士倬，为贵州文学，上封事称旨侍内讲书。

6. 明举人二十一人：有功名业绩的有洪武年间陈士瞻，参修《永乐大典》。永乐年间陈禧，进士及第，任辰州府训导。宣德年间陈奂，进士及第，任光泽教谕。正德年间陈节，六十一岁以贡中举，任庆远府同知。嘉靖年间陈德文，进士昌福侄，任工部员外郎。陈雍，昌福侄，始任如皋知县，御倭有功，后任扬州府同知。陈良敬，昌福子，负文名，尤工诗画。万历年间陈懋英，任宁波推官。其中陈德鸣，弘治年间中举后以福宁学正，迁淮安教授、国子学录，转广西道御史，出为山东佥事，治行讲法度。其曾祖陈赏为进士；父陈俨，成化年间以荐任舒城训导。从弟德文，号石阳，进士昌福侄，博学善诗文，嘉靖举人，历知政和、建安二县，刑简政清；擢顺天府治中，进工部员外郎；以文学见重当世，著有《建州工部二集》《孤竹宾谈》《石阳蚕海》等。其子懋昭，嘉靖四十年举人，授漳浦教谕，曲浙江文衡取名士，擢南京国子学正，升刑部郎中；出为福建盐运同知，卓荦廉静，迁马湖知府。

7. 清举人两人：雍正间陈家齐；道光间陈芳衢，未仕，著书。

8. 元贡士三人：陈歧风，任瑞金训导。陈本中，任国子学正。陈存道，荐任安远教谕。其中陈存道子陈焕章，负父骨归葬故乡，灵芝生于东圃者三，其后子孙科举，人以为教感所至。焕章博学笃行，隐居教授，闲暇作诗写古文，著有《萍翁集》（暮年漂泊，自号萍翁）。焕章子陈士启，永乐进士；陈士瞻，举人，县簿，参修《永乐大典》。

9. 明贡士十五人，有功名成绩的十人。洪武年间陈天爵，任浔州训导。陈甫阳，任广州训导。永乐年间陈道，任河南伊府伴读，历典教事，所至以礼义启迪人，教人彬彬向学。陈大策，任河津令。正统年间陈邦仑，任雷州教谕。陈应凤，任卫经历。景泰年间陈宪，任邓州学正。进士孟京子，为任丘教谕。成化陈言，任阿迷州同知。嘉靖陈鹏，任潮流训导。陈秉吉，任安乐教谕。

明仕选得官七人：如弘治年间陈廷序任典史；隆庆年间陈惟时任仓大使等。

10. 宋征荐得官三人：陈軏，任粤东保昌簿。陈轻，任迪功郎，其父龙藻乾道中赠承务郎。陈尧俞，任迪功郎。

11. 元征荐一家四代为官：陈先得，早年赋诗自娱，居所仅能遮风雨，爱种菊，学者称为菊存先生。四十岁荐任，历万安、宁都、兴国、赣县四县学教谕，升瑞州路西涧书院山长。六十岁时名上中书省，部注将仕郎，赣州路教授致仕，九十岁卒。

12. 明征荐为官十二人：明初陈孔立任白水县丞。永乐陈铎任安岳教谕。陈孟旦任泰州学正，其子叔选官邯郸教谕，叔冕官安乐教谕。陈彻任灵州训导。宣德年间陈公余任台州教授；陈公培任福建按察司照磨；陈公荣任池州教授。正统年间陈祥，公荣子，任鸿胪寺序班；陈叔庆任登丰教谕。景泰年间陈孜任阳春训导。

13. 散居西门九人：后街陈凤梧，进士，右都御史。明嘉靖年间，其子陈曙、孙陈圻均荫补国子生；子陈晦选任西城兵马司；孙陈垣选任浙江布政司经历；

孙陈塙仕选。

明隆庆间仕选：后街陈文端，仓大使。街口陈以敬，典史。花亭前陈学聪，典史。

14.塘洲九人：柳溪陈氏元初分徙株林江入赣江口岸边的栗芫江口，再分龙口、芙塘。此地明代文人辈出，旧志多标注在柳溪名下。

其中江口陈士启，名雷，永乐二年进士，选为庶吉士，授礼部郎中。尚书吕震害死尹昌隆，下属皆忌惮他而奉承唯谨，但士启毫不屈从。十二年出任山东右参政，督徭赋不严苛，管吏事不沽名。上疏请赈青州饥民，使者刚到饥民已倍增，乃力主先赈粮救饥，同时上疏报批。他对使者表态，一旦怪罪愿独力承担，幸朝廷批准无罪。后坐唐赛儿民变，下狱数月。复职后曾受命清理山东军籍，宣德六年卒于任上。

龙口陈得泰，清朝征授泰和武职外委。陈赓，同治举人。陈长采，乾隆岁贡。陈飏，同治岁贡。陈元策，咸丰选任永州宁远县典史。陈锦纹，咸丰选任长沙、岳州二府经历，以知县用。

15.千秋长陂三人：陈佐，清嘉庆六年拔贡，授湖南龙场知县，有疑狱总是暗访实情，尽辨其诬。改善化知县，以治行第一推荐升任武冈知州。擢凤凰厅同知，地处苗疆，抚循殷勤。以才识明敏擢分巡辰沅、永清兵备道，受皇上接见。请假省亲，卒于途中。所任多有德政，十一县为他建生祠。公余爱吟咏，著有《湘州吉人堂诗草》。还有清朝二仕选：嘉庆陈仁，苏州海防同知。光绪陈文湘，历绵竹、巫山二县知县。

16.城东陈氏：武冈（今青原区陂头）陈氏南寮第二世云仲，元朝入赘泰和罗氏，先居东门清溪桥头，再迁城东南寮，概称城东。在明朝有十个人物可记载。

进士两人：陈循，城东陈氏六世，永乐状元宰辅。陈善方：名矩，以明经充贡士。洪武二十四年应天乡试，取五十人免会试赐进士出身，善方在列。

授户部浙江司主事，有能声，不久以讹误去官。遇庆王求儒士，有司报善方应命。到后坦陈善道，有益庆王，荐任海宁知县。丁忧除服，补江陵县，除弊政，有廉名。宣德初罢官归。生平多才艺，喜行书，工绘画，弹琴赋诗不倦。又豪迈有侠气，爬山跨堤，弯弓射箭，自得其乐。

举人六人：永乐陈珩，善方子，任邹县训导；其子陈谏为景泰举人，任蒲田教谕。永乐陈谷，历翰林侍书、左春坊纪郎、翰林典籍。陈仲仁，历忠州学正、山阳教谕。景泰七年特赐举人陈瑛，陈循子。万历陈以跃，陈循五世孙，两浙运使。

贡士四人：洪武间陈子都，清溪迁西门渣溪，以贡任县丞。成化陈毯任肥乡训导。陈徘，陈循侄孙，缘例冠带致仕。清乾隆拔贡陈丹凤。

征荐四人：陈一敬，陈循从叔，幼年丧父，勉力勤学，弱冠即入里塾教书养母。常向陈海桑求教，在万树竹林间做小轩居住，号竹林清隐。十余年后因县令荐于朝，任明初广西荔波丞，改贺县丞，有善政。但因直同僚冤坐罪归乡。正统间以子贵赠御史。其子陈永，字能清，幼孤，力学，宣德中任常州府学训导。正统初擢河内道御史，出按湖广、福建，所至卓著能声。升浙江按察司佥事，有平寇功。

陈瑊，永乐征授句容训导。

陈常，善方孙，正统征授温江教谕。

仕选三人：陈元，成化选任江州判官。陈幼，成化备边贡选任建阳县丞。陈卿，隆庆选任京卫经历。

17. 分散陈氏：螺溪南冈，陈氏先居南冈口，元代中期迁田心。元朝陈霖博通经史，筑兴诗斋，教授乡间子弟，学者称为玄间先生。其子陈重，元朝征任蒲州税务司；陈钰，明洪武初荐任县教席。

洪武初陈威，荐任宁海州税务大使，为政以宽，税收翻番。不久代知府，听断明敏，数日剖决历年积案，民皆悦服，七年调蒲州卒。其子陈彦强，以文字征授麻阳县丞，廉洁奉公，民敬信之。苗民杂居，经学基础薄弱，便重讲学谕道，使该县开始有以明经荐官者。调昆山，督劳役于山西，卒于繁峙。彦强子陈岐，以荐任蜀府伴读。陈岱，任藤县训导，终青州教授。陈嶷，荐任石阡府经历。

永乐年间陈岚，荐任淮安教授。宣德间陈凤，荐任石阡府经历。

塘洲樟桥：陈邦稷，康熙举人。陈鸿宝，光绪举人，任甘肃知事。陈金镛，光绪贡士。陈鸿宾，宣统孝廉方正。

冠朝村：曾居住过陈姓，后徙他处。有陈邦彦，明初征授慈溪县丞。陈丰恩，清代征授赣州中营把总。陈宝俊，同治选任湖南岩门县丞，迁长沙县丞。陈鸿恩，咸丰举人。陈映斗，嘉庆贡士。陈锡恩、陈仕恩，光绪贡士。

浪川茶芫：陈潘，阆苑人，居西门揽秀亭，永乐举人，任镇江教谕。陈重光（一说冠朝人）乾隆年间由俊秀选任浙江严州府丞，调云南临安府同知。境内有三河，水涨毁田，即筑堤护田；东门见龙桥久塌难渡，捐俸禄修复。调任宁州，因苗羌杂处，多有积案，就赶快剖决。六十岁请退休，家居三十年卒。祖承文、父予然诰赠奉政大夫。

仙桥冈南：陈风，明景泰举人，任宜章教谕。陈邦祥，康熙进士，著书。

砚下：陈必道，明嘉靖选任卫经历，其子如松、如柏隆庆选任卫经历。

南圳桃源：陈履谦，清咸丰选任云南镇番，历昌吉县尉、河州知州。其兄陈履靖任知州，与其父陈邵均诰赠奉政大夫。

彭瓦村：陈为瑢，清代荐任南安安治营把总。

石山良友：陈璋，清道光岁贡。上陂陈文济，道光拨贡。

苏塘陈擎，邛冈陈子纯，皆为咸丰岁贡。

18. 里巷不明进士：宋咸淳间陈明淑、陈震雷；明朝陈嘉祯。

里巷不明举人：清康熙陈尚恬，教谕。

里巷不明征荐：元至正间陈宗达，在雷城募民兵击败海盗有功，荐于朝，任遂溪县尉，迁石城主簿。

里巷不明仕选：元朝陈惠叔，万载教谕。明永乐间陈鸾伯任王府典籍。陈征梧任京卫训导。嘉靖陈鹤松任江阴知县。

7.3　广州凤翔陈氏历代乡绅名人

据广东凤翔陈氏谱记，从宋、元、明、清各朝科举原卷汇录及相关族谱传记载，凤翔陈氏后裔历代绅士名人如下：

一、宋朝

尚谟，宋政和辛卯举人，壬辰进士，历官大理寺评等。

南凤，宋嘉禧丁酉解元。

南豹，宋绍兴丙子举人，庚辰进士，官朝仪大夫。

文德，宋尚书郎，朝议大夫。

汝明，宋国子监助教。

汝霖，宋阳江县尉。

策，宋县丞。

经，宋苍梧县尉。

范，宋清远县主簿。

纪，宋宝庆丙戌特科乡举，始兴县尉。

东，宋遂溪县尉。

炳，宋登仕郎。

泰雅，宋长乐县令。

二、元朝

行冲，元皇庆甲子解元。

道，八闽总镇，以平定汀漳功赐一品玉蟒，特晋光禄大夫。

涤，金吾飞骑锦衣卫武略将军。

镕，广州卫镇抚。

宏，广州儒学教授。

梦震，福州同知。

元振，授临贺选江学教谕、横州学正、循阳教授。

俞，龙州县主簿。

世安，循州学正。

经，授忠显校尉，锦衣舍人。

三、明朝

敬，明洪武辛酉科贤良方正，授礼部主客司郎中。

宏显，明永乐甲午举人，任广西平东府教授。

广，明宣德以学行举，任广西桂林府学正。

万安，江西龙南县主簿。

玺，顺天大诚县丞。

希文，明成化癸卯科举人，授北京武清县知县，升大仆寺寺丞，出使大同宣、湖广常德府知府，诰授中宪大夫。

广，儒林郎赠应天府推官。

昊元，明弘治壬子举人，正德戊辰进士，历任广西陆川县教谕，直隶南宫教谕，浙江省青田县知县。

昊贤，明弘治己酉举人，充南京国子监博士，擢江西临江府通判，升福建漳州府同知，诰授奉政大夫。

延琏：正德癸酉科举人，任应天府推官。

嘉盈：广海卫千户，嘉靖八年大征广西督运，升广西左卫镇抚。

崇诏，明嘉靖甲武举。

昌积，明嘉靖壬午科解元，戊戌科进士，官尚宝司司丞，管理内阁诰，敕翰林院五经博士。

其具，明嘉靖乙酉科举人，壬辰乙榜进士，历任湖广武陵教谕，浙江昌化、湖广钟祥典、福建连城县令。

在廷，明嘉靖甲午科举人，福建龙岩县知县。

其才，明嘉靖壬子科举人，山东滨州知州。

善藏，明嘉靖壬子科举人，钦点内阁中书。

崇赞，明嘉靖戊午科经魁，授北京深泽县知县。

崇谅，明嘉靖乙卯、戊午、辛酉三科武举，隆庆进士。历任广西右卫守备，累立战功，升四川协镇、云南镇台。

禹畴，明万历丁酉举人，诰授奉直大夫，任江西南昌府知府、宁州知州。

凤鸣，邑庠生，诰授奉训大夫，刑部广西清史司员外郎。

由祥，明万历戊午科亚元，崇祯庚辰科进士，奉训大夫员外郎。

慧业，明崇祯午科副榜，癸酉亚魁，甲戌连魁，钦差行人司名御史。

王睿，迪功郎，福建清流县知县。

际泰，明崇祯庚午科举人，庚辰特赐进士，授广西平东县知县，升江西临江府知府，历任湖广布政司参议兼按察司佥事、福建监军，诰授中宪大夫。

四、清朝

昌期，清顺治辛卯科举人，江西靖安县知县，升南昌府知府。

艺，清同治壬戌举人，任大兆知县。

平习，清国学生，福建南平县主簿，湖北襄阳府典宝正。

际熙，清康熙辛酉科举人，儋州学正。

宪祖，清康熙甲子科举人，山东平原长山县知县。

见龙，清乾隆丙辰科举人，任直隶保定东安知县。

鸿宾，清乾隆戊申科举人，庚戌进士，解选知县，公举孝廉方正。

殿英，清乾隆顺德协右营千总，署右营守备。

世彰，清乾隆丁卯武举，江南太仓卫督运千总。

廷选，清乾隆甲寅科举人，陕西榆林县知县。

仲良，清嘉庆戊辰恩科举人，道光丙戌大挑一等，任四川蒲江、成都等县知县，合州知州，特授锦州直隶州知州，河南南阳知府，诰授奉直大夫。

东海，清附贡生，山东阳谷县丞、朝阳知县、东平州知州。

兰谷：从九品例，授登仕郎，赠文林郎，四川兰亭县知县，晋赠朝议大夫、河南南阳府知府。

泰初：清道光癸卯科举人，乙巳恩科进士，翰林院编修充国史馆协修，咸丰年间授广西平乐府知府。剿匪有功，病故后，旨照三品官阵亡例，赠中议大夫。

泰裕，因军功奏留广西补同同知，升知府前署太平府龙州知州。

伯陶，清光绪己卯解元，壬辰科进士，钦点探花及第。咸安宫教习，钦取内阁中书，翰林院编修，云南、贵州、山东连任典试官。国史馆协修总纂、文渊阁校理、武英殿纂修，起居注协修，南书房行走，简放江宁提学使署理江宁布政使、护理两江总督，赐紫禁城骑马。

维岳，清光绪乙亥举人，丁丑科进士，钦点工部主政。

云鼎，清光绪壬寅举人，甲辰进士，诰授资政大夫，赏戴花翎二品顶戴选用道。

五、民国

永清：宣统二年考取法官，民国四年考取县知事，均发湖北省任用。历任广东高等审判刑庭庭长兼二庭民庭庭长、东莞分庭检察官，湖北江夏、宜昌各审检厅厅长。

世焯，中山大学毕业，广州市立图书馆馆长。

进基，四品蓝顶蓝翎，前清统带粤汉铁路全军。

肇燊，广东政法专门学堂毕业，任江苏江宁地方法院院长。

继曾，广东陆军速成学堂毕业，任广西榷运局局长，广西第一路军司令部参谋长。

述普，广东陆军学堂、保定军官学校毕业，广东军政府参谋团参谋。

7.4 西昌陈氏后裔近现代名人优选

7.4.1 清末探花陈伯陶

陈伯陶（1855—1930），号象华，字子砺，东莞市中堂凤涌村人，为晖公三十八世孙凤翔陈氏三十世孙。父亲铭珪，号京瑜，字友珊，清朝咸丰壬子科副贡生。住莞城榜眼坊十九巷。咸丰五年（1855）三月十七日陈伯陶在莞城家中出生。他早年随父在广东省博罗县西北的罗浮山北面的"北奄"（后改酥醪观）寒窗苦读。六岁时拜广东著名学者陈礼为师。他的经学词章受陈礼影响颇大。光绪元年（1875）考取秀才；光绪五年（1879）考取解元；光绪十八年壬辰科（1892年）殿试钦点一甲第三名进士及第。据说陈伯陶在殿试中初置第一，进入状元人选行列，但因他试卷中将"宣抚司"写成"宣慰司"，因此被排挤在第十名之外。幸亏咸丰朝状元、户部尚书翁同龢据理力争，才改为探花。

陈伯陶殿试获一甲第三名（探花）后，授翰林院编修、文渊阁校理、武英殿纂修、国史馆协修总纂等职。光绪二十一年（1895），出任云南、贵州、山东乡试副考官。光绪二十六年（1900），八国联军攻陷天津，他携眷南归。翌年二月，闻慈禧太后挟光绪帝逃奔西安，他从东莞起程赴西安"从驾"。庚子和议之后，伯陶随帝后还京。此后，曾任南书房行走、江宁提学使等职。光绪三十二年（1906）六月，被派往日本考察教育。回国后，在南京创办学习外国语的方言学堂，招华侨学生至南京攻读。光绪三十四年（1908），任江宁提学使、布政使。宣统二年（1910）五月，见朝局日非，告养母归。次年，出任广东省教育总会长，参与暨南学堂（暨南大学前身）筹办并兼任暨南学堂监督。1911年9月，革命军攻破广州，伯陶逃往香港九龙，居住在红磡。民国二年（1913）2月，母亲去世，移居九龙官富场，署所曰"瓜庐"，以"九龙真逸"自号。在港与赖际熙等人创立"学海书楼"，开坛讲经，振兴国学，潜心著述。陈伯陶在港隐居二十年，1930年辞世，终年76岁，葬萝岗金峰岭，即广汕路与开创大道交界处。

陈伯陶好学深思，多才多艺，精通词翰书画，旁及医术、地理、经济，终成《儒林》《文苑》两传。其著述甚丰，有《孝经说》《胜朝粤东遗民录》4卷、《宋东莞遗民录》2卷、《明季东莞五忠传》2卷、《袁督师遗稿》3卷、《增补罗浮山志》5卷、《东莞县志》98卷附《沙田志》4卷等，尤以《胜朝粤东遗民录》和《东莞县志》最有价值。

陈伯陶有两件轶闻趣事值得一提。一是早在他钦点探花之前，便与广东几位陈姓族人倡议在广州筹建一座全省性的陈氏合族祠堂，得到各地陈氏族人的热烈响应，并纷纷慷慨捐资。当陈伯陶金榜题名、高中探花之后，族人惊诧四起，喜不自禁，踊跃捐款出力，建设热情更是高涨，促使陈家祠在1894年迅速竣工。二是孙中山先生一幅流行于世的署名手书"天下为公"字条，就是为陈伯陶而写的。书条前有"伯陶先生嘱"的小字题款，后有"孙文"

落款。原件存台北故宫博物院，经鉴定，真迹无疑，来源出处没有问题。

7.4.2 井冈之子陈正人

陈正人，1907年出生于江西省遂川县盆珠乡大屋（场）村。据该村陈氏宗谱记载，先祖为西昌柳溪陈氏黄圹支派后裔，晖公十八世孙用敏公率两子玄福、玄祯，由泰和四十九都黄塘"敦本堂"（泰和县石山乡上居村）迁龙泉县三都常木仚（新溪村），后迁香炉仙大屋场。陈正人为西昌陈氏始祖晖公三十五世孙。其父亲陈治安（焕安）是前清秀才，在私塾做教书先生，后在家乡创办了新式学堂，在当地有很好的声誉。在陈正人八岁那一年，他的父亲就去世了。此后，他与母亲张龙秀相依为命，生活过得非常艰难，受尽了土豪劣绅与地主恶霸的欺凌。

年幼时由于家境窘迫，母亲无力供养，但陈正人一心想读书，于是说服了母亲借钱送他去读小学。小学毕业后，他瞒着母亲，借了五元钱路费，到吉安考取了省立第六中学（即白鹭州中学）。他知道家庭困难，没有向母亲要钱，自己向同学借了二十元钱，交了学杂费。读中学时他就广泛阅读进步书刊与报纸，接触到马克思主义思想，逐渐向党组织靠拢。1925年"五卅"运动前，在曾炎生和郭佐唐的介绍下，陈正人加入社会主义青年团。同年8月，这位满腔革命热情的青年人加入了中国共产党。

大革命失败后，陈正人与曾天宇、张世熙等发动了著名的万安暴动，震惊中外。万安暴动的胜利被誉为是"全省苏维埃革命的信号"，就连共产国际都了解到这次运动的情况，对其进行广泛赞扬。

1927年12月，他回遂川建立中共遂川县委，任县委书记，并领导建立县赤卫队和苏维埃政府。1928年春到井冈山，先后任中共湘赣边界特委委员、特委副书记，参加创建井冈山革命根据地。1929年春，红军第四军主力挺进赣南、闽西。井冈山失守后，与何长工等领导开展游击斗争，组织恢复湘赣边界特委工作。1930年任中共安福中心县委书记、赣西南北路行动委员会书记、江西省行动委员会宣传部部长。1931年任中共赣西南特委宣传部部长，后负责筹建中共江西省委，先后任省委组织部部长、代理书记、省苏维埃政府副主席。曾当选为中华苏维埃共和国中央执行委员。1934年红军主力长征时因病留在中央苏区。后辗转香港、广州、湖南等地隐蔽疗养。

1937年夏到延安，先后任陕甘宁边区政府教育厅厅长、中央军委总政治部宣传部部长。1940年起任中共陕甘宁边区中央局委员、中共中央西北局常委兼组织部部长。抗日战争胜利后赴东北，任东北人民自治军（后为东北民主联军）政治部主任。1946年起任中共吉林省委书记兼军区政治委员。1949年5月任中共江西省委书记兼军区政治委员。1953年起任国家建筑工程部部长、中共中央农村工作部副部长。1955年11月至"文化大革命"初期任国务院第七办公室、农林办公室副主任。1959年8月至1965年1月任农业机械部部长、党组书记、党委书记。1965年后至"文化大革命"初期任第八机械工业部部长、党委书记。1972年4月6日在北京突发心脏病逝世，享年65岁。

陈正人的妻子彭儒（1913年3月6日至2010年10月5日），原名彭良凤，1913年生于湖南省宜章县黄沙堡琦石彭家村。1926年入衡阳省立第三女子师范学校读书。1927年3月加入中国共产主义青年团。1930年6月加入中国共产党。"马日事变"后，回家乡从事秘密工作。1928年年初，参加湘南独立第三师，任宣传员和交通员。4月底，随朱德部上井冈山，先后在红四军二十九团和二十八团做宣传工作。后调湘赣边界特委做妇女工作。1929年1月14日，红四军主力下山，她和丈夫陈正人等留守井冈山，坚持斗争。同年秋，调安福县委工作。新中国成立后，曾任中央纪律检查委员会专职委员等职。2010年10月5日在北京逝世，享年98岁。陈正人、彭儒夫妇生育二儿二女，儿女个个都非常优秀。长子陈瑞生是中央党校教授；次子陈洪生曾为央企保利集团董事长（正部级）；长女陈春生曾任天津市图书馆副馆长；次女陈宜生曾任电子工业部、国家科委高级工程师。

陈正人是井冈山革命根据地的创始人之一，也是毛泽东在井冈山革命根据地时期的亲密战友；1949年中华人民共和国成立时的第一位江西省委书记兼省军区政委；1953年调任中央政府担任十多年的开国部长。陈正人为中国的革命和建设事业作出了卓越贡献，是西昌陈氏柳溪族人的骄傲和自豪。

附注：陈正人先祖考证

根据遂川县盆珠乡大屋（场）村陈氏宗谱记载，陈正人先生为柳溪陈氏始祖晖公第三十五世孙。其先祖晖公第十八世孙用敏公率二子玄福、玄祯由泰和第四十九都黄塘"敦本塘"（泰和县石山乡老居村），于明初迁遂川（龙泉）县三都常木岕（新溪村）。后裔再迁香炉仙大屋场村。正人先生上源先祖世系如下：

始祖晖公→一世承逸→二世尧→三世遂→四世白→五世迥→六世进→七世仲鹏→八世作式→九世亿年→十世正卿→十一世敏叔→十二世道甫→十三世舒宝→十四世中立→十五世季達→十六世满宗→十七世用敏→十八世玄福→十九世元仅→二十世德详→二十一世宗室→二十二世秉锦→二十三世朝居→二十四世生武→二十五世开富→二十六泰柏→二十七世荣仁→二十八世万裕→二十九世远法→三十世振善→三十一世诗珖→三十二世书记（听记）→三十三世治安（焕安）→三十四世文伦（即陈正人）。

2017年遂川上屋（场）村陈氏宗祠重修竣工，厅堂内多根红柱标明"德茂源由泰和柳溪派黄塘敦本堂"字样，之后陈正人后裔多次回乡祭祖。2023年清明期间，其长孙陈磊先生专程从北京回到遂川大屋场村陈氏宗祠祭祖。

7.4.3 老红军陈复生

陈复生，又名陈湖生，字贯湖，号发湖，清溪人士，西昌陈晖公三十五世孙。1911年6月生于江西省泰和县塘洲镇洲头村。2013年病逝于北京，享年102岁。

陈复生，1927年10月在江西赣州参与共产党领导的工会运动。1929年5月，受革命思想的影响，在家乡正式参加革命，任泰和县罗汉洲乡少先队队长、游击队队长。1930年5月，游击队正式编入红三军团，先后担任红三军团独立营二连连长、总指挥部特务营排长、连长。1931年5月加入中国共产党。1932年6月起，先后担任红七军二十一师六十一团代营长、教导队中队长，曾参加三次反"围剿"的多次战斗。他作战英勇、不怕牺牲，出色地完成了上级交给的各项战斗任务，经常受到领导表扬。1931年10月，中央红军为了粉碎国民党特务奸细对苏区和红军的瓦解破坏，在瑞金成立了国家政治保卫局。1932年12月陈复生被选任红三军团保卫局侦察科科长。在革命斗争中，他不惧艰险、任劳任怨，在敌情侦察、锄奸反特、纯洁内部方面做了大量工作。1934年4月调红三军团任五师特派员，并随红一方面军参加了举世瞩目的二万五千里长征。长征中他不畏艰难、英勇顽强，参与四渡赤水、强渡大渡河等战斗，经历爬雪山、过草地等常人难以想象的生死考验。

1935年10月，红军长征到达陕北后，陈复生先后担任红一方面军保卫局侦查科科长、西北保卫局红军工作科科长。1937年1月在抗大第一期一队学习。同年8月任延安保安处侦查部部长、执行科科长。1945年9月，调热河军区工作，任热河军区政治部侦查科科长。在此期间，面对国民党军队和敌特分子对解放区的进攻、渗透，他运用自己的才智和经验，机智勇敢地破获了一批敌特案件，为肃清暗藏敌人，打击国民党破坏活动，维护解放区安全作出了重要贡献。1946年11月起历任热河军区政治部总务处处长、冀热察军区供给部副政委。

1950年3月调中央公安部，任三局一处处长兼新生公学教育长。1955年调青海省公安厅工作，先后任德令哈农场五站站长、副场长、德令哈企业公司副经理。1981年他出任公安部劳动改造工作管理局顾问。1982年12月离职休养。1991年被公安部政治部授予"人民一级金盾荣誉章"。2007年享受副部长级医疗待遇，2011年享受部长级医疗待遇。

陈复生一生3次负伤，3次被开除党籍，3次又恢复了党籍，是坐过9年大牢的传奇式红军人物。他每次遇难，都得到胡耀邦的关心帮助。抗战期间关押在延安时，时任军委组织部总政治部部长的胡耀邦不顾嫌疑向监狱要人。1944年6月，在陈复生被捕6年11个月之后，高等法院长雷经天终于找陈复生谈话，陈复生基本上获得了自由。出狱以后安排住进招待所，十几天后安排他到党校学习。之后又分配他到热河军区保卫部侦察科工作。1946年4月，担任热河军区政治部总务处处长。1946年4月，担任热河军区政治部总务处处长。同年5月，恢复了陈复生的党籍，党龄从1931年入党之日计算。新中国成立后，负责筹建公安部的罗瑞卿调陈复生到公安部，任劳改处处长兼新生公学教育长。正在陈复生把自己的全部热情投入到工作中时，1951年11月，"三反""五反"运动开始，他的厄运又开始了，他因被指控有贪污行为而被抓。两年后陈复生被释放回家待业。在家闲置一年多后，经陈复生请求和公安部批准，他举家前往青海劳改局工作。1959年陈复生又重新加入了中国共产党。

1962年，在分别20多年以后，陈复生又找到了胡耀邦。当时，陈复生的孩子在北京，落到无处存身的境地。胡耀邦接到信后，立即让秘书与陈复生联系，并请到自己家里吃饭招待。热情鼓励陈复生继续为党努力工作。随后，为他在和平街十三区安排了一套住房，解决了其燃眉之急。

陈复生在家乡和族人中的印象好、评价高，是庐陵西昌陈氏史上一位值得尊敬的传奇式百岁红军老战士。

7.4.4　庐陵儒商陈万洵

陈万洵，庐陵西昌陈氏南寮派族人，1970年出生于吉安市泰和县澄江镇桥头村长坡自然村。他自小热爱文学，常常听父辈讲述先祖陈循的事迹，立志长大后成为文学家，不负状元后裔之称。理想丰满，现实骨感。他命运并不顺畅，家庭比较贫困，还在上高中的他，因为家庭贫困，被迫辍学，走上社会，干起泥工砌砖、装修刷漆的苦活。一路走来，千辛万苦，由一个不起眼的建筑业小伙计，做到装修小企业业主，后进军房地产行业。从泰和到吉安再到上海，逐步将企业发展到集房地产开发、物业管理、装饰工程、广告传媒、艺术馆、文化产业城为一体的综合性现代化企业，成为江西仁达企业发展有限公司、庐陵人文谷旅游集团等企业董事长，还当选为江西省政协委员。

在上海的日子里，他开始锦衣玉食的生活，打算在此安营扎寨。那时家中谈笑有鸿儒，往来无白丁，成就多少事，都付笑谈中。本以为，接下来顺风顺水，或就此在上海终老一生；或学做他人，移民到一个山清水秀、天更蓝、空气更好的地方。哪知道，命运与人生开了个玩笑，转了个弯，从吉安来到上海，又回到了吉安。这时吉安来上海招商的一位主要领导激励他说，"你是状元陈循的后代，继承了状元基因，你应该回家乡推广庐陵文化并将其发扬光大。"这番话激起了陈万洵投身庐陵文化事业的激情和斗志。陈循的名字，犹如一根火柴，点亮了他的人生。回忆小时候，在每年祭祖的日子里，父亲打开红布包着的家谱，指着陈循的名字说："这是我们家祖先，我们要替他争气争光。陈循是明朝永乐十三年状元，永乐、宣德、正统、景泰四朝帝王身边的大臣，景泰元年升为内阁首辅，是一位富有才学、治国安邦的台阁重臣。你是陈循血脉后代，要以他为榜样，做一个对社会有贡献、为人民谋幸福、有担当有责任心的人。"万洵对庐陵历史文化知识了解透彻，思绪一下子就从陈循的名字跳跃开来，欧阳修、文天祥、杨万里、解缙、杨士奇……一个一个先贤在他的心底升腾。那份对于庐陵文化深厚的感情，又被重新点燃，他决心回吉安创办仁达艺术馆和人文谷旅游集团。

2014年陈万洵将目光投向了吉安城南的古后河边上，决定在此开发建设庐陵人文谷项目。项目分为三期，一期庐陵老街，打造"吉安烟火气，庐陵夜宴图"。二期庐陵七坊，建设以庐陵美学、生活享受为主的街坊式时尚街区。三期庐陵院子，则是高档人文居民社区。

2012年，陈万洵以个人名义投资5000万元，兴建了仁达艺术馆。仁达艺术馆是吉安首家私人艺术馆，是一栋颇具江南园林古典风格的建筑。馆楼六层，面积2000多平方米，由安徽的大瓦、浙江的木雕、苏州的青砖、山西的砖雕打造而成。馆内收藏了近千件文物，藏品丰富，每一件都真实记录了吉安的历史演变和文化变迁。建成后，政府有关部门批复仁达艺术馆可以收取20元/人的门票，但陈万洵一直坚持免费对外开放，只是希望有更多的人能够来到艺术馆，体味庐陵文化精髓及厚重底蕴，感受吉安这座城市的生命力。

与此同时，他先后投资15亿人民币，精心打造庐陵老街。在建老街之初，为了能够真正体现出古代庐陵的"状元文化""商贾文化""婚俗文化"，他一次又一次前往宁波的南塘老街、无锡的斜塘老街、福州的三坊七巷、汉口的楚河汉街、成都的宽窄巷子等城市景区考察，开阔眼界，借鉴经验。常常一个人在这些街区漫步深思，应该将哪些元素搬到自己的老街上去，哪些东西又该抛弃。他日夜思考并全身心投入，决心在一块荒草萋萋的洼地上，打造出庐陵文化的精品之作。经过几年的努力，状元街建起来了，钱市街建起来了，甜爱街也建起来了。状元楼、关帝庙、钱庄、甜爱城堡，一条三百多米长的庐陵老街终于建起来了，并投入使用。

他采纳国学大师建议，逐步将老街提升为庐陵文化标志性建筑群，突出以欧阳修为代表的庐陵文化和以王阳明为代表的良知心学特色，树立老街新形象，挖掘出更大的文化经济潜力。为此他开始新一轮学习，走进长江商学院，来到美国硅谷，跨入清华、北大等大学取经悟道。他竭尽全力，努力拼搏，将人文谷第一期工程——北侧老街做成具有庐陵文化特色的精品。2017年庐陡老街被江西省批准为吉安市唯一的庐陵文化研学教育基地，被国家评定为4A级旅游景区和夜间旅游景点。投入营运后，吸引了本地居民和大批外地游客，誉满天下。

庐陵北侧工程建成并投入营业后不久，遇上三年疫情，旅游业断崖式下跌，游人锐减，经济效益大幅度下滑，步入困境。在吉安市政府及有关部门大力支持下，他克服困难，克勤克俭，砥砺前行，渡过难关，迎来新的春天。

取得这么大的业绩后，陈万洵始终保持谦逊谨慎、不骄不躁，注意保持低调，戏称自己是"街小二"。他明白大事业、低身段会有更大发展空间的道理，将身子俯下去，让自己低一点，再低一点，当一位真正的"街小二"，这样庐陵老街的明天才会更灿烂、更美好。

第八章 西昌陈氏名望宗祠简述

8.1 缅怀先祖的打卡地——祠堂

为缅怀先祖恩德，弘扬优良家风，倡导崇宗敬祖、尊老爱幼、团结互助的传统美德，各地村民纷纷建设自己的宗族祠堂。在此虔诚祭拜，寄托追思先祖之情，培植家族血脉之根，成为族人每年祭祀祖先的打卡地。

宗祠，即祠堂、宗庙、祖庙、祖祠，是供奉与祭祀祖先或先贤的场所，是我国儒家传统文化的象征。宗祠制度，产生于周代。上古时代，宗庙为天子专有，士大夫不得建宗庙。到宋代，著名理学家朱熹提倡家族祠堂，即每个家族建立一个奉祀高、曾、祖、祢四世神主的四龛祠堂。

宗祠，是族权与神权交织的中心。宗祠中的主祭，又称宗子，管理全族事务，因此称宗长，还有宗正、宗直等职。宗祠，体现了宗法制家国一体的特征，是凝聚民族团结的场所，它往往也是城乡中规模宏伟、装饰华丽的建筑群体。它们不但巍峨壮观，而且还注入中华传统文化的精华，与古塔、古桥、古庙宇相映，成为地方上的一大独特的人文景观，是地方经济发展水平和中华传统文化的代表。宗祠，记录着家族传统与曾经的辉煌，是家族的圣殿。它蕴含着一个家族的精神象征，是一支族群留下的独特烙印，也是后人为祖先树立的一座历史丰碑。作为中华民族悠久历史和文化的象征与标志，具有重要的影响力和历史价值。

宗祠，一般分布于较重视儒家传统文化的地区，如福建、广东、江西、浙江、海南、安徽、广西、湖南等南方省份。仅广东凤翔陈氏分布在珠江三角洲一带的陈氏宗祠就有百余座。下面精选西昌陈氏在江西、广东的部分宗祠，供大家欣赏。

8.2 泰和塘洲镇洲头陈氏宗祠（经纶堂）

洲头陈氏宗祠（经纶堂）位于江西省吉安市泰和县塘洲镇洲头村。该祠堂始建于明崇祯庚午年（1630）。后遇火灾，至清雍正庚戌年（1730）重建。历经数百年，几经修缮，规制不变，2017年，由洲头村陈氏族人自愿集资，再次重修，栋宇一新。

泰和洲头陈氏宗祠

洲头宗祠又称经纶堂，乃为纪念清溪陈氏高城房始祖仲友公而建。仲友公，名琪，字三益，号碧峰翁，生五子。长子福依衍：世德堂及经纶堂；三子福仙衍：和乐堂及观德堂；五子福伍衍：宝善堂、文弈堂、孝思堂、承德堂及万安梅溪翰庆堂。

经纶堂为福依公位下一房祠。其孙文受、文宝居本里桥头，文宝公三传至可久公，于明弘治庚申年（1500）携二子，长端经、次端纶，自高城桥头移居罗团洲头。明崇祯年间，经、纶二公后裔建立此祠堂。

洲头陈氏宗祠经纶堂

8.3　井冈山市霞溪陈氏宗祠（德星堂）

霞溪陈氏宗祠位于江西省井冈山市（原泰和县）碧溪镇六八河上游。晖公十八世长子继宗公、十九世志宁公开启清溪陈氏沙溪房德星堂世系，历经590余年，传二十一代。民国戊午年（1918），举全族之力，集资修建清溪陈氏沙溪房德星堂。祠堂三室华构，画栋雕花，飞檐斗角，气势恢宏。1953年破除迷信，宗祠屈作粮仓。1976年，族人顶住压力，开启祠堂大门，使其部分恢复使用。

井冈山市碧溪镇霞溪陈氏宗祠

2019年，族群长老倡议，集资重修祠堂。众族人积极响应，踊跃捐款。众理事身先士卒，不辞辛苦，日夜奋战，历时十个月完工。宗祠修缮耗资30余万元，建筑面积达370平方米。新修祠堂墙黛瓦红，门朱楼赤，画栋雕梁，添置膳堂，架电装扇，更显古色古香。当下每逢族人祭祀祖宗、缅怀先人；或逢族内红白喜事；或商议村中大事，均在此聚会，共商同庆，热闹非凡。

霞溪陈氏宗祠德星堂

8.4 泰和县沿溪镇高坪陈氏宗祠（彝伦堂）

高坪陈氏宗祠（彝伦堂）位于江西省泰和县沿溪镇赣江东岸高坪村。祠堂始建于元末明初，后毁于战乱。明万历乙酉年（1585）重建。为二室华钧、飞檐斗角，画栋雕花，气势雄伟。1915年赣江发大水，冲塌了前堂。加之年久失修，旧祠破败不堪。2008年，在村长贯远的牵头下，发动村民捐款，集资40多万元，加高堤坝，对彝伦堂修缮重建。2009年底，新祠重建完工。

泰和县沿溪镇高坪陈氏宗祠

宗祠前大门上方匾额为"百科甲第"，两旁对联为"彝仁彝义彝礼彝智思为秉彝，伦孝伦悌伦忠伦信此为教伦"。祠堂外观更为雄伟，砖混结构，布局合理，线条粗犷，柱梁坚固，装饰采用传统文化与现代风格相结合，美观大方。祠内配置了聚会、用膳相关设施，成为村中陈氏宗亲聚会议事、办理红白喜事的场所。

高坪陈氏先祖为晖公十七世孙直方公，明永乐戊戌年（1418）进士。其四子永细公授南雄教谕，开启清溪陈氏高坪彝伦堂世系，历时580余年，传二十代，生生不息，兴旺发达。

高坪陈氏宗祠彝伦堂

8.5　泰和塘洲镇江口村珠林陈氏宗祠（崇德堂）

泰和塘洲镇江口村珠林陈氏宗祠

柳溪珠林陈氏宗祠（崇德堂）坐落在江西省泰和县塘洲镇江口村。该祠始建于明朝万历十六年（1588）冬十月，距今435年。历史上该祠进行过多次修缮。2015年江口村的珠林江陈氏村民，怀着对先祖的崇敬，自愿集资，对祠堂进行重新维修。

柳溪陈氏十六世焕章公四子分珠林派四房，分居珠林江口。四房人丁兴旺，发达昌盛，建有陈氏宗祠四座，分别为崇德堂、树德堂、聚和堂、永思堂。

崇德堂为珠林陈氏四大房的宗祠之一，坐西北，向东南，两个天井，全木结构，占地面积近600平方米。宗祠之所以冠名崇德堂，就是希望族人推崇高尚的品格，崇德向善，立德树人，德行天下。祠堂正面有一副长联：晖公自金陵迁徙西昌柳溪繁衍生息发达昌盛而创立柳溪十三派；焕章由柳溪分居江口珠林枝繁叶茂人文兴旺且子分珠林四大房。

8.6 泰和塘洲镇龙口村天恩世承宗祠（树德堂）

树德堂坐落在江西省泰和县塘洲镇龙口村，始建于明朝，距今四百多年历史。树德堂是陈氏珠林派龙口村总宗祠，是本村近 400 户人家的子孙敬仰祖先之地。该祠堂坐西北向东南，占地面积 486.486 平方米，宗祠正大门上方中央用汉白玉大理石制成的匾额上刻有"天恩世承"四个金光闪闪的大字，意蕴着皇上和祖宗的恩德要世世代代继承。室内有三个天井，全木结构，内部雕梁画栋、飞阁流丹；前栋阁顶下方正中央刻着'两省文宗'四个字，说明该宗祠人才辈出，历史上曾经出过两个省的教育主考官。祠堂门前有七星伴月的自然风景，整个建筑巍峨壮观。宗祠冠名为树德堂，"树德"就是施行德政，立德树人，德行天下。

泰和塘洲镇龙口村陈氏宗祠（树德堂）

树德堂历史上进行过多次修缮，清光绪三十二年（1906），由陈听铨倡议并捐巨资重建。2019 年春，以村长陈文军为首，组成树德堂修缮理事会，在保留原建筑基本结构的基础上，对宗祠进行了一次修缮。展望未来，前景光明，珠林陈氏龙口村将更加枝繁叶茂，人兴财旺，英才荟萃。

8.7　泰和塘洲镇新龙尾村两省文宗祠（承德堂）

新龙尾村两省文宗祠（承德堂）坐落在江西省泰和县塘洲镇新龙尾村。该祠始建于明朝，历经500多年，多次修缮重建。最近一次修建为在村民陈听征等族人倡议下，全村陈氏村民

泰和塘洲镇新龙尾村陈氏宗祠（承德堂）

捐款集资47万元，2011年底动工，用时一年，将原砖木结构建成钢筋混凝土结构，于2012年底竣工落成。祠前大门上方匾额为"两省文宗"，两旁对联为"前临蛟湖龙腾跃鼎甲绵绵接武，后有珠林江水长流春魁世世光宗"。

千百年来，珠林承德堂人才济济，被柳溪族人称之为西昌"百人科宦"第一堂。士瞻公开基龙尾，"两省文宗"声名显赫，仕宦乡贤，不胜枚举，为柳溪陈氏"五凤齐飞""江右名藩""百人科第"之誉增光添彩。如宋代陈文忠、陈文肃兄弟先后中武状元。明清两朝，承德堂有百人千孙，踔厉奋发，接续能干，从政、经商、读书、务农，百行百业，欣欣向荣。族人赞曰：滔滔赣江，巍巍珠林；煌煌柳溪，承德新堂；熠熠生辉，隆盛流光；代代繁衍，世世流芳；薪火相传，长发其祥！刻碑立传，以彰其功，铭记其德，后人景仰。

煌煌承德堂，是传承和发展乡俗文化的平台。族内事务有人管，族内好事有人传，促进家族和谐统一，推动社会经济发展。新祠落成，继往开来。2019年，承德堂被授予江西省传统建筑牌匾，列为塘洲镇栗芫村互助养老中心和文化活动中心，节假庆典，人声鼎沸，十分热闹。

8.8　泰和县塘洲镇龙尾村陈氏宗祠（养志堂）

龙尾村柳溪陈氏宗祠（养志堂）位于江西省吉安市泰和县塘洲镇龙尾村。该祠始建于明朝后期，历经400多年。由于年久失修，前栋倒塌，祭祖议事诸多不便。2020年元月，在听桓、文建、焕仁、焕智等宗亲倡议下，集资112万元，在原址重新修建，于同年12月竣工建成。新建的祠堂（养志堂）高大雄伟，气势恢宏。新祠落成，全村陈氏村民有了祭祀祖宗、聚会议事的好场所。族人可以告慰先祖，激励后辈；宗族可以继承传统，培养人才，代代兴旺。

泰和县塘洲镇龙尾村陈氏宗祠（养志堂）

龙尾村开基祖士瞻公乃柳溪陈晖公十七世孙。洪武乡举钦赐进士，授兴宁主簿，永乐年间两聘典湖广、河南乡试，后参与纂修《永乐大典》。书成还乡，以居地门前为蛟湖，形态龙形，居于龙尾而名。公有三子，均居附近，近在咫尺，和睦共处，子孙发达。自士瞻公立基开村繁衍至今已有十九代，传三十世。祠堂内基祖士瞻公神像旁配有一副对联，曰："养身修德，清正廉明，两聘湖广河南选栋梁；志存高远，经才伟略，一代文坛宗师匡社稷。"充分展现了先祖功绩。

8.9 广东东莞漳澎村彦约陈公祠

广东东莞漳澎村彦约陈公祠

广东凤翔陈氏始祖彦约公自北宋天圣年间自赣入粤，至今已有九百余年。子繁孙衍、生生不息，其功其德，可谓千古流芳。凤翔陈氏曾于清乾隆年间在番禺之凤凰岗为彦约公建祠，梁已上而终未果。至道光十六年（1836），族人商定由彦约公下五房子孙集资，于省城建造凤翔书院以作奉祀。书院于道光十九年（1839）秋动工，翌年夏建成。尔后同治十二年（1873）、光绪二年（1876）、光绪二十三年（1897）均有重修或增建。延至日寇侵华，凤翔书院为战火所毁，以至族人顿失奉祀始祖之所。

东莞漳澎村是凤翔上魁陈氏居住之处，物华天宝，人杰地灵，乃风水宝地。凤翔人士陈冠杰认定在此建立入粤始祖之祠为上佳之选，决定独资筹建彦约陈公祠。2007年在漳澎投得公地15亩，并于2008年秋正式动工。经过两年多精心建造，新祠于2010年秋落成。宗祠面阔五间，总宽20余米；深四进，总长54余米；包括附属设施在内，建筑面积近2000平方米。建设资金2000多万元均由陈冠杰先生个人承担。全祠不用一枚铁钉，不用一寸杉木，所用木料全为从印尼进口之菠萝格木。屋顶之陶塑脊饰，皆在石湾定做。选材之考究，做工之精良，可确保建筑物保存久远。

　　陈冠杰先生自始至终关心彦约陈公祠建设，对投资、规划、资金筹措、选址定位、图纸设计、施工监理等各个环节亲自主持，亲临现场，千辛万苦，呕心沥血，终成正果，顺利建成，可谓功德圆满。

　　巍峨祠宇，千秋永在，凤翔陈氏，源远流长。宗祠既立，列祖列宗牌位可落地安身，子孙后代有缅怀先祖之地。凤翔陈氏后裔，瞻祠貌而思祖功，常怀团结友爱之心，常立奋发上进之志，常为积德行善之事，不断努力拼搏，奋起创业，促进家族兴旺发达，为凤翔陈氏增光，为中华民族添彩。

东莞漳澎村彦约陈公祠全貌

8.10 广州萝岗区黄田村世盛陈公祠

位于广州市萝岗区九龙镇黄田村的世盛陈公祠，始建于明，于清乾隆、嘉庆、光绪年间及2008年，先后四次重修。

祠堂坐北朝南，

广州萝岗区黄田村世盛陈公祠

门前有一块空地，正对面原有一对旗杆夹，后毁坏。堂面阔三间14米，深三进43.8米，占地面积613平方米。馒耳山墙，灰塑博古脊，脊上两边相对有灰塑雅龙，便山顶，雕花封檐板，绿筒瓦面，黄色琉璃瓦剪边，青砖石周墙。

头门前廊面阔三间14米，深两间7.5米，十三架。三级石台阶，石门夹，石门墩，门上方石额刻"世盛陈公祠"。门前两侧有两条石柱承重，虾公梁上有石狮子；砖雕墀头，墙上绘有人物山水壁画；驼峰斗拱，短木穿斗式梁架。地面用方砖铺砌。

中堂前天井宽8米，深9米。两边走廊各宽9米，深3米，各有两条石檐柱承重，六架卷棚顶。中堂面阔三间14米，深三间12米，十七架。前后檐口各两条石柱，中间用4条坤甸木金柱承重，石柱基础。正中有屏风，上挂陈璞手书的"书衍堂"牌匾。

后堂前天井宽8米，深5米。两边走廊各宽3米，深5米，六架卷棚顶。后堂面阔三间14米，深三间10.3米，十五架。檐口两条石柱，中间4条坤甸木金柱加前后墙承重。后墙中间有十木雕神，供奉凤翔入粤始祖彦约公七子世盛公及其二子（子和、子高）等祖先神位。

8.11　广州江北中约陈氏大宗祠

位于广州市黄埔区文冲社区江北中约大街2号的陈氏大宗祠，为广东凤翔七房世盛公后裔所建。始建年代待考，应不晚于清嘉庆十三年（1808），1991年维修，为罕见的闹市宗祠。

广州江北中约陈氏大宗祠

祠堂坐北朝南，三间三进，总面阔13.5米，总进深30.2米，建筑占地总面积407.7平方米。硬山顶，人字封火山墙，灰塑龙船脊，绿灰筒瓦，陶瓦当。墀头灰塑如意图案，青砖石脚。前为旷地、街巷、水塘，其余三面为民居。

头门面阔三间13.5米，深两间8米共十一架。前廊三步梁，博古梁架雕有寿桃、腾龙图案。两根石前檐柱以木檐枋与山墙连接，上施木雕驼峰、斗栱。大门有石门枕、石门夹，木门板绘门神，石门额刻"陈氏宗祠"。

第二进为仪门，四柱三间三楼砖石牌楼。庑殿顶，灰塑博古脊，绿灰筒瓦，陶瓦当。檐下灰塑莲花托。明间门阔2.6米，两石中柱前施抱鼓石，石门额正面刻"德星会聚"，背刻"对越在天"。两次间门额左书"蹈和"，背书"崇本"；右书"履中"，背书"报功"。仪门前天井两侧为六檩卷廊，花岗岩石地面。

后堂面阔三间13.5米，深三间10.3米共十三架。两根石前檐柱及四根木金柱改为混凝土包裹的圆柱。明间挂木匾"静远堂"。后堂前天井为花岗岩石地面。两侧六架卷廊，水磨石地面。该祠保存完好，现供族人使用。

8.12　广州番禺区珠坑陈氏宗祠

珠坑陈氏宗祠位于广东省番禺区市桥街云星珠坑村环山路1号。始建于明洪武年间，之前因年久失修成危房。民国八年（1919）重修，后又因失修成危房。2021年，在时任村领导陈柏豪、陈立坤、陈劲潮、陈汉东和族人陈兴权、陈柏贤、陈乐俊、陈乐干、陈泽多、陈泽维、陈镜泉、陈剑锋、陈国津、陈国和、陈志文、陈永根等筹建委员会成员的倡议下，经村两委及代表会议一致同意把旧宗祠拆后重建。本宗祠坐西北朝东南，三间两进，面阔10.68米，进深20.18米，总面积216平方米。重建后位置平行向后移5.6米，使前面广场空间加大。保留所有旧石料、陈氏宗祠石匾额（石门额"陈氏宗祠"字刻为陈白沙书）、正门夹石一套（木对联：颖水源流远、珠坑世泽长），青砖、瓦片作为历史的印记保留。

广州番禺区珠坑陈氏宗祠

此次重建新加建了祠堂两侧青云巷以及铺砌石广场，加建了鱼池、影壁、广场周边石护栏扶手、绿化设施等。另外，其堂木匾额，由于历史原因，被人为锯短了，重建修复后尺寸与原来有些出入，以上内容是为使族人不忘史迹，故刻石志之。本宗祠为珠坑村子敬公一世祠堂，源于河南颖川，后徙江西泰和县古井巷，为西昌柳溪陈氏广东凤翔軷公七子世盛公后裔所建。本宗祠的重建，得到族人及各界热心人士的慷慨捐赠，为彰显其功德，特刻芳名列后，使之名垂后世。

8.13 广州萝岗区九佛山龙村少七陈公祠

广州萝岗区九佛山龙村少七陈公祠

位于广州市萝岗区九佛山龙村的少七陈公祠，始建于清代，于光绪甲午年（1894）重建。为山龙村陈氏村民纪念开村之祖陈少七而建。

祠堂坐东北，向西南。面阔三间11.6米，深二进12.9米，占地面积149.6平方米。整体结构为硬山顶，灰塑龙船脊，绿筒瓦，雕花封檐板，人字形封火山墙，青砖石墙脚。头门面阔三间，进深二间，九架，前檐柱为石柱，次间设木联系枋，墀头有灰雕图案。石门夹，门侧有枕石，后堂前两廊为七架卷棚顶。后堂面阔三间，进深三间，十三架。石台阶、花岗岩石地面。天井阔8.5米，深4米，两廊各阔3.5米，深与天井同，为六架卷棚顶。后进面阔三间15.5米，深三间11.5米，十五架。檐口两石柱，中间四条金柱，花岗岩石柱座，地面是大阶砖铺砌。正中原有神楼一座，现已毁坏。

祠堂大门上木匾所刻的"少七陈公祠"五字，为清光绪十八年（1892）探花陈伯陶题写。匾上落款："甲午年正月谷旦，陈伯陶敬书"。距今有131年之久。

8.14　广东增城仙村镇上境村文德陈氏大宗祠

广东增城仙村镇上境村文德陈氏大宗祠

位于增城区仙村镇上境村仙桥路 17 号的文德陈公祠，是奉祀仙村陈氏始祖文德公的祠堂。始建于明朝成化庚子年（1480），1910 年、1920 年、2005 年三次重修。

祠堂坐东朝西，五间三进，总阔 28.97 米，总进深 55.1 米，总建筑占地 1596.25 平方米。悬山顶灰塑龙船脊，灰筒瓦，青砖石脚墙，门前旷地上立两对花岗岩旗杆夹石和两只狮子。

该祠为七开间，规模宏大。祠内有碑记，历史记载清晰。木门匾文字为明代大儒陈白沙手书。大门前旷地上，左有清光绪十八年壬辰科殿试一甲第三名、钦点探花陈伯陶的碑记和石狮；右有清光绪十九年癸巳恩科第二十八名举人陈桂的碑石。大门上挂有陈氏大宗祠横匾，是 2005 年重修时，到江门新会陈白沙纪念馆扫来的陈白沙真迹。中堂上挂的"追远"二字的堂匾，原为大明弘治三年庚戌科第二名榜眼刘存手书，后为现代书法家陈景舒手书。

8.15　广州黄埔区九佛莲塘村时四陈公祠

广州黄埔区九佛莲塘村时四陈公祠

位于广州黄埔区九佛莲塘村的时四陈公祠，始建于清光绪二十五年（1899），1998年重修。基本保存原貌，现为村老人活动中心。

祠前原立旗杆夹两对，上刻"祀壬辰科探花陈伯陶"和"甲辰进士陈之鼐（禺南人，拜资政大夫）"等字样。该祠坐北朝南。面阔三间25.5米，深三进37.7米，占地面积961平方米。左右两侧为衬祠。硬山顶，灰塑博古脊，青砖镬耳山墙，绿灰筒瓦，封檐板木雕花草，黄陶瓦剪边。

正间头门面阔三间13.5米，深两间7.4米，十五架。大门上石额刻"时四陈公祠"，上款刻"乙亥冬立"，下款刻"周汝均书"等字。前后各两根石檐柱，驼峰斗栱，雕人物花草，虾公梁上有石狮承重，砖雕墀头，堂前檐下马鞍形垂带四级台阶。两侧衬祠檐下灰塑人物花草，墙上有壁画。中堂面阔三间13.5米，深三间10米，十五架。前后各两条石檐柱，中间四条金柱。后金柱中间有屏风，上挂"善世堂"木匾，题字为甲辰进士、诰授资政大夫陈之鼐手书。后堂面阔三间13.5米，深三间8.3米，十五架。檐口两条石柱，中间四条金柱，正中有神龛（已毁）。

祠内进与进之间用天井和两廊连接。天井宽6.5米，深6米。两廊各宽3.5米，深与天井同，六架卷棚顶。祠堂是陈氏族人为纪念时四公而建的。

8.16 广州黄埔区九佛街燕塘村添义陈公祠

陈添义为入粤始祖陈彦约第六个儿子陈世昌后裔,为六房七世孙观孙长子。燕塘村族人奉其为开村基祖之一,于清初建添义陈公祠,后于乾隆三年(1738)、乾隆五十八年(1793)、光绪十四年(1888)三次重修。

广州黄埔区燕塘村添义陈公祠

祠堂坐东朝西。面阔三间12米,深三进29.4米,占地面积352.8平方米。左右青云巷,两侧有衬祠。灰塑博古脊,青砖人字封火山墙,绿筒瓦,黄陶瓦剪边,雕花封檐板。头门面阔三间12米,深两间6米,十一架。檐口有两条石柱,虾公梁。梁上有石狮承重,墙上有彩绘壁画,门楣上方石额刻"添义陈公祠"五字,墀头为砖雕,穿斗式架梁。

中堂前天井宽6米,深3.8米。两边走廊各宽3米,深3.8米,六架卷棚顶,大阶砖地面。第二进面阔三间11.3米,深三间7.7米,十五架。前后檐各两条石柱。中间4条盘柱,花岗岩柱础。正中有屏风,上挂有"敦礼堂"木匾。后堂前天井宽6米,深4.2米。两边走廊各宽3米,深4.2米,六架卷棚顶。后堂面阔三间12米,深三间7.7米,十五架。檐口两条石柱,中间4条金柱,花岗岩柱础。正中原有神楼,现已不存。

燕塘村位于广州市黄埔区九佛街南部,坐南朝北,临水塘,背靠山冈,有一条东西向的大街贯穿村落。现村落的梳式布局保存得较为完好。陈添义为凤翔派入粤始祖陈彦行七世孙观孙公长子。添义陈公祠是迁徙该村的观孙公长房族人为纪念添义公而建,现保存良好。

8.17　广州黄埔区九佛街燕塘村天从陈公祠

广州黄埔区燕塘村天从陈公祠

天从陈公祠位于广州九佛街燕塘街15号，始建时间不详，清嘉庆二十三年（1818）重修，2002年又重修。祠堂坐东朝西，面阔三间11.8米，深两进18.5米，占地面积210平方米。硬山顶，龙船脊，绿灰筒瓦，人字封火山墙，雕花封檐板。

头门面阔三间11.8米，深两间6米，十一架。正立面为青砖石脚墙，呈"凹"字形，石门夹，有门墩，大门上方石额刻"天从陈公祠"五字。后堂前带两廊。中间天井。后堂面阔三间11.8米，深三间10米，十五架。前檐两条石柱。中间4条金柱，后金柱中间挂一木牌匾，上刻"塾厚堂"三字和"公元2002年，壬午岁仲秋吉旦"字样。

燕塘村是凤翔陈氏先民南迁入粤的重要见证地之一。村内有始建于清代的添义陈公祠和天从陈公祠两座祠堂，据《彦约公及其古墓》记载，属于十大祖祠，也都是黄埔区文物保护单位，具有浓郁的岭南建筑特色。两座祠堂现作为燕塘村的文化中心，村民每年都会合族在此举办一些活动。

8.18　广州黄埔区重岗村季四陈公祠

广州黄埔区重岗村季四陈公祠

季四陈公祠坐落于广州黄埔区九佛街重岗村。祠堂重建于同治十二年（1873）桂月，木匾堂号"冬心堂"。

本祠堂坐西朝东，占地面积为306平方米，面阔三间13.6米，深二进22.5米。灰塑博古脊，脊上有鲤鱼跳龙门的灰雕母灰钢瓦。镂耳火山墙，黄色瓦剪边。花雕水槽板，青砖石脚墙。

头门面阔三间13.6米，深二间7.7米，檐口有两条方石柱，虾公梁上有石狮子，石门夹，门额上石刻"季四陳公祠"五字。墙上有彩绘"仙姬送子"图，大阶砖铺砌地面。

后堂天井宽6.6米，深6.4米，周边为石台基。两廊各宽3.5米，深与天井同，左右两孔门直通后堂。后堂面阔13.6米，深三间8.4米，十字架，中挂一牌号"冬心堂"。门口有两条石柱，中间有四条水柱，花岗岩柱础，地面为大阶砖铺砌。原有的神楼现已不存。该祠2009年被列为黄埔区区级文物保护单位。

8.19　广东五华县转水镇陈玑公祠

广东五华县转水镇陈玑公祠

陈玑公祠，坐落在广东省五华县转水镇枫林塘村一个叫"官桥"的小地方。该祠始建于明初（1399），迄今已有600多年历史。世事沧桑，时代变迁，几经修缮，1945年拆迁重建，2000年又重修，占地面积3000多平方米。2013年在祠堂右边兴建停车场，并完善祠堂内部配套设施设备，设置接待室、卫生间等，每年从各地到此拜祭祖先的后世子孙络绎不绝。

陈玑是齐昌陈氏始祖陈贽的三世孙，从兴宁迁徙到五华（长乐）转水镇大岭背枫林塘村，已传28代，后裔达3万多人。陈玑公祠背倚石狮山，前右山（前塘下）赖地文笔形，左山（枫林塘岭）砚形。大门前良田稻波重重浪，长乐横亘南岭山，左狮右象把水口，是一处难得的风水宝地。

枫林塘村除少数几户他姓外，几乎全为陈氏族人。战乱时期，陈玑公祠成为临时办学用地，祠堂变成官桥小学。抗战时期，中共地下游击队在官桥小学设立地下联络点，为革命活动提供可靠隐秘据点，同时也培养出一批进步革命青年。重建之后，祠堂与学校各自独立，但也一衣带水，密不可分。陈玑公祠助力革命成功，也助力新时代教育发展。

8.20 广东茂名市电白区高州山陈氏祖祠

广东茂名市高州山陈氏祖祠

高州山源陈氏家族源于广东兴宁赀公陈氏宝善堂世系，始祖为广东惠东碧山宝善堂一世祖文敏公，由宝善堂第五世祖廷秀公于1770年由惠东碧山迁居电白区岭门镇高州山开基。陈氏祖祠位于茂名市电白区侧岭门镇高州山村，由家族"定"字辈宗亲始建于清道光年间，距今已有近两百多年历史。2016年在保持原貌基础上进行修缮饰新。

陈氏祖祠采取中轴线对称二座二进四合院天井式平面布局，包括两堂、四房、五廊、天井、正面、左侧门等。祖祠坐西北向东南，二间面阔13米，进深22米，面积286平方米。四周内墙顶部、前廊、梁木等均有雕刻、绘画等精美图案，还有青砖墙、花岗岩石脚、次间弓梁、雀替、花岗岩檐柱等。前堂设有精美贵的重木制镂空雕刻屏风仪门，庄严肃穆。左右两边各有一间厢房。天井两侧厢房卷棚顶廊，木雕博古梁架。后堂肃穆高雅，设有三座梯形神台供奉先祖。祠堂内外墙有彩绘壁画装饰，形态栩栩如生。祠前地堂宽广，大门刻有威武门神，门前各有一对仿古石鼓，造型古朴典雅，结构厚实。左右各竖立着精美大理石枪杆夹一对，大方庄严。

8.21　江西万安县长田村陈氏宗祠（敦本堂）

长田村陈氏宗祠（敦本堂）位于江西省万安县窑头镇长田村。鼻祖陈宪，字章远，为西昌柳溪陈氏族人，广州凤翔派始祖陈軏七子，世盛公次子陈吉（字子高）后裔，由广东番禺黄田村来江西万安长田村开基立业，在此衍育后代已有八百余年。经世代繁衍，生生不息，人丁兴旺。前辈们齐心协力建有三进二井敦本堂一栋，长 21.30 米，宽 10.50 米，占地 224 平方米。祠内挂有西江第一牌匾。

江西万安县长田村陈氏宗祠（敦本堂）

20 世纪 40 年代，祠堂因年久失修，历经风雨，已千疮百孔，破败不堪，急需修缮。然时局艰难，族人稀少且又不和，致使祠堂加固性修缮未成。随后部分倒塌，旧料也被他人占用。由于当时族人贫困，一时筹措资金困难，修缮之事一拖再拖。2009 年，受漳澎村彦约陈公祠和黄田村世盛公祠相继重修竣工之启迪，重修敦本堂一事又一次提上族人议事日程。2016 年县政府将旧祠堂列入危房名单之中，要求尽快拆除。当时族人陈听位在职，恳求政府宽限时日，待融资后重建。然而几载已逝，筹资未成。到 2020 年年初，上级政府再次决定拆除方案。无奈之下，陈听位等族人积极行动，决定筹集资金，迅速兴建。祠堂于 2020 年农历闰四月十八日破土动工，同年六月十九日上梁大吉，六月底祠堂主体工程竣工。闻讯后广东黄田祖居地的宗亲陈鉴中、陈桂明、陈金福、陈佩添、陈金汉、陈兴权、陈柏贤等人慷慨解囊，千里捐赠资金，促使 2020 年底全面竣工，顺利投入使用。

树有根，水有源，人本乎祖。敬宗尊祖，报本追远，诚巨典也。

附录

国画作者陈伯程简介：

　　江西新余人，1943年生。中国著名画家，中国当代山水画"百强画家"。江西省美术家协会副主席，清华大学书画高研班导师，香港美术家协会执行主席，江西历史学会陈氏文化研究专业委员会会长，文化和旅游部中国群文协会书画家学会副主席。国家一级美术师、教授，中央电视台签约画家。其作品多次入选国家重要展览，多次出国参加作品展。先后在山东、广东、甘肃、福建、台北、河南、河北、浙江、江苏等地举办个展。其名字入编中外几十部大型辞书和专集。长春出版其"传记"文稿。人民日报、中央电视台、新华网、人民网等新闻媒体多次宣传。其书画齐臻，画风独特，建有陈伯程艺术馆。

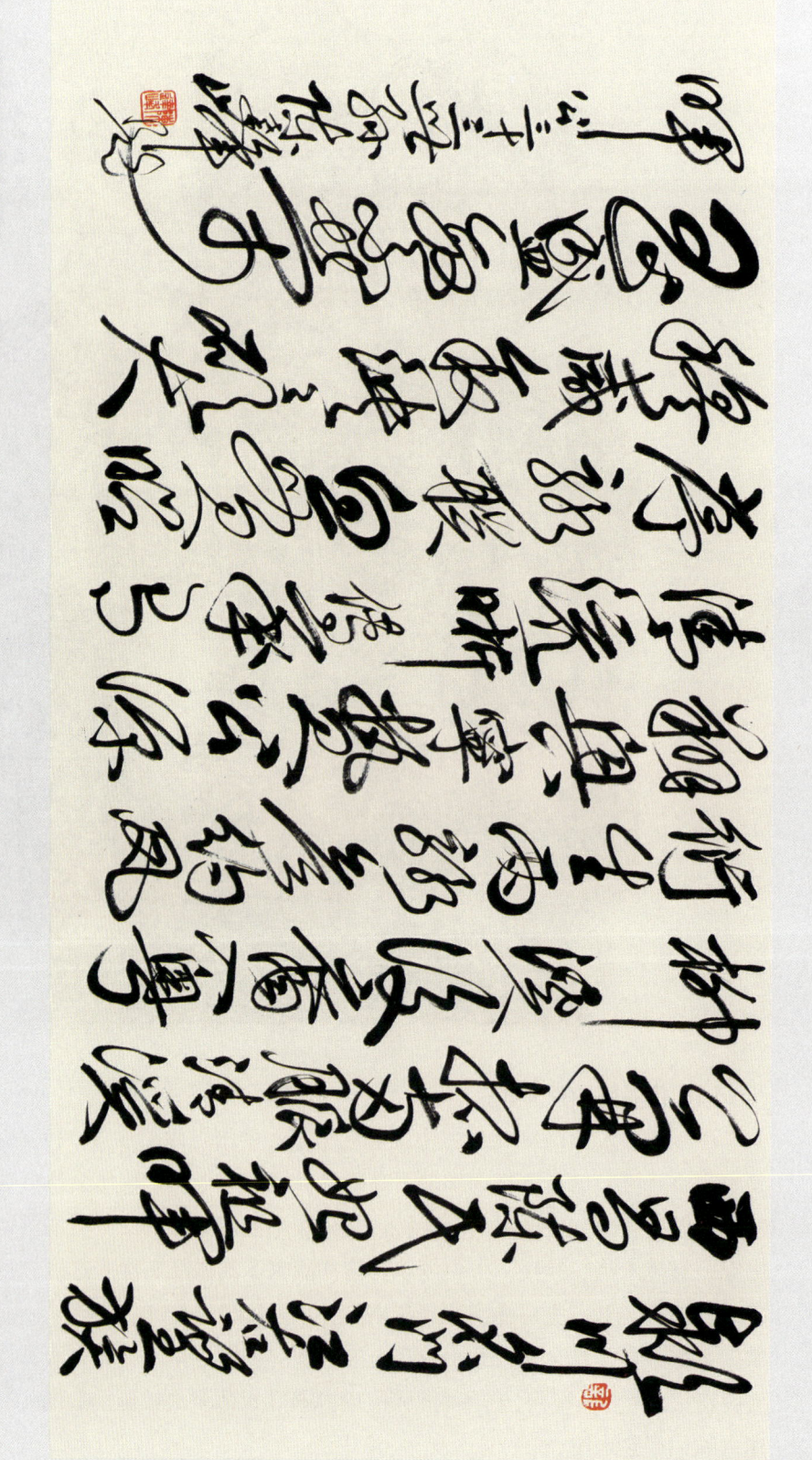

书法作者陈达峰简介：

字听练，1951年生于泰和珠林江龙尾新村。泰和柳溪人士，晖公三十三世孙。大学本科毕业，1984年起担任江西泰和县，吉安县副县长，地区农业局副局长；中共泰和县委副书记，泰和县政协主席，县人大常委会主任。现任泰和县老科协会长，泰和县书画家协会主席。

后记

西昌陈氏是南朝皇室后裔。千百年来，卜居泰和或迁徙外地的陈氏家族众多。目前同源同流同宗同祖的西昌陈氏各派，分布在赣、粤、闽、湘、鄂、云、贵、川、桂等十多个省市，后裔达200万之多。西昌陈氏派系林立，各自修谱，旧时因信息不通，资料不全，局限性大，加上天灾人祸等因素，难以溯源寻祖。比如在西昌陈氏派系中，有先人因此不明不白投靠其他门庭等事发生，以致世系模糊，先祖不明，血缘难续，传承断裂。为了理顺西昌陈氏源流，弘扬陈氏文化，我们着手编写这本书。本书旨在树晖公旗帜，团结清溪、柳溪两派及衍生而来的广东凤翔、赟公等各脉派，还有明初曾与柳溪共谱的南寮陈氏，达成共识，共同努力，将江右望族西昌陈氏做大做强，打造成闻名全国的陈氏名门族群。

我们编写这本书前后用了六年多时间，收集了大量的资料，县史志、各派宗谱、历史文献等堆积如山；查阅众多网站网页，从浩瀚的资料中精选有使用价值的人和事，认真分类采编，用心摘录撰写。一路走来，坎坷不平，时遇阻力，时有艰难，行之不畅，犹如唐僧西天取经，千辛万苦。好在先祖护祐，时时处处赋予信心和力量，鼓励我们。让我们克艰排难，辨析真假，过关斩将，砥砺前行，终于本书得以编写完成。全书分八个章节，共有120多篇文章，约24万字。书稿已交付有关单位、专家、宗亲审核、补充、修改、完善，并将于2024年3月由江西人民出版社出版。

本书的编写、出版，得到江西省历史学会陈氏研究专业委员会和广州市凯闳文化传播有限公司的大力支持；得到广东凤翔陈氏宗亲陈佩添、陈兴权、陈柏贤的真情赞助；得到一些相关领导和朋友的关心鼓励，他们是刘水生、张宝瑜、徐毅、陈石俊等，还有老同事周河祥、张晓青，老同学白大贵、周自成、刘德蕃、刘迪苏、刘训辉等，在此表示真挚谢意！在具体编写过程中，得到西昌陈氏一些宗亲的支持帮助，他们是：柳溪人士陈达峰、陈文昌、陈文祥、陈文军；清溪人士陈征宇、陈和宽、陈国华、陈浩；广州凤翔人士陈冠杰、陈英伟、陈伟良；广东赘公人士陈彩基、陈铁群、陈汉民、陈越飞、陈辉泉；状元陈循后人、南寮人士陈万洵等。江西省历史学会陈氏研究专业委员会对编写这本书十分重视，特聘陈祁章担任执行会长，以便开展编写工作。研究会会长陈伯程、副会长陈晓鸣、陈月海、陈向明（兼秘书长）、陈朝亮、陈海波等予以有力支持；崔冬香老师对全书文字进行审阅订正；还有泰和县史志研究中心张教良主任、泰和乡村文化研究会钟善治主任等，也给予了一定的帮助；特别一提的是，柳溪陈氏第三十八代外孙、留英大学生曾程嵘为本书编写做了大量基础工作，在收集资料、摘录文献、打印编排、绘制繁衍图等方面尽心尽力，辛苦劳作，助力本书成功出版，在此一并表示感谢！

  由于编者水平有限，加之收集的资料相当部分来自民间宗谱之类，或缺乏史实依据，或不全不准，可能无法全面准确表述有关人和事，书中难免出现错误和不足，谨望读者批评指正。编辑出版这本书，希望起到抛砖引玉作用，能为后人留下一些整理过的宗族资料，提供研究参考；以利日后产生更好的作品，激励族人努力拼搏，团结向前，为家族为国家作出应有贡献。